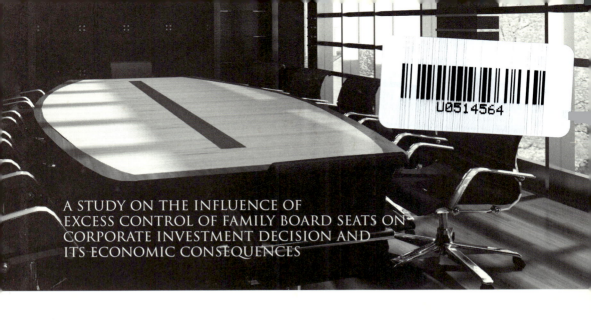

A STUDY ON THE INFLUENCE OF
EXCESS CONTROL OF FAMILY BOARD SEATS ON
CORPORATE INVESTMENT DECISION AND
ITS ECONOMIC CONSEQUENCES

家族董事席位超额控制

对企业投资决策及其经济后果的影响研究

苏春 刘星 ◎ 著

中国财经出版传媒集团

经济科学出版社

Economic Science Press

图书在版编目（CIP）数据

家族董事席位超额控制对企业投资决策及其经济后果
的影响研究/苏春，刘星著. —北京：经济科学出版社，
2022.3

ISBN 978 - 7 - 5218 - 3469 - 7

Ⅰ.①家… Ⅱ.①苏… ②刘… Ⅲ.①董事 - 影响 -
私营企业 - 投资 - 经营决策 - 研究②董事 - 影响 - 私营
企业 - 投资 - 经济效果 - 研究 Ⅳ.①F276.5

中国版本图书馆 CIP 数据核字（2022）第 044296 号

责任编辑：杨　洋　卢玥丞
责任校对：刘　昕
责任印制：王世伟

家族董事席位超额控制对企业投资决策及其经济后果的影响研究

苏　春　刘　星　著

经济科学出版社出版、发行　新华书店经销

社址：北京市海淀区阜成路甲 28 号　邮编：100142

总编部电话：010 - 88191217　发行部电话：010 - 88191522

网址：www.esp.com.cn

电子邮箱：esp@esp.com.cn

天猫网店：经济科学出版社旗舰店

网址：http://jjkxcbs.tmall.com

北京季蜂印刷有限公司印装

710×1000　16 开　16 印张　240000 字

2022 年 6 月第 1 版　2022 年 6 月第 1 次印刷

ISBN 978 - 7 - 5218 - 3469 - 7　定价：63.00 元

（图书出现印装问题，本社负责调换。电话：010 - 88191510）

（版权所有　侵权必究　打击盗版　举报热线：010 - 88191661

QQ：2242791300　营销中心电话：010 - 88191537

电子邮箱：dbts@esp.com.cn）

国家自然科学基金重点项目（71232004）：制度环境、公司财务政策选择和动态演化研究；重庆市社会科学规划博士项目（2021BS063）：代际传承视角下优化家族企业投资结构的治理机制研究。

前　言

家族企业董事席位配置问题一直是学术界关注的焦点，而董事会如何分配席位则是董事席位配置的核心问题，更是公司治理领域的重要话题。事实上，董事会作为各利益方代表进行权力博弈的场所，股东与高管之间、各类型股东之间的代理冲突多发生在董事会（赵宜一和吕长江，2017），因而如何提高家族企业董事会的治理效率就显得尤为重要。尽管现有研究主要探讨了董事会的监督职能，但决策功能也是董事会的基本职能之一（孟焰和赖建阳，2019）。谢志华等（2011）就指出董事会的基本职能是制定企业的经营决策。并且，中国证监会 2016 年修订的《上市公司章程指引》第一百零七条指出：董事会的重要职权之一是"决定公司的经营计划和投资方案"。可见，董事会是企业投资的决策机构，将决定公司的投资方案。对于家族企业，超额家族董事席位作为控制权的增强机制，将使得控股家族更有能力影响董事会投资议案的表决结果，进而会影响企业的投资决策（陈德球等，2012；刘星等，2020）。

从现有文献来看，国内外关于家族董事席位超额控制的相关研究并不多见。已有研究主要考察了家族控制权寻租观假设下家族董事席位超额控制所产生的一系列经济后果，而鲜有学者关注到家族控制权效率观假设下家族董事席位超额控制所产生的治理作用，仅发现陈德球等（2013b，2014）基于寻租观假设和效率观假设探讨了家族董事席位超额控制对银行信贷合约、商业信用资本配置效率的影响。这说明，现有文献对家族控制权的"效率理论"讨论还不够充分与完整，更没有同时从寻租观假设和效率观假设来考察家族董事席位超额控制对企业投资结构、投资效率及企业价值的影响。为此，本书以 2008～2018 年我国 A 股上市家族企业作为研究样本，深入探究了家族董事席位超额控制对企业投资决策及企业价值的影响，并进一步分析了家族董事席位超额控制对投资决策与企业价值之间关系的影响。研究结论概括如下。

第一，本书通过检验家族董事席位超额控制与企业投资结构之间的关系，发现家族董事席位超额控制行为及程度与企业长期投资强度显著正相关、与短期投资强度显著负相关，即支持了效率观假设。进一步分析发现，无论地区制度效率高低，家族董事席位超额控制行为及程度均与企业的长期投资强度显著正相关，但仅当地区制度效率较高时，控股家族提高董事席位超额控制程度才有助于降低企业的短期投资强度，而没有证据表明两权分离会影响家族董事席位超额控制与企业投资结构之间的关系；同时，当企业处于创始人控制和成长期时，家族董事席位超额控制行为及程度不仅对长期投资强度的正向影响更强，也对短期投资强度的负向影响更明显，而当家族企业处于成熟期时，仅家族董事席位超额控制行为与企业的长期投资强度显著正相关。此外，我们还发现，家族董事席位超额控制对企业长期投资强度的正向影响主要体现为资本支出强度的增加，而非研发投资强度的提升。上述检验结果在控制潜在的内生性问题、剔除董事长权威和独立董事的影响、重新度量企业投资结构及缩小家族企业样本范围后，研究结论仍然成立。

第二，本书通过检验家族董事席位超额控制与企业投资效率之间的关系，发现家族董事席位超额控制行为及程度与企业投资效率显著正相关，即支持了效率观假设。进一步分析发现，当地区法制环境较差、存在两权分离度、创始人控制企业、信息透明度较低时，家族董事席位超额控制行为及程度对企业投资效率的正向影响更强，说明超额家族董事席位的治理效应只有在一定条件下才能体现出来。此外，我们还发现，家族董事席位超额控制对企业投资效率的提升作用主要体现为抑制过度投资，并且在一定程度上也可以缓解投资不足。上述检验结果在控制潜在的内生性问题、剔除董事长权威和独立董事的影响、重新度量企业投资效率及缩小家族企业样本范围后，研究结论保持不变。

第三，本书通过检验家族董事席位超额控制与企业价值之间的关系，发现家族董事席位超额控制行为及程度与企业价值显著正相关，即支持了效率观假设。同时，我们还发现长期投资强度与企业价值显著正相关，而短期投资强度则与企业价值没有显著的关系，并且非效率投资会带来企业价值的折损。此外，家族董事席位超额控制除了会强化长期投资强度对企业价值的正向影响外，也会弱化短期投资强度对企业价值的负向影响，还会增强投资效率对企业价值的提升效应。上述检验结果在控制内生性问题、剔除董事长权威和独立董事的影响、重新度量企业投资决策及缩小家族企业样本范围后，研究结论依然保持不变。

第四，本书还发现，长期投资强度对企业价值的正向影响主要源于资本支出强度的增加，但没有证据表明研发支出强度会显著影响企业价值，而无论是过度投资还是投资不足均会导致企业价值的损耗；同时，家族董事席位超额控制只会强化资本支出强度对企业价值的正向影响，而不会显著影响研发投资强度与企业价值之间的关系；此外，家族董事席位超额控制不仅能够降低过度投资对企业价值产生的负向效应，也可以弱化投资不足给企业价值带来的消极影响。

最后，基于家族董事席位超额控制对企业投资决策及企业价值的影响所得出的研究结论，本书得到了相应的管理启示，并指出了研究局限与未来展望。

目 录

Contents

本章立足于公司治理中的家族企业董事会决策机制。一是提出了研究问题与研究目的；二是阐述了本书的理论价值与现实意义，并且对相关概念进行了界定；三是介绍了研究思路与研究内容、研究方法与技术路线；四是指出了研究创新与研究贡献。

1.1　问题提出与研究目的

1.1.1　问题提出

近年来，家族企业董事会治理问题已经成为学术界与实务界共同关注的话题，而家族董事席位配置模式则是影响公司经营决策的重要因素，由此使得企业呈现出差异化的治理水平（Villalonga and Amit，2009；陈德球等，2012，2013b；刘星等，2020）。事实上，董事会作为各利益方进行权力博弈的场所，股东与高管及各类型股东之间的代理冲突多发生在董事会（赵宜一和吕长江，2017），因而如何提高董事会的治理效率无疑具有重要的研究价值。虽然，大多数研究认为董事会的基本职能是监督功能，主要职能是帮助股东监督高管的经营决策行为，以降低代理成本。但是，我们不应仅仅关注董事会的监督职能，决策功能也是其基本职能之一（孟焰和赖建阳，2019）。谢志华等（2011）就指出董事会的基本职能是制定企业的经营决策。并且，中国证监会2016年修订的《上市公司章程指引》第一百零七条指出：董事会的重要职权之一是"决定公司的经营计划和投资方案"①。上述经验证据表明，董事会是企业的决策机构，而制定经营决策与投资方案则是其基本职能之一。

根据《中华人民共和国公司法》（以下简称《公司法》）的规定，公司的重大经营决策议案必须经过董事会的投票表决，并且只有表决通过的议案方可执行。因此，各控制权主体为了获得更多的投票表决权，往往争夺董事席位的动机较强，尤其是控股股东争夺席位的意愿会更加强烈，从而出现超额控制董事席位的现象（郑志刚等，2019）。对于家族企业，控股家族通过强化董事会层面的控制权可以让自己在企业中处于较高的权力位置，以实现超额控制董事席位的目的，进而能够按照家族自身的意愿来配置企业的资源（陈德球等，2012）。根据金科股份（000656）2019年年报显示，实际控制人黄红云先生与主要股东陶虹遐、黄斯诗女士达成一致行动人，共同构成金科地产集团股份有限公司的实际控股股东，以上三人直接或者间接拥有金科股份29.98%的控制权，却占据了公司董事会55.56%（5/9）的席位②，其超额控制董事席位的程度高达25.58%。虽然，该案例并不能代表所有家族企业的想法，但却反映出我国上市家族企业存在家族超额控制董事席位的事实。

已有研究发现，家族企业代表了一种高效的治理模式，体现为控制权与经营权的高度重合，因而家族控制企业能够降低代理成本（Jensen and Meckling，1976）。事实上，控股家族为了保持对企业的控制权，通常会委派家族成员进入董事会参与经营管理（Voordeckers et al.，2007；Bauw-

---

① 资料来源：《公司法及司法解释汇编》：四、公司治理——上市公司章程指引（2016年修订）第一百零七条（三）：董事会决定公司的经营计划和投资决策。

② 根据金科股份（000656）2019年披露的年报信息，当年公司董事会人数为9人，非独立董事为6人，而非独立董事中除了张强来自融创中国控股有限公司外，其余5名非独立董事均来自黄红云家族及其一致行动人。我们之所以仅考虑控股家族委派的非独立董事人数，是因为年报及相关资料中主要披露了家族委派非独立董事的情况，而没有完全披露独立董事的提名情况，其数据不具有可获得性；实际上，独立董事代表了广大中小股东的利益，因而董事会中独立董事的比例代表了中小股东的话语权。鉴于此，本案例以家族董事占董事会人数的比例来衡量控股家族在董事会层面的投票权，其与家族控制权之差即为家族董事席位超额控制程度。

eraerts and Colot，2017），以便通过控制董事会议案的投票结果来影响公司的经营决策（赵宜一和吕长江，2017）。由此可见，家族成员参与董事会决策会影响企业的治理效果。然而，现有研究关于家族成员在董事会中的作用并未形成一致观点，部分学者认为家族成员进入董事会有利于保持家族控制，能够提高治理效率（Voordeckers et al.，2007；Bauweraerts and Colot，2017；赵宜一和吕长江，2017）；也有学者发现控股家族超额控制董事席位会产生消极作用（Villalonga and Amit，2009；Amit et al.，2015；陈德球等，2012、2013b）；还有学者指出控股家族超额控制董事席位有助于提升企业的资本配置效率（陈德球等，2014；刘星等，2020）。那么，对于处在经济转型升级期的中国家族企业，家族董事席位超额控制究竟会产生积极作用还是消极影响？这将是本书所要解决的主要问题。

家族董事席位超额控制作为控制权的增强机制（Villalonga and Amit，2009；陈德球等，2013b），通常会放大家族控制权，从而影响家族企业的经济决策行为（陈德球等，2012，2014；刘星等，2020）。这是因为，家族董事席位超额控制意味着控股家族拥有更多的投票权，由此能够对董事会决策施加更大的影响，进而使得家族意愿更有可能上升为董事会的决策。本书将立足于家族企业董事会决策机制这一场景，深入探讨家族董事席位超额控制对企业投资决策及其经济后果（企业价值）的影响。由于家族董事席位超额控制在本质上属于控制权配置问题，我们在此有必要对家族控制权理论的主要观点进行阐述。根据比利亚隆加和阿米特（Villalonga and Amit，2010）、陈德球等（2013b）的研究，家族控制权理论分为基于控制权私人收益的寻租观假设和基于竞争优势视角的效率观假设。在寻租观假设下，控股家族具有较强的利益侵占动机，会利用企业信息的不透明性来侵占中小股东和其他投资者的利益，在经营决策中不太可能致力于企业的长期目标，往往更愿意追求企业的短期目标。在效率观假设下，控股家族比其他类型的股东具有更长的投资视野（Anderson and Reeb，2003a），相对于短期项目，更愿意考虑那些长期性的投资项目，旨在实现全体股东价值最大化，因而其更加注重家族企业的长期经营目标。可见，家族控制权会产生两种截然不同的作用，从而导致家族企业的经营目标存在差异。当家族董事席位超额控制程度较高时，其更有能力将自身意愿上升为董事会决策，而控股家族本身存在不同的决策动机，这就使得家族企业会做出差异化的经营决策。

从现有关于家族董事席位超额控制的相关研究来看，大部分文献都是基于寻租观假设展开讨论，即从传统的委托代理理论视角进行研究（Villalonga and Amit，2009；Amit et al.，2015；陈德球等，2011，2012），而鲜有文献探讨效率观假设下家族董事席位超额控制所产生的积极影响，目前仅发现陈德球等（2013b，2014）关注到了效率观假设下家族董事席位超额控制所发挥的治理作用。这说明，以往研究对家族董事席位超额控制的治理效应探究还不够全面与完整，更没有同时基于寻租观假设和效率观假设来考察家族董事席位超额控制对企业投资决策及企业价值的影响，这就为本书的研究留下了一定的探索空间。

由于家族控制权理论存在寻租观与效率观两类假设，这就意味着控股家族具有不同的决策意愿，从而使得家族董事席位超额控制对企业投资决策及企业价值产生差异化的影响。一方面，在寻租观假设下，控股家族更愿意追求企业的短期目标，而不太会注重企业的长期发展目标（Villalonga and Amit，2010；陈德球等，2013b），随着家族董事席位超额控制程度的提高，其更有能力投资于那些短期项目及削减长期性投资项目，由此可能使得家族企业的短期投资强度增加、长期投资强度降低；同时，家族董事席位超额控制程度越高，控股家族越有可能通过非效率投资来获取控制权的私人收益。可见，在寻租观假设下，家族董事席位超额控制程度较高时，控股家族的利益侵占动机更强，其掏空与自利行为会降低家族企业投资决策的有效性，进而导致企业价值受到折损。另一方面，在效率观假设下，家族董事席位超额控制程度越高，控股家族越有动力和能力制定有利于企业长远发展的投资决策（陈德球等，2013b，2014），可能使得家族企业更加偏好长期投资项目而厌恶短期投资项目，从而带来公司的长期投资强度增加、短期投资强度降低；并且，家族董事席位超额控制程度较高时，控股家族更有能力推动董事会做出最优的投资决策，这将有助于提高企业的投资效率。因此，在效率观假设下，家族董事席位超额控制程度越高，控股家族越有能力致力于家族企业的基业长青，更有可能实现其长期价值投资导向，因而有利于提升公司的企业价值。上述分析表明，在寻租观假设和效率观假设下，家族董事席位超额控制对企业投资结构、投资效率及企业价值存在不同的影响路径。那么，以上影响路径究竟哪一条占据主导地位？现有研究对此没有给出合理的理论解释和经验证据。因此，本书基于寻租观与效率观的理论分析框架，探讨家族董事席位超额控制对企业投资决策及企业价值的影响将具有重要的理论价值与现实意义。

1.1.2 研究目的

本书基于家族控制权的寻租观假设与效率观假设，试图从家族董事席位超额控制的视角来探讨企业的投资决策行为及其价值效应，从而为家族企业做出科学、合理的投资决策提供一定的理论与实践参考。事实上，董事会作为企业的最高决策机构，将决定公司资源的分配方案，控股家族为了维护自身的利益，争夺董事席位的动机往往较为强烈，由此可能带来董事会结构的改变，进而影响家族企业的投资决策及公司价值。因此，我们探讨家族董事席位超额控制对企业投资决策及企业价值的影响既是理论界的需要，也是实务界的需要。

虽然，家族董事席位超额控制问题已经引起了国内外学术界的广泛关注，并就此取得了一系列的研究成果（Villalonga and Amit，2009；Amit et al.，2015；陈德球等，2011，2012，2013b，2014；刘星等，2020），但大部分学者都是基于家族控制权寻租观假设展开的讨论，仅发现陈德球等（2013b，2014）同时从家族控制权寻租观假设和效率观假设两个方面来探讨了家族董事席位超额控制对银行信贷合约、商业信用资本配置效率的影响。这说明，现有文献对家族董事席位超额控制适用的理论假说探讨还不够充分与完整，可能不利于我们深入理解家族企业的经济决策行为。鉴于此，本书基于家控制权的"寻租理论"和"效率理论"，深入考察家族董事席位超额控制对企业投资决策及企业价值的影响，以弥补现有相关研究存在的缺陷或不足。同时，本书将地区制度环境、两权分离度、实际控制人类型、企业生命周期、企业信息透明度等关键因素纳入董事会决策机制之中，以此来考察家族企业投资行为在不同决策场景中的差异。此外，本书基于公司治理中的董事会决策机制，从理论上沿着结构—行为—后果这一路径展开了探讨，即体现为"家族董事席位超额控制—投资决策—企业价值"的逻辑体系，并进行了一系列的实证检验，试图寻找家族董事席位超额控制与企业价值之间的作用机制。最后，根据家族董事席位超额控制对企业投资决策及企业价值影响的利弊分析与实证结果，笔者得到了相应的管理启示，期望能够为家族企业制定更为有效的投资决策提供一定的理论依据。

1.2　理论价值与现实意义

1.2.1　理论价值

（1）改革开放 40 多年来，我国民营经济得到了快速发展，而家族企业已经成为民营经济的主力军。截至 2018 年底，沪深 A 股上市家族企业数量已达到了 1664 家，在非金融企业中的占比高达 50.95%①，占据了 A 股市场的"半壁江山"，因而家族企业的治理成败就显得尤为重要。为此，本书基于家族控制权的"寻租理论"和"效率理论"，深入探讨家族董事席位超额控制对企业投资决策及企业价值的影响。尽管以往研究讨论了寻租观假设下家族董事席位超额控制所产生的一系列负面效应，但却对效率观假设下家族董事席位超额控制所发挥的治理作用关注不够。鉴于此，本书以寻租观假设和效率观假设为理论基础，试图厘清家族董事席位超额控制与企业投资结构、投资效率及企业价值之间关系，这不仅拓展了家族控制权理论的应用范围，也为家族企业如何优化投资决策提供一定的理论参考。

（2）本书将不同的治理情景纳入家族企业的董事会决策机制之中，考察了地区制度环境、两权分离度、实际控制人类型、企业生命周期、信息透明度对家族董事席位超额控制与企业投资决策之间关系的影响，这不仅

---

① 根据本书对家族企业的认定标准，笔者从 CSMRA 民营上市公司数据库中手工筛选出沪深 A 股家族企业样本，其中 2018 年符合上述标准的家族企业为 1664 家。同时，在沪深 A 股所有上市公司中，笔者剔除 2018 年的 ST 类公司、金融类公司后，得到的非金融类企业为 3266 家。

为家族企业针对不同的治理情境如何选择应对策略提供了一定的理论依据，也有利于深入理解家族企业投资决策的影响因素，从而能够对家族企业的经济决策行为给出更多的理论解释。

（3）本书遵循结构—行为—后果这一研究路径，从家族企业董事会结构逐渐深入到企业投资决策（投资结构与投资效率），最后延伸到企业价值，从理论与实证两个方面展开层层递进的分析，不仅可以清晰地观测到企业投资决策所产生的价值效应，也为家族企业如何提升自身的长期价值提供了重要的理论依据。同时，在上述研究路径下，本书还发现家族董事席位超额控制会通过影响企业投资决策来影响企业价值，从而有利于深入理解家族董事席位超额控制对企业价值的作用机制。

1.2.2 现实意义

（1）在实践中，家族企业通常面临着诸多的投资机会，但如何把握这些机会并通过制定有效地投资决策来提升企业价值还缺乏相应的科学依据。为此，本书基于家族控制权的寻租观假设和效率观假设，深入探讨了家族董事席位超额控制对企业投资决策及企业价值的影响，这不仅为家族企业如何优化投资与经营决策提供了可能的思路，也对企业制定公司价值提升战略具有重要的实践意义。同时，超额家族董事席位作为控制权的增强机制，意味着控股家族更有能力来影响董事会的经营决策，将有助于深入理解家族董事席位超额控制公司的经济决策行为，这对于处在经济转型升级期的中国家族企业如何持续保持竞争优势具有一定的启示意义。

（2）本书探讨了各种治理情景对家族企业董事会决策机制的影响，由此使得家族企业能够通过调整董事会层面的超额控制权来应对治理情境的变化，从而对于提升董事会决策效率具有重要的现实意义。同时，本书也在一定程度上厘清了处在经济转型升级期的中国家族企业家族董事席位配置模式的内在逻辑，对于我国家族企业完善董事会决策机制具有重要的现实意义。

1.3 相关概念的界定

1.3.1 家族企业概念的界定

关于家族企业（family firms）的定义，学术界目前尚未形成一致的意见，且存在多种不同的观点，本书以国内外较为有代表性的观点来定义家族企业。

在国外代表性观点方面，布尔卡特等（Burkart et al.，2003）将家族企业界定为：企业实际控制人可以追溯到个人或家族成员，且这些个人或家族成员至少经历过一次代际传承，若满足上述条件则认定为家族企业。安德森和里布（Anderson and Reeb，2003a）、比利亚隆加和阿米特（Villalonga and Amit，2006，2009，2010）将家族企业定义为：企业创始人或与其具有血缘、婚姻关系的家族成员为公司的高管、董事或者大股东，并拥有上市公司的实际控制权。埃卢尔等（Ellul et al.，2010）将家族企业定义为：（1）企业创始人或其家族成员是上市公司的控股股东；（2）创始家族中至少有一名家族成员持有上市公司5%以上的股份，或担任公司高管、董事、监事职位。阿米特等（Amit et al.，2015）把家族企业界定为：（1）实际控制人可以追溯到某一自然人、家族、共同创始人团队或其家人；（2）实际控制人是上市家族企业的第一大股东。

在国内代表性观点方面，苏启林和朱文（2003）将家族企业界定为：企业创始人或者其家族成员是上市公司的控股股东，并且至少持有上市公司10%的股份。许静静和吕长江（2011）、赵宜一和吕长江（2017）、祝振铎等（2018）将家族企业定义为：（1）实际控制人最终可以追溯到某一自然人或家族；（2）实际控制人直接或间接是上市公司的控股股东。王明琳等（2014）、巩键等（2016）从以下两个标准来界定家族企业：（1）实际控制人可以追溯到某一自然人或家族，并且家族控制权（投票权）≥15%；（2）至少有两位及以上具有亲缘关系的家族成员持股或担任上市公司高管职务（包括董事长、董事和高层经理职务）。陈德球等（2013b）结合安德森和里布（Anderson and Reeb，2003a）、虞和郑（Yu and Zheng，2012）的研究，将家族企业界定为：（1）企业创立者或其家族成员是公司控股股东，并持有上市家族企业至少10%的股份；（2）企业的创立者或其家族成员为公司董事。陈凌和王昊（2013）从所有权和管理权两个方面来界定了家族企业：（1）在所有权方面，家族成员持股比例大于或者等于50%；（2）在管理权方面，至少有一名具有血缘或者亲缘关系的家族成员在企业及子公司的关键岗位任职。陈凌和吴炳德（2014）仍然从所有权和管理权两个方面来界定了家族企业，但具体定义存在差异，他们认为如果家族成员持有的股份大于或者等于50%并担任总经理或总裁职位，则将该企业认定为家族企业。刘白璐和吕长江（2016）借鉴苏启林和朱文（2003）、安德森和里布（Anderson and Reeb，2003a）、比利亚隆加和阿米特（Villalonga and Amit，2006）的研究，将家族企业定为：（1）上市家族企业的实际控制人为家族自然人或家族，并且是企业直接或者间接的第一大股东；（2）实际控制人直接或间接持有上市公司至少10%的股份。李新春等（2015，2016）将家族企业界定为：（1）企业实际控制人可以追溯到某一自然人或家族；（2）企业中至少有两名及以上的家族成员在董事会、高管团队或监事会任职。此后，李新春等（2018）指出满足以下三个指标之一就认定为家族企业：家族持股比例大于或等于50%、家族成员担任企业总经理或总裁职务、家族成员担任董事长职务。刘星等（2020）根据巩键等（2016）、赵宜一等（2017）的研究，将家族企业界定为：（1）实际控制人可以追溯到某一自然人或者家族，并且家族直接或间接拥有上市家族企业至少15%的控制权；（2）实际控制人直接或间接是上市公司第一大股东；（3）上市家族企业中至少有两位及以上具有亲缘关系的家族成员持股或者担任高管职务（包括董事长、董事、高级管理人员）。

结合上述国内外研究的观点，本书将家族企业定为：（1）实际控制人最终可以追溯到某一自然人或者家族，并且是上市家族企业直接或者间接的控股股东（刘白璐和吕长江，2016；刘星等，2020）；（2）实际控制人直接或者间接持有上市家族企业至少10%的股份（Anderson and Reeb，2003a；Villalonga and Amit，2006；苏启林和朱文，2003）；（3）至少有两位及以上具有亲缘关系的家族成员持有上市家族企业的股份或者担任上市家族企业的高管职务（包括董事长、董事、高级管理人员）（王明琳等，2014；巩键等，2016；刘星等，2020）。因此在后续的实证章节中将按照这一标准来筛选样本。

1.3.2　家族董事席位超额控制概念的界定

家族董事席位超额控制是指控股家族在董事会层面的投票权超过了其在股东大会层面的投票权，从而使得控股家族更有能力通过影响董事会议案的投票结果来控制企业的经营决策。关于家族董事席位超额控制的界定，国内外学者的观点具有一致性。比利亚隆加和阿米特（Villalonga and Amit，2009）、阿米特等（Amit et al.，2015）、陈德球等（2011，2012，2013a，2013b，2014）将家族董事席位超额控制程度定义为：董事会成员中家族成员和在家族控制链的公司中担任职务的非家族成员人数之和占董事会人数的比例与家族控制权之差。刘星等（2020）借鉴上述研究，首先计算出董事会成员中家族成员、在家族控制链的公司中任职的非家族成员、家族一致行动人三者人数之和占董事会人数的比例与家族控制权的差额，其次将差额大于0的部分界定为家族董事席位超额控制的程度。其中，家族控制权为家族直接或者间接持有上市家族企业股份比例的总和，包括家族成员持股比例、董事会成员中在家族控制链的公司中担任职务的非家族成员持股比例、家族一致行动人持股比例。

需要注意的是，根据控制权比例计算家族委派董事人数时，其理论值存在小数，虽然刘星等（2020）在稳健性检验中采取四舍五入的方法进行了处理，但仍然可能不够全面。因此，本书在后续的实证章节中将充分考虑到在实践中家族委派董事人数取整的事实，采用三种不同的方法来度量家族董事席位超额控制程度，以避免可能存在的变量度量误差问题。首先，借鉴郑志刚等（2019）的研究，本书以家族实际委派董事人数减去家族基于控制权比例实操中适当委派董事人数，然后除以董事会规模得到家族董事席位超额控制程度。其中，家族基于控制权比例实操中适当委派董事人数计算方法如下：家族理论上应委派董事人数等于董事会规模乘以家族控制权比例，在此基础上对理论人数上下浮动取整数处理后得到家族实操中适当委派董事的人数。其次，借鉴郑志刚等（2019）、刘星等（2020）的做法，对家族理论上委派董事的人数进行四舍五入取整计算，由此得到家族董事席位超额控制程度。最后，参考比利亚隆加和阿米特（Villalonga and Amit，2009）、陈德球等（2013b）、刘星等（2020）的研究，直接将家族在董事会中委派董事的比例超过其控制权比例的部分视作董事席位超额控制程度，即等于家族董事人数除以董事会人数减去家族控制权之差。在上述三种度量方法下，本书除了计算家族董事席位超额控制程度，还设置了家族董事席位超额控制的虚拟变量，在后续实证章节中将同时引入虚拟变量和连续变量，以增强实证结果的可靠性。

1.3.3　企业投资决策概念的界定

投资决策作为企业经营活动中的重大决策，不仅决定了公司当前的资源投入，也会影响企业未来的现金流量，更是直接体现了公司的治理水平。本书以投资结构与投资效率来度量家族企业的投资决策。

首先，关于企业投资结构的界定，现有文献存在不同的界定方法。杨畅等（2014）在讨论契约环境对企业投资决策影响时，将企业投资结构分为短期投资与长期投资。雷光勇等（2017）为了考察风险资本与企业投资偏好之间的关系，从强度上将企业投资结构分为长期投资与短期投资。徐展等（2019）基于房价波动视角，将非房地产企业的投资结构分为金融投资和经营投资。徐光伟等（2020）从宏观经济政策不确定性出发，将微观企业的投资结构分为实体投资与虚拟投资。由于本书主要探讨微观企业内部的公司治理问题，且后续相关部分将重点考虑家族企业的投资期限。因此，采用杨畅等（2014）、雷光勇等（2017）的分类方法可能较为恰当，即将家族企业的投资结构分为长期投资和短期投资，并且在后面实证章节部分以雷光勇等（2017）的方法来定义长期投资强度与短期投资强度。其中，长期投资强度为资本支出与研发支出总和占总资产的比重，资本支出为当期构建固定资产、无形资产和其他长期资产支付现金的总和；短期投资强度为交易性金融资产、衍生金融资产、短期投资净额、买入返售金融资产净额、可供出售金融资产净额、持有至到期投资净额、长期应收款净额、投资性房地产净额等金融资产投资总额占总资产的比重。

其次，对于企业效率的界定，现有研究存在多种计算方法，包括理查德森（Richardson，2006）投资模型、比德尔等（Biddle et al.，2009）投资模型、陈等（Chen et al.，2011a）投资模型、投资—投资机会敏感度模型（Stein，2003；Chen et al.，2011b）。本书在后续的实证章节部分将采用理查德森（Richardson，2006）投资模型来估算家族企业的投资效率，并在稳健性检验中以陈等（Chen et al.，2011a）投资模型、投资—投资机会敏感度模型（Stein，2003；Chen et al.，2011b）来重新度量企业的投资效率。

1.3.4 企业价值概念的界定

企业价值作为投资决策的重要经济后果，直接反映了企业投资所产生的价值效应。为此，本书以企业价值来体现投资决策的经济后果。关于企业价值的度量，现有文献主要以总资产收益率（ROA）、净资产收益率（ROE）及托宾 Q 值（TQ）来刻画（邵帅和吕长江，2015；李英利和谭梦卓，2019）。虽然，单一的 ROA、ROE 或其他财务指标能够反映公司整体的盈利与发展能力，但仅能刻画企业价值的某一方面；并且，相对于股票价格，公司的 ROA 和 ROE 指标更容易被管理层操纵，即采用 ROA 或者 ROE 度量企业价值可能存在较大的失真，很难从整体上来反映企业价值（周兰和刘璇，2016；唐清泉和韩宏稳，2018）。然而，也有研究者认为，采用托宾 Q 值衡量企业价值的前提是能够较为精确地估算公司的市场价值和重置成本，而与国外资本市场相比较，我国资本市场还不够完善，股票价格并不能完全反映公司的市场价值（王晓巍和陈逢博，2014）。但是，国内学者早在 1996 年就指出我国资本市场已经达到弱式有效（吴世农，1996），而资本市场又经过二十多年的发展，股价已经能够较为准确地体现公司的市场价值（唐清泉和韩宏稳，2018），并且越来越多的学者采用托宾 Q 值来衡量企业价值（Fosu et al.，2016；汪辉，2003；夏立军和方轶强，2005；李欢等，2014；何瑛和张大伟，2015；杨文君等，2016；梁上坤等，2019）。鉴于此，本书参考上述学者的做法，以托宾 Q 值（TQ）来度量家族企业的企业价值。其中，TQ 的计算方法为：公司的权益市值与负债之和除以总资产账面价值。

1.4　研究思路与研究内容

1.4.1　研究思路

董事会作为企业的最高决策机构，其席位结构可能会决定议案的表决结果，从而影响企业的投资决策（刘星等，2020）。本书基于家族控制权寻租观假设和效率观假设，遵循结构—行为—后果的研究思路，从理论和实证两个方面探讨家族董事席位超额控制与企业投资决策及企业价值之间的关系。根据上述分析逻辑，本书的研究思路如下：首先，提出研究问题与研究目的，阐述理论价值与现实意义、界定相关概念与研究内容、指出研究创新与研究贡献。其次，在归纳与梳理现有的相关文献后，本书进行文献评述，并且对后续章节所涉及的相关理论进行系统性地阐述与剖析，从而为本书后续的实证研究部分奠定相应的理论基础。再次，本书从理论上分析家族董事席位超额控制与企业投资决策之间的关系，在此基础上进行实证检验和一系列的稳健性检验，并考察多个不同的治理情景对两者之间关系的影响。此外，本书进一步从理论上分析家族董事席位超额控制与企业价值之间的关系，探讨投资决策所产生的价值效应，并展开相关的实证检验和一系列的稳健性检验。最后，根据实证检验结果，归纳与总结研究结论，在此基础上得到相应的管理启示，并指出本书存在的不足及对未来的展望。

1.4.2　研究内容

从现有经济问题和市场现象出发，本书以经济升级转型期的中国家族企业为研究对象，首先提出研究问题，其次归纳国内外研究现状，遵循理论推导到实证分析的研究思路，最后根据研究结论得出了管理启示。本书的具体研究内容如下：

第1章为绪论。具体内容包括问题提出与研究目的、理论价值与现实意义、相关概念的界定、研究思路与研究内容、研究方法与技术路线、研究创新与研究贡献六部分。

第 2 章为文献综述。主要归纳与总结了家族控制权配置、家族董事席位超额控制、企业投资决策、企业价值四个方面的国内外文献，并对这些文献进行了评述。

第 3 章为相关基本理论。本章系统地阐释了契约理论、家族控制权理论、信息不对称理论、委托代理理论、管家理论、社会情感财富理论的起源及演进过程。

第 4 章为家族董事席位超额控制对企业投资结构的影响研究。首先，基于寻租观假设和效率观假设，本章从理论上分析了家族董事席位超额控制与企业投资结构之间的关系，并且进行了研究设计与实证检验；其次，考虑了地区制度效率、两权分离度、实际控制人类型、企业生命周期对家族董事席位超额控制与企业投资结构之间关系的影响；再次，对家族企业长期投资偏好展开了进一步分析，探讨了家族董事席位超额控制对长期投资强度的具体影响形式；最后，通过增加控制变量、工具变量法及 DID 检验来控制潜在的内生性问题，并进行了一系列的稳健性检验。

第 5 章为家族董事席位超额控制对企业投资效率的影响研究。首先，基于寻租观假设和效率观假设，对家族董事席位超额控制与企业投资效率之间的关系展开了理论分析，并且进行了研究设计与实证检验；其次，考虑了地区法制环境、两权分离度、实际控制人类型、信息透明度对家族董事席位超额控制与企业投资效率之间关系的影响；再次，本章对投资效率展开了进一步分析，深入探讨家族董事席位超额控制与过度投资、投资不足之间的关系；最后，通过增加控制变量、工具变量法及 DID 检验来控制潜在的内生性问题，并进行了一系列的稳健性检验。

第 6 章为家族董事席位超额控制对企业价值的影响研究。首先，从寻租观假设和效率观假设出发，本章从理论上探讨了家族董事席位超额控制对企业价值的影响机制，并讨论了投资决策与企业价值之间的关系；其次，分析了家族董事席位超额控制对投资决策与企业价值之间关系的影响；再次，进行了研究设计与实证检验，且进一步地考察了家族董事席位超额控制对企业价值的具体作用路径；最后，通过工具变量法和 DID 检验来控制潜在的内生性问题，并展开了一系列的稳健性检验。

第 7 章为研究结论、管理启示与研究展望。根据实证检验结果，笔者对研究结论进行了概括与总结，并根据这些研究结论得到了相应的管理启示，最后指出了本书存在的不足与未来展望。

1.5 研究方法与技术路线

1.5.1 研究方法

本书将规范分析与实证研究相结合，首先通过规范研究从理论上分析家族董事席位超额控制对企业投资决策及企业价值的影响机制，该过程通常是基于既定的假设条件，经过严密的逻辑推理得到研究结论，但得出的结论只是一种理论上的结果，可能会与现实情况存在一定的差距。鉴于此，本书采用实证研究来弥补规范研究存在的不足与缺陷，因为实证研究所使用的分析数据来源于公司真实经营过程中的历史数据，其结果能够较为准确地反映企业经营的状况。因此，本书综合运用上述两种方法展开分析，试图使研究更加深入与全面。一方面，本书将公司财务、公司治理、制度经济学、计量经济学等多门学科相融合，在系统梳理国内外文献的基础上，从理论上分析了家族董事席位超额控制对企业投资结构、投资效率及企业价值的影响机制。另一方面，本书采用大量的统计数据和多种计量方法进行了实证分析，以检验家族董事席位超额控制与企业投资结构、投资效率及企业价值之间的关系。在实证分析过程中，主要借助了 Excel、Stata 等统计软件，并对所有连续变量进行了上下 1% 的缩尾处理。

总而言之，本书运用上述研究方法，不仅可以充分发挥实证研究的客观性与科学性特征，也兼顾了规范研究的直观性与易理解性特点。

1.5.2 技术路线

本书以家族控制权理论为基础，结合其他相关理论，利用沪深 A 股上市家族企业作为研究对象，从逻辑推理到大样本实证统计检验、再到研究结论与管理启示的逻辑思路，综合运用规范研究与实证研究的方法，深入与系统地探讨家族董事席位超额控制对企业投资结构、投资效率及企业价值的影响。本书的技术路线如图 1-1 所示。

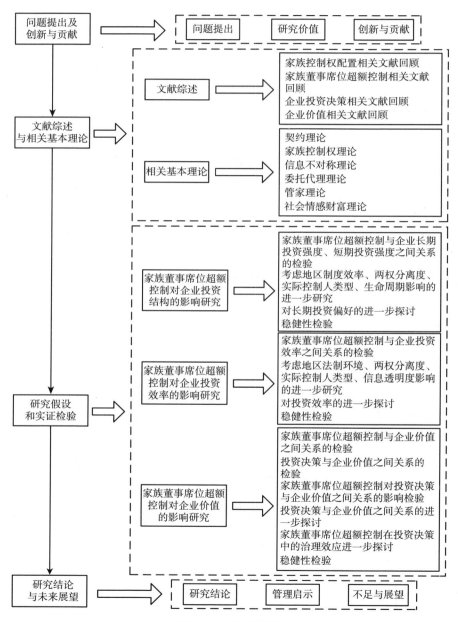

图 1-1　技术路线

1.6 研究创新与研究贡献

1.6.1 研究创新

与以往的研究相比，本书的研究创新主要包括以下三个方面：

（1）研究视角的创新。以往关于家族董事席位超额控制的相关研究，大都是从家族控制权的寻租观假设展开探讨（Villalonga and Amit，2009；Amit et al.，2015；陈德球等，2011，2012），即主要基于传统的委托代理理论视角。在该视角下，研究者认为控股家族存在较强的利益侵占动机，在经营决策中倾向于追求私人收益，因而提高家族董事席位超额控制程度会对公司的治理水平产生负面影响。然而，比利亚隆加和阿米特（Villalonga and Amit，2010）指出家族控制权理论存在寻租观和效率观两类假设，即家族控制企业不仅会产生消极的影响，也可以带来积极的治理作用。虽然，陈德球等（2013b，2014）同时从"寻租理论"和"效率理论"两个方面展开了探讨，但对家族控制权的作用并未得到一致的结论。鉴于此，本书基于家族控制权的寻租观假设和效率观假设，重新探讨处在经济转型升级期的中国家族企业控制权增强机制，试图为家族董事席位超额控制寻找合理的理论解释和经验证据。

（2）测量工具的创新。关于家族董事席位超额控制程度的度量，现有研究主要是以家族委派董事比例减去家族控制权来刻画（Villalonga and Amit，2009；Amit et al.，2015；陈德球等，2011，2012，2013a，2013b，2014；刘星等，2020），这种方法并没有充分考虑到家族委派董事人数理论值存在小数的情况，从而在关键变量的度量上存在较大误差。虽然，刘星等（2020）在稳健性检验中采用四舍五入的方法处理了上述小数问题，但仍然可能不够准确。为此，借鉴郑志刚等（2019）的思路，本书充分考虑控股家族在实践中委派董事人数取整的事实，对家族委派董事人数理论值中的小数进行上下取整的处理，在此基础上重新度量家族董事席位超额控制程度，以此来减小关键变量的度量误差。此外，为了增强研究结论的稳健性，本书在后续实证检验中也同时采用了前人的度量方法。

（3）研究内容和研究方法的创新。首先，在研究内容上，现有研究主要关注到了家族董事席位超额控制对审计供求（陈德球等，2011）、投资—股价敏感度（陈德球等，2012）、银行信贷合约（陈德球等，2013b）、商业信用资本配置效率（陈德球等，2014）、企业价值（Villalonga and Amit，2009；Amit et al.，2015）、投资效率（刘星等，2020）的影响。但是，笔者尚未发现有学者研究家族董事席位超额控制与企业投资结构之间的关系。同时，现有文献虽然考察了家族董事席位超额控制对企业价值的影响（Villalonga and Amit，2009；Amit et al.，2015），但比利亚隆加和阿米特（Villalonga and Amit，2009）是基于美国家族企业展开的研究，而阿米特等（Amit et al.，2015）仅考察了2007年我国A股上市家族企业中家族董事席位超额控制对企业价值的影响，这些研究并不能很好地反映经济转型升级背景下我国家族企业中家族董事席位超额控制与企业价值之间的关系。因此，本书的研究内容就具有一定的创新性。其次，在研究方法上，以往文献在检验家族董事席位超额控制与诸多经济后果之间的关系时，对内生性问题的处理只采用了工具变量法，这种处理方式可能不够全面。本书在处理内生性问题时，不仅采用了工具变量法，还以董事变更作为冲击事件，采用了双重差分模型（DID）进行处理，从而使得研究结论更为可靠。

1.6.2　研究贡献

本书的研究贡献主要体现在以下三个方面：

（1）以往研究主要基于家族控制权的寻租观假设讨论了家族董事席位超额控制所产生的一系列负面经济后果（Villalonga and Amit，2009；Amit et al.，2015；陈德球等，2011，2012），鲜有文献关注到控制权效率观假设下家族董事席位超额控制所产生的治理作用，仅发现陈德球等（2013b，2014）从寻租观假设和效率观假设两个方面讨论了家族董事席位超额控制对银行信贷合约、商业信用资本配置效率的影响。因此，本书基于寻租观假设和效率观假设，深入探讨家族董事席位超额控制与企业投资结构、投资效率及企业价值之间的关系，不仅拓展了家族控制权理论的应用范围，也丰富了家族董事席位超额控制经济后果的相关研究。

（2）本书将地区制度环境、两权分离度、实际控制人类型、企业生命周期、信息透明度这些关键影响因素纳入董事会决策机制之中，考察了这些因素对家族董事席位超额控制与企业投资决策之间关系的影响，不仅有助于从更多视角来理解家族企业投资决策的影响因素，也为控股家族在不同治理情境下如何优化投资决策提供了一定的理论依据。

（3）本书遵循了结构—行为—后果这一研究思路，即从家族董事席位超额控制逐渐深入到企业投资决策（投资结构与投资效率）中，最后延伸到企业价值，在理论与实证两个方面展开了层层递进的分析，将有助于观测企业投资决策所产生的价值效应。并且，基于上述分析逻辑，本书发现企业投资决策是家族董事席位超额控制影响企业价值的重要路径，由此阐释了家族董事席位超额控制对企业价值的作用机制，从而为我国家族企业完善董事会决策机制提供了有益的参考。

第 2 章

文献综述

本章基于现有的相关文献，一是回顾了家族控制权配置相关文献；二是梳理了家族董事席位超额控制的动因及经济后果；三是归纳了企业投资决策的相关研究，涵盖企业的投资结构、投资水平、投资效率；四是总结了企业价值的相关文献；五是对上述文献进行了评述。

2.1 家族控制权配置相关文献回顾

根据同股同权原则，各控制权主体通常会基于自身的持股比例来委派董事，因而董事席位的分配问题本质上属于控制权配置问题（刘汉民等，2018）。因此，本章将以家族控制权配置为起点来回顾国内外相关的文献。

在国外文献方面，特里弗斯（Trivers，1971）指出，由于家族成员之间存在多重亲缘与血缘关系，家族企业在控制权配置过程中会表现出利他主义。詹森和梅克林（Jensen and Meckling，1976）对家族与非家族控制企业的差异进行了比较，发现家族控制是一种高效的治理模式。并且，家族企业作为家族与企业的结合体（Chua et al.，1999），不仅能够为家族成员提供工作机会，也是家族成员寄托情感的场所，由此使得家族企业的控制权配置模式具有一定的独特性（Sharma et al.，1997）。比利亚隆加和阿米特（Villalonga and Amit，2010）将家族控制权理论归为以下两种：一种是基于竞争优势视角的效率观假设，该观点认为家族控制有利于提高企业的经营效率，其在经营决策中更加注重公司的长期目标，旨在最大化家族和非家族股东的价值；另一种是基于控制权私人收益视角的寻租观假设，该观点认为家族控股股东具有较强利益侵占动机，会通过转移、掏空企业资源来获取私人收益，从而导致公司的经营绩效低下。中野和阮（Nakano and Nguyen，2012）研究表明，当控股家族的社会情感财富受到损失时，其追求控制权私人收益的动机会更强，更倾向于强化家族控制权。沃德克尔斯等（Voordeckers et al.，2007）、鲍韦拉尔茨和科洛特（Bauweraerts and Colot，2017）研究发现，与非家族企业相比，控股家族通过委派董事的方式不仅可以保持其控制权，也能够提高家族企业的治理效率。

在国内文献方面，杨春学（2001）基于差序格局理论，指出企业家更愿意让关系亲近的家族成员掌握企业的控制权，进而使得这些家族成员能够共享家族企业的财富和剩余索取权。连燕玲等（2011）探讨了家族权威配置机理与功效，并对家族控制权配置模式的内在逻辑展开了分析。徐细雄和刘星（2012）以国美电器"控制权之争"作为研究案例，指出家族企业应该优化董事会的机制设计，通过有效地控制董事席位来保证家族企业治理的成功转型。代吉林等（2012）研究发现，家族控制权对企业 R&D 投入存在正面和负面两种影响，而提高董事会的独立性则有助于降低家族控制产生的负面影响。陈德球等（2013b，2014）借鉴比利亚隆加和阿米特（Villalonga and Amit，2010）的研究，仍然将家族控制权理论分为寻租观假设和效率观假设两类，并将该理论运用到了中国家族企业的控制权配置研究之中。许静静（2016）研究发现，与其他方式创立的家族企业相比，两权分离度较低、创始人控制、家族直接持股比例较高的家族企业更有可能直接委派家族成员担任首席执行官（CEO）。昮阳等（2016）以雷士照明作为研究案例，讨论创始人专用性资产对公司控制权配置的影响及作用机制。吴炯（2016）基于海鑫、谢瑞麟和方太的多案例研究，探讨了家族企业控制权配置问题，指出家族企业代际传承的核心任务是实现剩余控制权的传承。严若森和张志健（2016）基于社会情感财富框架理论，认为控股家族为了维持既有的社会情感财富水平，会安排更多的家族成员持股或者参与经营管理，以保持家族对企业的控制。胡旭阳和吴一平

（2017）认为创始人政治身份对中国家族企业控制权代际锁定存在企业政治资本积累假说、社会情感财富维护假说两种机理。许年行等（2019）从传统的"长幼有序""孝悌之道"的视角探讨了中国家族企业的控制权配置模式，指出"长兄"担任董事长更有利于提升企业的绩效。吴超鹏等（2019）研究了家族企业上市前后的控制权配置模式变化，发现家族企业上市前不太可能进行"去家族化"改革，通常会保持较高的家族控制权。

2.2　家族董事席位超额控制相关文献回顾

近年来，家族企业董事席位配置问题受到了学术界的持续关注，而董事会如何分配席位则是董事席位配置的核心问题，也是公司治理领域的重要话题（刘星等，2020）。事实上，控股家族为了能够随意配置企业资源，往往具有动机让自己在董事会层面处于一个较高的权力位置，以实现超额控制董事席位的目的（陈德球等，2012）。从国内外现有的文献来看，学术界主要探讨了家族董事席位超额控制的动因及其经济后果。

在动因研究方面，学术界对此缺乏足够的关注，目前仅发现国内学者陈德球等（2013a）从家族企业所处的地区法律制度环境和金融化水平两个维度来考察家族董事席位超额控制的动因，指出缓解融资约束和降低控制权私人收益分别是金融深化水平和地区法律制度效率影响家族董事席位超额控制程度的内在机理。

关于经济后果的研究，在国外文献方面，比利亚隆加和阿米特（Villa-longa and Amit，2009）以美国家族企业作为研究对象，指出控股家族超额控制董事席位会放大家族控制权，导致公司内部的代理冲突加剧，进而带来企业价值的损耗。阿米特等（Amit et al.，2015）以中国 A 股上市家族企业作为研究对象，发现家族董事席位超额控制程度与企业价值显著负相关。在国内文献方面，陈德球等（2011）发现家族超额控制董事席位会加剧企业内部的代理冲突，进而导致家族企业超额审计费用增加。紧接着，陈德球等（2012）通过考察家族控制权异质性特征对企业投资行为的影响，指出家族提高董事席位超额控制程度会让企业偏离最优投资决策，由此造成家族企业的投资—股价敏感度降低。随后，陈德球等（2013b）探讨了家族控制权结构与银行信贷合约之间的关系，发现家族董事席位超额控制程度的提高会增加企业与银行债权人之间的信息不对称程度，使得银行所面临的代理成本增加，导致家族企业的银行信用借款比例降低、担保借款比例增加，从而支持了家族控制权寻租观假设。后来，陈德球等（2014）考察了家族控制权异质性特征对企业商业信用资本配置效率的影响，发现商业信用对企业资本配置效率的提升作用在家族董事席位控制程度较高的公司中更为显著。此外，赵宜一和吕长江（2017）讨论了家族成员在董事会中的角色，发现超额家族执行董事对企业投资效率、会计业绩都会产生负面影响，而超额家族非执行董事则不会产生这种负面效应。刘星等（2020）探究了家族董事席位配置偏好与企业投资效率之间的关系，指出家族董事席位超额控制程度越高，企业投资效率越高，并且两权分离度较高或地区法制环境较差时，上述影响更为显著。

2.3 企业投资决策相关文献回顾

2.3.1 企业投资结构相关文献回顾

投资结构实际上反映了企业的投资偏好，体现了公司决策者在经营活动中的权衡，更是表明了其在重大经营决策上的态度。因此，企业投资结构的相关研究已引起了国内外学术界的广泛关注，并取得了一系列的研究成果。接下来，本章节将对企业投资结构的国内外相关文献展开回顾。

在国外文献方面，霍姆斯特罗姆（Holmstrom，1989）将企业投资结构分为生产性投资与创新性投资，认为生产性投资通常具有周期短、见效快、风险低、不确定性小的特点，而创新性投资则具有周期长、见效慢、风险高、不确定性大的特征。德龙和萨默斯（De Long and Summers，1991）将企业投资结构分为固定投资与 R&D 投资，指出在资本相对稀缺的地区，企业更有可能进行固定资产投资而非 R&D 投资，因为固定资产投资是促进经济增长最直接、最快速的资本投入方式。康等（Kang et al.，2012）

探讨了企业区域投资结构的变迁，认为该行为属于企业的重大战略决策，而区域投资结构的变化是公司决策结果的具体体现。胡里奥和约克（Julio and Yook，2012）以国家大选时间窗口来反映政治的不确定性，考察了政治不确定性与企业投资结构之间的关系，发现企业资本支出在政府换届选举年度会减少。伯恩斯坦等（Bernstein et al.，2016）考察了风险资本对企业投资结构的影响，指出有风险资本参与的企业更愿意增加创新投入，使得公司更有可能投资那些具有长远价值的项目，由此带来长期投资强度的增加。荣等（Rong et al.，2016）探讨了工业企业的投资结构，发现工业企业在房价上涨期间更倾向于增加房地产的投入，但对创新的投入则会明显地减少。

在国内文献方面，诸多学者对企业投资结构的影响因素及其产生的经济后果展开了探讨，并取得了较为丰富的研究成果。

关于影响因素的研究，杨畅等（2014）将企业投资结构分为短期投资与长期投资，指出与短期投资相比较，改善契约环境有利于扩大企业的长期投资规模，并且这种正向促进作用在行业契约密集度较高的企业中更为显著。景秀丽和王霄（2015）基于跨层理论模型，探究了上市家族企业区域投资结构变迁的理论机制，指出我国家族企业中存在的跨层效应会影响其区域投资结构变迁和战略转型。赵静和陈晓（2016）探讨了货币政策对企业投资结构的影响，发现紧缩货币政策能够显著地减少企业的固定资产投资和研发投资，但对企业的长期股权投资却没有显著的影响。雷光勇等（2017）考察了风险资本对企业投资结构的影响，发现风险资本不仅能够显著地提升企业的长期投资强度，也会有效地降低企业的短期投资强度，并且资本性支出强度在有风险资本参与的企业中会更高。吴延兵（2017）讨论了中国式分权下的投资结构，指出分权治理模式会导致整个社会投资出现"重生产，轻创新"的偏向，从而影响整个社会的投资倾向。徐展等（2019）探究了房价波动与非房地产企业投资结构之间的关系，指出企业在房价上升时会增加融资以缓解未来的贷款困境，并且倾向于将这些资金投资于流动性高的金融资产，由此使得公司的金融投资占比增加；但是，企业在房价下降时为了减弱贷款困境对日常经营活动的影响，会将投资于金融资产中的资金转移到经营投资中，从而使得企业的经营投资占比增加。刘金东和管星华（2019）考察了不动产抵扣对企业投资结构的影响，发现不动产抵扣使得非国有企业的涉房投资显著增加，而设备类投资显著减少，即存在一定的"脱实向虚"的趋势。李鑫和于辉（2020）从零售商运营的视角出发，发现投资方参与零售企业投贷联动融资博弈时，存在协调投资方利益最大化的"投贷联动区间"与最优投资结构，并且最优投资结构受到市场成长性的主导。徐光伟等（2020）将企业投资分为实体投资与虚拟投资，发现经济政策不确定性与企业实体投资活动显著负相关，与企业虚拟投资活动显著正相关。

有关经济后果的研究，黄苹（2013）分析了企业 R&D 投资结构对地区经济增长的影响，将 R&D 投资分解为基础研究与非基础研究，发现上述两者均对地区经济增长具有积极的促进作用，但基础研究对地区经济增长的促进作用更大。张莹和王雷（2016）研究发现，投资结构偏向在整体上不会显著地影响企业价值，但因税收激励引发的投资结构偏向则会提升企业价值。刘倩（2018）探讨了投资结构调整政策的动态机制与施行效果，指出正向投资结构冲击不仅提高了有效投资，也降低了无效投资。邱冬阳等（2020）探讨了投资结构对经济增长的影响，指出基础设施投资与经济增长不存在显著的关系，但制造业投资或者房地产开发投资却能够显著地促进我国当期经济增长。

2.3.2　企业投资水平相关文献回顾

投资水平作为企业投资决策的重要构成部分，体现了企业决策者在经营活动中投入的资源数量，在公司治理领域已经引起了国内外学术界的广泛关注，并取得了较为丰硕的研究成果。接下来，本部分将对企业投资水平的国内外相关文献展开回顾。

在国外文献方面，已有学者发现货币政策行动不仅可以通过利率、资产价格等渠道从需求端来影响企业的投资水平（Tobin，1969），也可以通过信贷渠道来影响银行的信贷供给，进而影响企业的投资水平（Bernanke et al.，1995）。史图斯（Stulz，1990）以美国上市公司为研究样本，研究发现负债水平和公司投资支出水平呈现出显著的负相关关系。米尔斯等（Mills et al.，1995）对部分澳大利亚上市公司展开了研究，同样发现企业负债水平与投资水平显著负相关，且当公司负债规模较大、负债率较高时，负债水平与企业投资支出之间的负相关性更强。马尔门迪耶和泰特（Malmendier and Tate，2005）探讨了企业管理者过度自信倾向对企业投资水平的影响，指出管理者过度自信能够显著地提升企业的投资水平。比蒂等（Beatty et al.，2013）以财富500强公司中的违规公司和同行业公司作为研究样本，发现企业夸大当期收入的违规行为会对同行公司当期投资水平产生显著的正向影响。穆尼奥斯（Munoz，2013）基于拉丁美洲公司的面板数据，探究了股票市场流动性与企业投资行为之间的关系，并以股票交易量来刻画市场的流动性，指出个股交易量与行业调整交易量越高，企业的投资水平越高。古伦和伊昂（Gulen and Ion，2016）讨论了经济政策不确定性对企业投资水平的影响，在控制选举这一重要因素后，发现企业投资水平在政策不确定性升高时会显著降低。

与此同时，关于国外家族企业投资水平的研究，目前尚未形成一致的观点。安德森和里布（Anderson and Reeb，2003a）基于风险承担的视角，探讨了家族控制对企业R&D投资水平的影响，发现家族式管理使家族控股股东更倾向于规避风险，企业在研发投入强度方面显著低于非家族企业，从而不利于提升企业的投资水平。布洛克（Block，2012）研究发现，家族控股股东为了追求控制权私人收益，且为了规避投资风险，他们倾向于主动减少投资，由此将带来家族企业投资水平的下降。同样，克里斯曼等（Chrisman et al.，2012）研究表明，家族控股股东在投资决策中存在风险规避的倾向，这将使其容易忽视股价传递的利好消息，导致企业的资本配置效率低下，体现为家族企业的投资水平低下。帕特尔和克里斯曼（Patel and Chrisman，2014）研究指出，控股家族为了避免因不确定性投资所产生的潜在破产风险，在投资决策中会持谨慎的态度，即使公司存在闲置资金时，其仍然会规避那些资金回收周期长、风险高而净现值（NPV）为正的投资项目，进而降低了家族企业的投资水平。但是，帕特尔和克里斯曼（Patel and Chrisman，2012）研究发现，控股家族下一代进入高管团队后会改善企业的投资状况，体现为企业研发投入强度更高，因而能够有效地提升家族企业的投资水平。

在国内文献方面，魏锋和刘星（2004）考察了不确定性对公司投资水平的影响，指出公司自身的不确定性与其投资水平显著正相关，而市场的不确定性与公司投资水平则显著负相关，但总体不确定性会显著地提升公司的投资水平。黄福广等（2013）讨论了风险资本与创业企业投资水平之间的关系，指出与无风险资本支持的企业相比，有风险资本支持的企业其投资速度更快、投资水平也更高。叶玲和王亚星（2013）认为，与管理者理性的企业相比，管理者的过度自信会显著地提高企业的并购投资、内部投资和总投资水平。曾爱民等（2013）研究发现，相对于非财务柔性的企业，在金融危机期间具有财务柔性的企业进行投资时更不易受融资约束，并且在金融危机初期会加大投资支出水平。吴成颂等（2013）基于企业家声誉的视角，探讨了控制权配置对企业投资水平的影响，发现控股股东持股比例越高，企业的投资水平越低，但当内部现金流量较富裕时，股权制衡比例的增加则有利于提升企业的投资水平。沈维涛和幸晓雨（2014）探讨了CEO早期的生活经历对企业投资水平的影响，指出如果CEO早期经历过三年困难时期，企业的投资水平会更低。张前程和杨德才（2015）考察了投资者情绪对企业投资水平的影响，发现投资者情绪与企业投资水平存在显著的正相关关系，并且这种影响效应在民营控股企业中更强。佟爱琴和洪棉棉（2015）基于负债治理的视角，深入探讨了负债融资与公司投资支出之间的关系，指出企业的整体负债融资水平越高，其投资支出水平越低。罗琰等（2015）考察了资产流动性对企业投资水平的影响，发现资产流动性越强，企业的投资水平越高。马红等（2016）探讨了微观企业的投资行为，发现虚拟经济发展能够显著地提升我国企业的投资水平。饶品贵和岳衡（2017）考察了经济政策不确定性对企业投资水平的影响，发现经济政策不确定性越高，企业的投资水平越低。王宇伟等（2019）研究了言辞沟通和实际行动对企业投资水平的影响，发现言辞沟通和实际行动两类预期管理政策在总体上均可以显著地提升企业的投资水平。

此外，有关国内家族企业投资水平的研究，学术界具有一致的观点。吴应军（2016）以我国家族企业为例，探讨了代理问题对企业投资水平的影响，指出非家族成员担任董事长时，企业的投资水平将更低。姜付秀等（2017）研究发现，相对于家族成员担任企业的董事长，非家族成员担任董事长使得家族声誉与公司形象进一步分离，由此降低了家族声誉受损的成本，此时控股家族退居"幕后"将会加剧代理冲突，体现为资本支出更少、创新水平更低，从而导致家族企业的投资水平下降。

2.3.3　企业投资效率相关文献回顾

投资效率体现了企业投资决策的有效性，通常反映了公司治理水平的高低，更是影响资本市场的重要因素，由此成为国内外学者持续关注的重点话题，并取得了诸多的研究成果。接下来，本部分将对企业投资效率的国内外相关文献展开回顾。

在国外文献方面，部分学者讨论了管理者行为及特征与企业投资效率之间的关系。例如，詹森（Jensen，1986）从信息不对称理论出发，指出高管为了追求自身利益的最大化，有动机通过过度投资来构建起自己的"商业帝国"，进而导致企业的投资效率低下。詹森（Jensen，1993）认为经理往往具有控制更多资源的能力，这将使其有动机来追求私人收益，由此表现出较强的过度投资倾向，从而带来企业投资效率的损耗。哈比卜和哈桑（Habib and Hasan，2015）探讨了管理者能力与企业投资决策之间的关系，指出管理者能力越强，其越有动机做出过度投资的决策，由此导致企业的非效率投资水平更高。加西亚·桑切斯和加西亚·梅卡（Garcia-Sanchez and Garcia-Meca，2018）研究发现，管理者能力对企业投资效率具有显著的正向促进作用。

也有学者考察了会计信息质量对企业投资效率的影响。例如，比德尔和希拉里（Biddle and Hilary，2006）发现公司会计信息质量较高时，管理层与外部投资者之间的信息不对称程度更低，因而有利于提高企业的投资效率。比德尔等（Biddle et al.，2009）指出会计信息质量越高的时候，企业的投资不足和投资过度均会降低。陈等（Chen et al.，2011a）以新兴资本市场上的非上市公司为研究对象，同样发现财务信息质量与企业投资效率显著正相关。陈等（Chen et al.，2013）以欧洲国家为例，指出强制实施 IFRS后，企业的信息披露数量会增加，从而有利于提升目标公司的投资效率。

还有学者探讨了公司治理与企业投资效率之间的关系。例如，理查德森（Richardson，2006）研究指出，当公司治理机制较弱、自由现金流量较充裕时，企业更容易出现过度投资行为，从而导致公司的非效率投资增加。比利特等（Billett et al.，2011）、吉鲁和穆勒（Giroud and Mueller，2011）研究表明，企业的公司治理水平越低，代理冲突越严重，越有可能产生非效率投资。

此外，约翰和森贝特（John and Senbet，1988）研究发现，公司进行债务融资能够产生治理作用，在一定程度上可以抑制经理层的过度投资行为，进而有利于提升企业的投资效率。帕努西和帕帕尼克拉乌（Panousi and Papanikolaou，2012）研究指出，在不确定性较高的情况下，公司管理层进行投资的积极性不够，这将导致企业出现投资不足，并且公司高管持有的股份比例越高，上述情况会越严重。陈等（Cheng et al.，2013）研究发现，企业内部控制具有治理作用，即内部控制质量与公司非效率投资显著负相关。

除了上述文献，国外学者对家族企业投资效率的研究目前也没有形成一致的观点。阿尔梅达和沃尔芬松（Almeida and Wolfenzon，2006）的研究表明，与其他控制方式相比较，采用金字塔结构控制的家族企业集团更有动机进行过度投资，因而导致企业的投资效率低下。布列塔尼·米勒等（Le Breton-Miller et al.，2011）研究指出，由于家族企业承载了所有家族成员的希望和愿景，家族管理者能够被激励去履行更多地社会责任和增强企业的生存能力，因而更有动力来提高家族企业的投资效率。比亚恩科等（Bianco et al.，2013）以需求增长率极差的预测值来衡量不确定性，发现家族企业的投资——不确定性敏感度更高，说明不确定性的增加会降低家族企业的投资效率。

在国内文献方面，企业投资效率的相关研究也较为丰富，部分文献探讨了高管薪酬对企业投资效率的影响。例如，辛清泉等（2007）发现国有企业经理薪酬过低会引发投资过度现象，从而导致企业的投资效率低下。徐光伟和刘星（2014）基于内生性的视角，发现高管货币薪酬激励制度能够减少公司过度投资行为，从而提升了企业的投资效率。曹越等（2020）研究表明，企业客户关系型交易占比越高，高管薪酬业绩敏感性越低，并且这种负向效应会显著地降低企业的投资效率。

也有文献讨论了内部控制与企业投资效率之间的关系。例如，方红星和金玉娜（2013）研究发现，内部控制能够抑制企业的非效率投资，且主要是抑制公司的操作性非效率投资。张超和刘星（2015）讨论了内部控制缺陷信息披露对企业投资效率的影响，指出上市公司在披露内部控制缺陷信息前一期存在过度投资行为，而在披露后一期其过度投资倾向则有所减弱。池国华等（2016）考察了内部控制与国有企业非效率投资行为之间的关系，指出实施内部控制规范能够有效地抑制国有企业的过度投资行为。

还有文献考察了金融市场对企业投资效率的影响。例如，夏芸和徐欣（2013）发现我国上市公司在使用 IPO 超募资金过程中普遍存在较为严重的过度投资行为，并且非国有上市公司的过度投资问题比国有公司更为严重。张前程和杨德才（2015）的研究表明，金融市场中投资者情绪不仅对企业过度投资具有显著的正向影响，也对投资不足具有显著的负向影响，并且这种影响在民营企业中更为强烈。王仲兵和王攀娜（2018）考察了放松卖空管制与企业投资效率之间的关系，发现放松卖空管制显著地提升了企业的投资效率，不仅体现为抑制企业过度投资，也可以缓解投资不足。王晓亮等（2019）讨论了金融生态环境对政府投融资平台企业投资效率的影响，指出企业所处的金融生态环境越好，平台企业的融资成本越低，这将有利于缓解因融资约束引发的投资不足现象。祝继高等（2020）考察了银行市场结构性竞争对企业投资效率的影响，发现促进银行竞争有利于提升工业企业的投资效率。

与此同时，政策不确定性及公司不确定性对企业投资效率的影响也引起了学术界的关注。例如，贾倩等（2013）研究表明，政府降低政策不确定性有利于提高本地上市企业的投资效率。饶品贵等（2017）指出经济政策不确定性有利于提升企业的投资效率，并且该提升效应在那些受政策因素影响较大的企业群体中更为显著。叶建华（2017）讨论了公司不确定性对企业投资效率的影响，发现公司不确定性越高，企业的非效率投资行为越明显，并且主要体现为过度投资行为。

另外，部分学者探究了控制权及管理者特征对企业投资效率的影响。例如，刘星和窦炜（2009）探讨了大股东控制条件下的不同控制权配置方式及其对企业非效率投资行为的影响，指出大股东控制的企业中会同时存在过度投资和投资不足两种非效率投资行为。刘星等（2014）研究了我国上市公司融资约束、代理冲突与非效率投资行为三者之间的关系，指出控制权私有收益引起的代理冲突和融资约束均会导致公司的非效率投资增加。窦炜等（2016）采用双边随机前沿模型分析了不同控制权配置模式下的企业投资效率问题，指出现金流权和控制权分离是上市公司投资效率损耗的内在动因。刘艳霞和祁怀锦（2019）研究发现，管理者自信与企业过度投资、投资不足均显著正相关，由此造成了投资效率的损耗。姚立杰等（2020）考察了管理层能力与企业投资效率之间的关系，发现管理层能力对企业投资效率具有显著的促进作用，并且这种促进作用在市场化程度较高的地区、内部控制较完善的公司中更显著。

除了上述观点，张兆国等（2011）探讨了政治关系对企业投资效率的影响，发现有政治关系的企业更容易获得银行借款，由此更有可能进行过度投资，从而导致企业的投资效率低下。金智等（2015）讨论了女性董事在公司投资中的角色，指出女性董事比例越高，公司投资效率越低；但是，当市场化程度较高或组织权力较分散时，女性董事对公司投资效率的负面影响会减弱。武立东等（2016）探讨了董事会成员地位差异对企业投资效率的影响，发现董事会成员地位差异越大，成员间进行信息交流越困难，企业投资不足的情况越严重。马红等（2016）研究发现，虚拟经济与实体经济的协调发展能够显著地提高我国企业的投资效率。袁振超和饶品贵（2018）探究了会计信息可比性对企业投资效率的影响，指出提高会计信息可比性可以显著地提升企业的投资效率。潘越等（2020）分析了连锁股东与企业投资效率之间的关系，指出连锁股东主要体现为"竞争合谋"，在投资活动中会导致同行业企业的出现投资不足。王丹等（2020）探讨了大客户集中度与企业投资效率之间的关系，指出提高客户集中度会损害公司的投资效率，主要表现为企业的投资不足增加。

近年来，随着家族企业研究的兴起，国内部分学者也针对家族上市公司的投资效率展开了研究。例如，吕怀立和李婉丽（2015）探讨股东合谋对家族企业非效率投资现象的影响，研究发现，家族上市公司股东合谋会产生非效率投资问题，主要体现为过度投资。严若森和张志健（2016）研究指出，股东大会层面的家族超额控制会降低企业的投资效率，而管理者层面的家族超额控制则有助于提升企业的投资效率。王玉春和姚凯丽

（2017）以我国上市家族企业作为研究对象，发现家族企业引入职业经理人对公司的非效率投资具有抑制作用，并且与高成长性企业相比，低成长性企业引入职业经理人对公司非效率投资行为的抑制作用更明显。刘星等（2020）基于利他主义行为的视角，探讨了家族董事席位配置偏好对企业投资效率的影响，发现家族董事席位超额配置程度与企业投资效率显著正相关，而家族董事席位配置不足程度与企业投资效率则没有显著的关系。

2.4　企业价值相关文献回顾

企业价值作为投资决策最为直接的经济后果，不仅体现了企业投资的回报，也反映了公司市场价值的高低，因此本书以企业价值来刻画投资决策的经济后果。接下来将对企业价值的国内外相关文献进行回顾。

在国外文献方面，法玛和詹森（Fama and Jensen，1983）认为独立董事能够有效地监督公司管理者，有利于保护股东的利益，从而提升了公司的企业价值。阿米胡德和门德尔森（Amihud and Mendelson，1986）指出，提高股票的流动性水平有助于降低交易风险和必要回报率，进而能够带来企业价值的提升。施莱弗和维什尼（Shleifer and Vishny，1986）、拉坡塔等（La Porta et al.，1999）研究发现，股权制衡在一定程度上可以抑制控股股东的利益侵占行为，因而有利于提升公司的企业价值。卡尔等（Kaul et al.，2000）指出股票的需求曲线是向下倾斜的，公司名称越受投资者青睐，股票的需求曲线越靠右，形成的均衡价格就越高，从而使得权益市值和公司价值越大。菲斯曼（Fisman，2001）、约翰逊和米顿（Johnson and Mitton，2003）研究表明，上市公司通常占据着稀有资源，这将有利于增强其市场竞争力，由此能够不断提升公司的企业价值。法乔等（Faccio et al.，2001）、莫里和帕贾斯特（Maury and Pajuste，2005）认为股权制衡会产生负面影响，导致企业价值损耗。克拉森斯等（Claessens et al.，2002）指出，由于新兴市场中投资者保护水平较低，大股东侵占其他投资者利益的动机较强，从而使得企业价值受到折损。龚帕斯等（Gompers et al.，2003）以 24 个反收购条款构建了一个"治理指数"，并通过该指数来分析反收购条款对企业价值的影响，发现公司的反收购条款数量与企业价值显著负相关。然而，斯特拉斯卡和沃勒（Stráska and Waller，2010）研究表明，反收购条款不一定导致企业价值的损耗，但对于谈判能力弱的公司，反收购条款有助于提高公司的谈判能力，由此可以提升公司的企业价值。雷和宋（Lei and Song，2011）以我国香港地区上市公司为例，指出掏空型关联交易会显著地损害企业价值。福苏等（Fosu et al.，2016）以英国公司作为研究样本，发现信息不对称会对企业价值产生负面的影响。

与此同时，国外文献也对家族上市公司的企业价值展开了深入探讨，并取得了一系列的成果。法玛和詹森（Fama and Jensen，1983）研究指出，控股家族通过派遣家族成员担任企业的（副）董事长、（副）总经理等关键职位，使得其有能力对公司的经营决策进行有效地监督，由此能够缓解第一类代理冲突，有利于增加企业价值。拉坡塔等（La Porta et al.，1999）、克拉森斯等（Claessens et al.，2000）研究发现，由于控股家族掌握了企业的控制权，其可以利用对公司的控制权来谋取私人收益，进而导致企业价值受到折损。比利亚隆加和阿米特（Villalonga and Amit，2006）利用财富500强企业的数据，发现只有当创始人担任家族企业的首席执行官或同时兼任 CEO 和董事长时，家族所有权才能够提升企业价值。比利亚降加和阿米特（Villalonga and Amit，2009）深入考察了美国家族企业控制权配置机制，指出家族超额控制会加剧企业内部的代理冲突，从而带来企业价值的折损。马苏里斯（Masulis，2011）以全球 45 个国家的家族控股集团为研究对象，发现某国机构投资者提供的资金量与该国家族集团的市值占比呈负相关关系，说明家族集团可以弥补外部资金的供应不足；并且，家族企业越接近金字塔层级的顶层，其资本支出和资产负债率越高，公司的业绩和市场价值会越差。阿米特等（Amit et al.，2015）以中国 A 股上市家族企业作为研究对象，发现家族超额控制程度与企业价值显著负相关。

在国内文献方面，企业价值的相关研究颇为丰富，部分学者探讨了控制权配置模式对企业价值的影响。例如，夏立军和方轶强（2005）以 2001 ~ 2003 年我国上市公司为样本，探究了政府控制、治理环境与公司价值之间的关系，指出政府控制会对企业价值产生负面影响，但随着公司所处治理环境的改善，这种负面效应会减弱。贾璐熙等（2014）认为，当第一大股东的表决权不具有绝对优势时，其"掏空"行为会随着表决权集权程度的增加而加剧，由此导致企业价值的损耗，并且当第一大股东为国有股东时这种影响更为显著。邵帅和吕长江（2015）以我国民营上市企业为例，发现实际控制人直接持股公司比金字塔结构公司具有更高的会计业绩与市场业绩，说明实际控制人直接持股有助于提升企业价值。阮素梅等（2015）指出董事会特征或者股权结构不会直接影响上市公司的价值创造能力，而是存在间接影响效应。孙毅和杨丽芳（2015）认为控股股东的专用性投资绑定效应能够影响其决策行为，进而会对上市公司的企业价值产生积极作用。孟焰和赖建阳（2019）研究发现，当董事来源异质性较低时，董事会层面的控制权较为集中，此时企业的风险承担水平对企业价值的促进作用更为明显。

也有学者考察了高管行为及管理者特质对企业价值的影响。例如，杨志强和石本仁（2014）的研究指出，高管将其控制权私人收益在同行业内做比较时所产生的公平感会影响企业价值，并且与存在股权制衡或者股权分散的公司相比较，股权集中度较高的公司高管控制权收益绝对额及控制权收益——公司价值敏感性更高。郑杲娉等（2014）探讨了兼任高管与企业价值之间的关系，发现相对于不存在兼任高管的上市公司，存在兼任高管的公司其价值显著更低。何瑛和张大伟（2015）以我国 A 股上市公司作为研究对象，探究了管理者特质对负债融资行为及企业价值的影响，指出管理者为男性、教育水平越高、任期越短、有财务相关工作经历时，其更偏好使用负债融资，从而使得公司的企业价值越高。

还有学者探讨了多元化经营及关联交易对企业价值的影响。例如，金天和余鹏翼（2005）探讨了多元化经营对企业价值的影响，发现我国上市公司进行多元化经营会造成企业价值的折损，并且这种负面影响在非国有上市公司中更为显著。郑建明等（2014）研究表明，上市公司为了突破进入壁垒，在多元化经营过程中会主动利用其政治关联来提升公司的企业价值。邵毅平和虞凤凤（2012）讨论了内部资本市场中的关联交易对企业价值的影响，发现我国内部资本市场成员间的关联交易总体上有助于提升企业价值。唐清泉和韩宏稳（2018）研究发现，公司的关联并购行为会对并购方的企业价值产生显著的负向影响。

此外，汪辉（2003）探究了上市公司债务融资与公司市场价值之间的关系，发现总体上债务融资具有治理效应，体现为增加公司的市场价值。陈玉罡和石芳（2014）分析了公司章程中反收购条款对企业价值的影响，发现反收购条款对目标公司的企业价值具有显著的负向影响。刘孟晖和高友才（2015）探讨了异常派现、代理成本和公司价值之间的关系，发现较高的异常派现使得公司内部人控制的现金流量有所降低，导致代理成本增加，从而降低了代理效率和企业价值。王爱群和阮磊等（2015）考察了上市公司内部控制质量对企业价值的影响，指出内部控制质量与企业价值之间存在单向因果关系，体现为内部控制质量能够 Granger 引起企业价值的变化。朱凯等（2016）探讨了官员独立董事的多重功能与企业价值之间的关系，发现与国有控股上市公司相比，民营控股上市公司中的官员独立董事辞职后，公司的市场价值下降幅度更大。杨德明和赵璨（2016）研究发现，超额雇员显著降低了公司的企业价值，并且伴随着《中华人民共和国劳动合同法》的颁布实施，会进一步强化超额雇员与企业价值之间的负相关性。贾璐熙等（2016）研究表明，公司名称不仅会通过影响股票的需求曲线直接影响均衡价格和企业价值，也会通过影响公司股东基数和股票的流动性水平间接地影响企业价值。王谨乐和史永东（2016）认为机构投资者持股在提升企业价值的同时，也表现出显著的倒"L"型特征。庄明明等（2019）考察了公共治理与国有企业价值之间的关系，发现反腐败虽然会降低国有企业的当期财务绩效，但却有利于提升国有企业的长期价值。梁上坤等（2019）以我国沪深 A 股上市公司为研究对象，考察了内部薪酬差距与公司价值之间的关系，发现公司内部薪酬差距越大，公司的企业价值越高，从而支持了"锦标赛"理论。

除了上述文献外，国内学者针对我国家族上市公司的企业价值也展开了深入的研究。例如，苏启林和朱文（2003）利用 2002 年在沪深交易所上市的家族企业为研究样本，指出家族控制产生的第一类代理冲突会对企业产生负面影响，但产生的第二类代理冲突则对企业价值具有双面影响。赵昌文等（2008）以我国 A 股上市家族企业为研究对象，考察了独立董事对企业价值的影响，认为独立董事在公司治理中能够发挥积极的作用，体现为提升企业价值。贺小刚和连燕玲（2009）研究发现，家族权威与企业价值之间并非简单的线性关系，过多地削弱或强化家族权威都不利于提升企业价值。冯旭楠等（2011）讨论了家族控制权对企业价值的影响，指出终极控制权与企业价值之间呈倒"U"型关系。李欢等（2014）探讨了家族企业"去家族化"与企业价值之间的关系，发现家族企业"去家族化"水平越高，企业价值越高，说明家族企业"去家族化"具有治理效应。杨文君等（2016）以我国 A 股上市的家族企业作为研究样本，分析了家族企业股权制衡度与企业价值的门槛效应，发现家族企业股权制衡度与企业价值之间并不是严格意义上的倒"U"型关系，而是一种非平滑对称的曲线关系。

2.5　文献述评

从上述文献回顾可以看出，国内外学者对家族控制权配置的形成机制及经济后果、家族董事席位超额控制的动因及经济后果、企业投资结构影响因素及经济后果、企业投资水平的影响因素、企业投资效率及企业价值的影响因素展开了大量研究。本章通过分析这些文献可以发现：

首先，上述文献虽然对家族控制权配置形成机制及产生的经济后果进行了探讨，但仅发现比利亚隆加和阿米特（Villalonga and Amit，2010）、陈德球等（2013b，2014）从家族控制理论的寻租观假设和效率观假设展开了讨论，大部分文献都是围绕家族控制权寻租观假设进行研究，且没有在研究中同时考虑"寻租理论"和"效率理论"，从而得出的研究结论可能不够全面与完整。本书基于家族控制权理论的寻租观假设和效率观假设，考察家族董事席位超额控制这种控制权增强机制对投资决策及企业价值的影响，由此得出的结论可能更为准确与可靠。

其次，现有文献虽然探讨了企业投资结构、投资水平及投资效率的诸多影响因素，并且也深入到家族企业层面展开了讨论，但并没有直接考察家族董事席位超额控制对企业投资结构（长期投资与短期投资）的影响，这就为本书留下了一定的探索空间。与此同时，尽管刘星等（2020）考察了家族董事席位超额控制程度与企业投资效率之间的关系，但与本书的分析视角存在一定的差异，并且本书运用的理论也更为丰富。

最后，上述文献在归纳家族董事席位超额控制所产的经济后果时，虽然发现已有文献讨论了家族董事席位超额控制对企业价值的影响（Villa-longa and Amit，2009；Amit et al.，2015），但研究场景和样本区间均与本书存在较大的差异。其中，比利亚隆加和阿米特（Villalonga and Amit，2009）是基于美国家族企业展开的研究，而阿米特等（Amit et al.，2015）仅仅考察了 2007 年我国 A 股上市家族企业中家族董事席位超额控制与企业价值之间的关系，这些研究并不能很好地反映经济转型升级背景下我国家族企业中家族董事席位超额控制对企业价值的影响机制及效应。本书以沪深 A 上市家族企业作为研究对象，在一个较长的样本区间内探讨了家族董事席位超额控制与企业价值之间的关系，得出的研究结论可能更加符合经济转型升级背景下中国家族企业的现实情况。

综上所述，现有文献主要围绕家族控制权寻租观假设展开了讨论，而对家族控制权效率观假设关注不够，将不利于观测家族董事超额控制所发挥的治理作用。同时，家族董事席位超额控制与企业投资决策、企业价值之间的关系也有待探究。鉴于此，本书基于家族控制权"寻租理论"和"效率理论"，并结合其他相关理论，深入探讨家族董事席位超额控制与企业投资决策及企业价值之间的关系。

第 3 章

相关基本理论

本章基于现有的相关理论基础，一是概述了契约理论；二是介绍了家族控制权理论的起源与演进；三是阐释了信息不对称理论；四是概述了委托代理理论和管家理论；五是介绍了社会情感财富理论。

3.1 契约理论

根据科斯创立的现代企业理论，企业实际上可以看作是一系列契约的组合，并且是人们交易产权的一种组织形式。基于该观点，科斯又陆续发展出"完全契约理论"和"不完全契约理论"两条研究路线。在后续的研究中，上述两种理论被张（Cheung，1970）、阿尔希安和德姆塞茨（Alchian and Demsetz，1972）、罗斯（Ross，1973）、詹森和梅克林（Jenson and Meckling，1976）、格罗斯曼和哈特（Grossman and Hart，1983）等学者进一步发展并逐渐完善。通常而言，在完全契约理论视角下，企业缔约双方（所有者与经营者）都是完全理性的，且所处的市场环境属于完全竞争市场，缔约和履约双方都能够充分地预见到契约执行期间发生的所有事项，这些事件均能够用清晰、准确的语言进行描述；同时，契约针对履约期间可能发生的每一个偶发事件都规定了缔约双方应采取的行动，并能够使缔约双方自觉地履行契约的各项条款。然而，完全契约理论却遭到了以威廉姆森和哈特（Williamson and Hart）等为代表的经济学家的猛烈批判，他们认为缔约双方都是有限理性的，不可能把所有的事项都考虑到，并且企业绩效的构成和衡量标准很难做到完全客观，加之存在信息不对称的问题，这就使得完全契约的假设在现实中难以成立，由此产生了"不完全契约理论"。同样，家族企业中缔约各方也是有限理性的，因而签订的契约具有"不完全契约"的特征，进而影响到企业的治理效果。

3.2 家族控制权理论

由于家族企业兼具家族与企业的双重目标，其控制权配置模式具有特殊性，由此引起了国内外学者的普遍关注。接下来，本章以控制权理论为基础，对家族控制权的起源及其演进过程展开阐述。

经济学家伯利和米恩斯（Berle and Means，1932）在《现代公司和私有财产》一书中讨论了控制权问题，由此开启了现代公司理论中的控制权研究。在该书中，伯利和米恩斯将控制权定义为在公司制度下通过行使法定权利或施加影响来决定董事会及其多数成员职位的权利，并且该定义一直沿用到1990年。后来，哈特和穆尔（Hart and Moore，1990）在《产权与企业的性质》一文中提出了基于"不完全契约理论"的剩余控制权理论（即GHM理论），从而使得企业控制权的研究重心开始转向剩余控制权。根据不完全契约理论，企业是由人力资本要素和非人力资本要素构成，这两类要素通过签订各项契约来让渡资产的使用权，进而形成经济社会中的企业组织。但是，缔约各方总是有限理性的，此时契约往往是不完备的，由此就形成了剩余控制权，即那些事前没有在契约中约定的并赋予权利人如何使用的权利。与剩余控制权相对应的就是特定控制权，这种权利源于企业契约理论，指事先在契约中明确规定各缔约方在何种情况下都具有的权利。因此，在契约不完备的情况下，控制权配置模式是决定产权效率的重要因素。

在实践中，控股股东控制企业的方式主要有三种：直接持股、金字塔结构和交叉持股。然而，直到 1999 年拉坡塔等才对控制权和剩余控制权进行了量化研究。具体而言，拉坡塔等（La Porta et al. , 1999）在"控制权与现金流权分离"的创造性研究中提出了控制权的概念，通过追溯控制链层级来确定最终控制人的控制权与现金流权，并进一步使用各条控制链上最小持股比例之和来度量控制权的大小。即：

$$\text{Control Rights} = \sum_{1}^{n} \min_i(a_{i1}, a_{i2}, a_{i3}, \cdots, a_{in}) \qquad (3-1)$$

其中，a_{i1}，a_{i2}，a_{i3}，$\cdots$，a_{in} 为第 i 条控制链上最小持股比例。若某上市公司只有一条控制链，则该上市公司最终控制人所拥有的控制权就为此控制链层级中最小的持股比例；若此上市公司存在多条控制链，那么最终控制人所拥有的控制权比例则为每条控制链中最小的持股比例之和。在本书中，笔者将按照这一方法计算家族控制权比例，即控股家族直接或者间接持有家族企业股份比例的总和。

事实上，控股家族对企业控制权有着天生的偏好，因为通过创造性地运用控制权不仅可以增加公司的价值，也是企业家创造利润的重要工具，更是与家族企业传承、家族价值观或使命密切相关（陈德球等，2013a）。随着家族控制权理论的进一步发展，比利亚隆加和阿米特（Villalonga and Amit, 2010）、陈德球等（2013b）将家族控制权理论归为两类，即基于控制权私人收益的寻租观假设和基于竞争优势视角的效率观假设。在寻租观假设下，家族控股股东具有信息优势，有较强的动机侵占非家族股东的利益，会通过转移、掏空上市公司资源来追求私人收益，因为他们可以获取所有收益，但不需要承担全部的经济后果（Lin et al. , 2012）。在效率观假设下，家族控股股东会致力于企业的长期发展目标，此时家族声誉与企业的声誉、持续经营密切相关，在经营决策中会致力于公司的长期目标，旨在最大化家族和非家族股东的价值。由此可见，在寻租观假设和效率观假设下，家族控制权会体现出两种截然相反的治理效果。而超额家族董事席位作为控制权的强化机制（Villalonga and Amit, 2009；陈德球等，2013a），可能会使得董事会做出不同的经营决策，从而能够对家族企业的治理水平产生差异化的影响。

3.3　信息不对称理论

阿克洛夫（Akerlof，1970）、迈克尔（Michael，1973）、格罗斯曼和斯蒂吉兹（Grossman and Stigjiz，1976）最早关注到信息不对称现象，并提出了信息不对称理论，由此成为信息经济学的重要基础理论。该理论认为由于当事人在现代市场经济活动中所处的位置不同，彼此对相关信息的了解与掌握存在差异，拥有信息优势的一方有动机利用信息不对称来获得额外收益。

首先，信息不对称在市场交易中普遍存在。一方面，卖方比买方更了解其所售商品的信息，是掌握更多信息及处于信息优势的一方，这将使得他们有动机向信息缺乏的一方传递可靠信息，以便在市场中获取信息交易的收益（如信息出售）。另一方面，掌握更多信息的一方也有动机利用自身的信息优势去欺骗、误导信息弱势的一方，通过损害信息弱势一方的利益来为自身谋取额外的收益（如虚假宣传等）。

其次，信息不对称还会影响企业的治理结构。从企业内部组织管理来看，当企业所有权与经营权发生分离时，意味着所有者不再直接参与经营管理，而委托管理者经营企业。在此过程中，由于所有者（委托人）通常缺乏经营企业的专业知识或专门技能，并且也难以观测到管理者（代理人）在企业中的具体经营活动及努力程度，此时，所有者处于信息弱势的一方，这就使得管理者在经营活动中容易出现"败德行为"，比如采取欺诈、误导、混淆等手段来等侵占所有者的利益。鉴于此，所有者为了尽量避免因信息不对称所产生的道德风险，往往会从第三方获取更为充分的信息。例如，所有者通过关注资本市场股价变动，以及采取相应的激励措施来鼓励信息优势持有人及时公开相关信息，等等。

当然，除了所有者与管理者之间存在信息不对称外，企业所有者之间也存在信息不对称的问题。相对于中小股东，大股东掌握着企业的控制权，更加了解企业的内部经营管理情况，处于信息优势的一方，更有能力和动机影响公司治理和经营决策。因此，在企业的经营决策中，大股东往往不会考虑中小股东的利益，而是更加注重自身利益最大化。同时，中小股东由于处于信息劣势的一方，对企业各项决策的参与度通常不高，难以监督大股东的经营决策行为，大都采取"用脚投票"的方式来搭便车。

综上所述，信息不对称会导致的逆向选择和道德风险将会直接影响家族企业的投资决策及公司价值，因此降低信息不对称程度有利于提升企业的治理水平。

3.4　委托代理理论

委托代理理论作为现代制度经济学契约理论的重要分支，在公司治理领域已经得到了广泛的应用。委托代理一词最早由罗斯（Ross，1973）提出，主要探讨在信息不对称和利益冲突的情形下，如何通过设计有效的制度来解决合约双方的代理问题。从现代企业制度的发展历程来看，由于社会生产力的快速发展，企业对专业化分工要求更高，但所有者自身的专业知识与管理技能存在一定的局限，通常需要聘请具有专业技能的人员进行管理，这就产生了所有者与管理者，两者就此形成了契约双方。在此情形下，所有者不再亲自参与企业的生产经营管理，但他们追求利润最大化，希望管理者能够为其赚取更多的利润；然而，管理者并不一定拥有企业的所有权，他们往往追求自身利益最大化，这就使得经营者和所有者的目标不一致，从而产生代理冲突。由此可见，所有者和管理者对自身利益最大化诉求的冲突是产生委托代理关系的根本原因。事实上，委托代理关系的产生是社会生产力进步的必然结果，即企业组织形式由单一的小规模家庭作坊发展成大规模的现代公司，该过程虽然提高了企业的经营效率，降低了公司的运营成本，但也产生了较为严重的代理问题。

此外，信息不对称也是产生委托代理问题的重要原因，因为企业管理者（代理人）是实际经营人，充分了解企业的生产经营状况、内部管理情况及外部经营环境等方面的信息，并且很清楚自己的工作能力及努力程度，处于信息优势的一方；但企业所有者（委托人）对以上信息了解并不充分，处于信息劣势的一方，这就使得契约双方存在信息不对称。在上述委托代理关系下，管理者为了追求个人利益最大化，有动机利用自身所处的信息优势来做出一些有损所有者但有利于自己的经营决策，以此来获取私人收益；而所有者也会意识到管理者可能损害其利益，将设计一个最优契约来约束管理者的自利行为，以实现双方利益最大化。但是，这样的契约机制几乎是不存在的，因为代理人和委托人在利益诉求方面始终难以保持一致，要消除彼此间的利益冲突也就几乎不可能。

鉴于委托代理关系在经营决策中的重要性，许多学者都试图对这一关系进行阐释，并就如何在企业生产经营中解决委托代理问题提出了自己的观点。其中，詹森和梅克林（Jensen and Meckling，1976）在《企业理论：管理行为、代理成本与所有权结构》一文中最早提出了委托代理理论。詹森和梅克林（Jensen and Meckling，1976）认为，如果所有者拥有企业的全部产权并亲自管理企业时，意味着所有权与管理权未发生分离，就不存在委托代理关系。实际上，委托代理理论是以理性经济人作为基本假设，认为人在决策中通常是自私的，以自身利益最大化作为出发点。因此，当所有权与管理权出现分离时，由于所有者与管理者之间存在利益冲突，管理者在决策中更有动机追求私人收益，这就会产生代理冲突问题，即第一类代理冲突。

随着社会经济的进一步发展和代理理论在实践中的应用，许多学者认为仅从企业所有者和管理者的角度来理解委托代理关系是不够全面的，因为委托代理关系广泛存在于企业中的方方面面，如控股股东和中小股东、股东与债权人等利益相关者。这些企业利益相关者存在不同的利益诉求，容易产生利益冲突，使得彼此间存在委托代理关系。鉴于此，企业不仅需要解决所有者和经营者之间的代理问题，也需要解决控股股东与中小股东、股东与债权人等之间的代理冲突。因此，代理成本不仅包括所有者和经营者之间产生的第一类代理成本，还包括控股股东与中小股东、股东和债权人之间产生的第二类代理成本。

在家族企业中，家族与企业之间存在异质性，这就使得家族企业的代理关系更为复杂（Dyer and Handler，1994；Chrisman et al.，2012）。具体而言，家族企业存在非经济目标，而传统的代理理论主要关注委托人与代理人之间因信息不对称、利益冲突所产生的代理问题，从这个视角可能难以解释家族企业内部代理问题的成因，这就需要研究者重新考虑家族企业中代理冲突的形成机制。

3.5 管家理论

与代理理论相反，管家理论认为代理人与委托人具有利益一致性，二者是合作关系，代理人的目标是实现企业利益最大化（Davis et al.，1997）。管家理论最早由唐纳森和戴维斯（Donaldson and Davis，1991）提出，该理论以组织社会学和组织心理学为基础，指出委托代理理论和交易成本经济学中的内在机会主义与偷懒假设是不合适的，即理性经济人假设过于片面，代理人并非都是理性的自利主义者和机会主义者。可见，管家理论认为代理人不是完全理性的，通常是有限理性的，公司不能只通过物质激励和监督约束来对经理人进行治理，更应当对其充分授权和给予精神方面的激励。在此情形下，管理者虽然不一定持有公司的股权，但他们会受到雇佣关系、薪酬计划等激励，从而将自己的责任与股东利益、公司未来的发展紧密地联系起来。同时，管家理论认为假定管理者都具有机会主义行为也是不恰当的，实际上代理人会将受托责任作为一种激励方式，因而公司治理就变成了信托责任关系。基于此，管理者与所有者会相互信任，其在自律和忠诚的驱使下愿意为企业所有者谋取利益，进而能够使得两者的利益保持一致。接下来，本部分将从以下几个方面对管家理论进行阐释。

首先，从管理者的人性方面来看，管家理论更多是把管理者视为"社会人"，而非"经济人"。在此观点下，管理者不再是简单的代理人身份，也不是存在机会主义行为的偷懒者，不太可能实施利己而有损企业或股东利益的行为。此时，管理者扮演着公司的管家身份，会竭尽全力经营与管理企业，从而成为公司忠诚的"管家"。并且，当管理者选择管家身份后，他们会忠实地履行企业和全体股东的受托责任，会竭尽所能将企业经营得更好，以实现企业发展战略和促进企业价值最大化。此外，代理人选择管家角色是他们成就自我的需要，渴望让自己的才能得到发挥，通过制定有效的投资决策并取得良好的经营业绩来赢得外界同行、公司同事对他们的认可与尊重，进而获得自我满足等非物质激励。因此，管家理论强调代理人追求精神与心理的满足，而非谋取个人私利。

其次，从管理者激励方面来看，与传统的代理理论不同，管家理论认为管理者更加在意非物质激励，因为物质激励通常不能达到理想的效果。换而言之，企业只有在所有者和管理者之间建立了管家关系，才会取得最佳经营效果。这是因为，管理者选择管家角色后，会与企业或股东的利益、公司发展战略目标保持一致，自愿以企业管家的身份对企业进行经营与管理，不太可能为了谋取私利而损害股东或企业的利益。在此情形下，如果所有者过分强调物质激励反而不利，这将影响管理者对自身声誉、尊严和自我价值的追求，在一定程度上可能不利于提升公司的业绩。

最后，从公司治理方面来看，管家理论认为提高公司治理水平的关键是对管理者进行更多的激励，而非一直地强调约束和监督。这意味着，企业不能一味地通过监督管理者来提升公司的治理水平，往往需要给予管理者最大程度的信任，并通过制定合理有效的激励制度，以及营造良好的企业文化来提升企业的治理水平。同时，企业所有者可以通过一系列的放权行为来转变管理者的思维和观念，将有助于培养其忠诚度，能够充分调动管理者的工作积极性，从而促使其发挥全部的经营才能。此外，在面对激烈的市场竞争时，管家身份能够激励企业管理者做出科学的、有利于公司和全体股东利益的经营决策，进而达到提升公司治理水平的目的。

对于家族企业，家族成员间由于存在血缘或者亲缘关系，彼此间的信任感知和情感承诺表现得更为突出，其在企业运营管理中的管家心态更强，从而会产生更多的管家行为（Davis et al.，2010）。根据米勒等（Miller et al.，2008）的观点，家族企业代理人的管家心态与管家行为主要表现为以下三个方面：一是渴望营造集体文化，即代理人有动力在家族企业中营造符合家族利益的集体文化；二是渴望公司能够持续发展，即希望家族企业可以永续经营，这一愿望符合家族与企业的整体利益；三是渴望建立外部联盟，即在考虑家族企业现状和经营环境的前提下，努力建立起外部联系，希望公司在生产经营活动中遭遇困境时，外部联盟成员可以帮助其渡过难关。因此，家族成员参与企业经营管理后，其更有可能扮演管家角色。

3.6 社会情感财富理论

家族企业作为全世界范围内最古老的一种经济组织形式，已经引起了学术界的普遍关注。学者们在早期主要借用其他领域的理论开展研究，包括委托代理理论（Eisenhardt，1989）、管家理论（Donaldson and Davis，1991；Davis et al.，1997）等。然而，家族企业的研究一直都强调家族控制的独特之处，因为与非家族成员相比，家族成员更加注重情感价值和偏好非经济目标，因此借用上述理论并不能很好地解释家族企业独有的特性。

为此，戈麦斯·梅加等（Gómez-Mejía et al.，2007）提出了用"社会情感财富"（socioemotional wealth，SEW）这样一个全新概念来解释家族企业的情感价值和非经济目标。社会情感财富理论提出之后得到了迅速发展，诸多研究发现家族与非家族股东存在治理逻辑的差异，如家族股东比非家族股东更有耐心、更愿意考虑长期投资项目、在企业中归属感更强、更加依赖家族成员之间的亲密情感、更有动力为了实现家族企业的发展和传承而实施利他主义行为（朱沆等，2012）。

实际上，社会情感财富理论是代理行为模型的拓展，而代理行为理论的核心观点是：在企业经营的各种情境下，家族成员社会情感财富的得失是家族企业决策的首要参照点，家族企业愿意以一定程度的经济利益损失来换取和保障家族成员的社会情感财富。可见，社会情感财富属于非经济目标的研究范畴。根据戈麦斯·梅加等（Gómez-Mejía et al.，2007）最初对社会情感财富的定义，主要内容包括：（1）维系家族亲情的需求，家族企业作为家族与企业的结合体，虽然能够成为满足家族成员情感需求的重要场所，但也会阻碍企业做出最优的经营决策；（2）行使权力的能力，控股家族追求对企业的持续控制，并会通过控制权来影响企业的战略决策；（3）实现传承意愿的需要，控股家族通常更愿意考虑那些长期投资项目，希望能够将企业传承给后代，因此代际传承是构成社会情感财富的一个重要维度；（4）维系家族价值观的需要，良好的家族价值观有利于家族成员在企业中实现自我价值，有助于控股家族通过对企业的控制和管理来构建良好的企业文化。此外，部分学者指出建立和维持正面的家族形象和声誉（Sharma and Manikutty，2005）、积累家族的社会资本（Zellweger and Astachan，2008）、实现基于血缘或亲缘关系的利他主义行为（Gomez-Mejia et al.，2011）都是社会情感财富的重要组成部分。正是由于社会情感财富理论具有上述的独特性，才被广泛地运用于家族企业研究，因为该理论能够有效地解释家族企业治理中其他经济管理类理论无法解释的问题。

然而，对于社会情感财富，上述维度的划分也遭到了部分学者的批判和质疑。例如，杨学儒等（2013）指出，社会情感财富目前的划分维度存在模糊重叠的地方。并且，现有研究大都将控股家族从企业中获得的积极效用视为家族社会情感财富的具体体现，认为控股家族获得的这种效用对企业自身是有益的。后来，朱建安等（2015）研究发现，社会情感财富不仅可以产生积极作用，也会带来消极效应，如果控股家族过度追求社会情感财富可能使得家族成员产生情感负担，如家族控制、代际传承等，进而会做出不利于其他利益相关者的经营决策。

3.7　本章小结

通过梳理本章相关理论，对内容进行如下总结：第一，基于科斯提出的契约理论，对"完全契约理论"和"不完全契约理论"进行了详细的阐述；第二，对家族控制权理论的起源及其演进过程进行了概述，介绍了家族控制权比例的计算方法，并重点阐释了家族控制权理论的两类观点：寻租观假设和效率观假设；第三，介绍了信息不对称理论的基本内容，分析了企业所有者与管理者、所有者之间如何以及为什么会产生信息不对称问题；第四，概括了委托代理理论的基本观点，分别阐释了第一类代理问题和第二类代理问题的形成机制，以及该理论在家族企业中的适用性；第五，对管家理论的主要观点进行了归纳，指出了管家理论的各种适用场景，以及家族企业中代理人所体现出的具体管家行为；第六，对社会情感财富理论的起源、发展及主要内容进行了概述，并指出了该理论存在的不足与局限性。

第 4 章

家族董事席位超额控制
对企业投资结构的影响研究

本章以家族控制权理论为基础，并结合其他相关理论，分析和检验了家族董事席位超额控制对企业投资结构的影响。一是提出了研究家族董事席位超额控制与企业投资结构之间关系的重要性与必要性；二是从理论上分析了家族董事席位超额控制对企业投资结构的影响机制，并提出了研究假设；三是介绍了实证检验的研究设计；四是实证检验了家族董事席位超额控制与企业投资结构之间的关系，并展开了进一步检验及一系列的稳健性检验，由此得出了本章的研究结论。

4.1　引言

家族企业作为世界各国普遍存在的组织形式，在经济活动中占据着重要的地位，其决策行为、治理结构及绩效评价体系都与其他企业有着显著的差异（Morck et al.，2005）。从家族企业的投资行为来看，其长期投资水平显著低于非家族企业，并且更偏好于资本支出投资而厌恶高风险的R&D 投资活动（陈德球和钟昀珈，2011）。这说明，家族企业在投资决策方面有着自己的考量。实际上，家族企业兼具家族与企业的双重目标，时常面临着短期和长期的权衡（陈德球等，2013b），而投资作为企业的重大经营决策之一，通常体现了控股家族的经营理念与决策偏好。并且，家族控股股东除了追求企业的利润增长外，也更加偏爱企业的实际控制权（陈德球等，2013b），这就使其具有较强的动机来强化家族控制权，以保持家族对企业的持续控制。而超额家族董事席位作为控制权的增强机制（Villalonga and Amit，2009；陈德球等，2013a），使得控股家族更有能力通过董事会议案的投票来控制公司的投资决策（刘星等，2020），以实现自身的投资偏好，进而可能影响家族企业的投资结构。基于此，本章主要探讨家族董事席位超额控制与企业投资结构之间的关系。

尽管，董事会的监督功能一直是学术界关注的焦点，但其决策职能也占据着重要的地位。谢志华等（2011）就指出，董事会的基本职能是制定经营决策。并且，中国证监会2016年修订的《上市公司章程指引》第一百零七条指出：董事会的重要职权之一是"决定公司的经营计划和投资方案"①。以上证据表明，董事会是企业投资的决策机构，将直接决定公司的投资方案。对于家族企业，家族董事席位超额控制意味着控股家族在董事会中拥有较高的投票权，此时做出的投资决策可能会更多地体现家族自身的意愿，如对企业投资期限的抉择。当家族董事席位超额控制程度较高时，控股家族更有能力影响董事会的投资决策，由此可能影响企业的长期投资支出与短期投资支出。那么，控股家族超额控制董事席位后，家族企业在制定投资决策时又将如何权衡长期投资与短期投资呢？现有研究对此没有给出合理的理论解释和经验证据。本章将投资结构划分为长期投资与短期投资，在此基础上深入考察家族董事席位超额控制与企业投资结构之间的关系。

家族董事席位超额控制本质上属于控制权配置问题，因此本章将以家族控制权理论为起点展开讨论。根据比利亚隆加和阿米特（Villalonga and Amit，2010）、陈德球等（2013b）的研究，家族控制权理论分为以下两类：基于控制权私人收益的寻租观假设和基于竞争优势视角的效率观假设。在寻租观假设下，家族控股股东的利益侵占动机较强，会通过降低信

---

① 资料来源：《公司法及司法解释汇编》：四、公司治理——上市公司章程指引（2016年修订）第一百零七条（三）：董事会决定公司的经营计划和投资决策。

息透明度来谋取个人利益，即家族控股股东具有较强的动机通过转移、掏空资源来追求私人收益，因为他们可以获取全部收益，但不需要承担全部的经济后果（Lin et al.，2012），此时家族控股股东与其他中小股东之间的利益冲突较强。在此情形下，家族控股股东将更加注重企业的短期目标，可能更愿意投资那些周期短、收益快的短期性项目，并倾向于减少企业的长期投资活动。当家族董事席位超额控制程度较高时，控股家族更有动机和能力投资于短期性的项目及削减长期投资支出，从而使得家族企业的短期投资强度增加、长期投资强度降低。与之相反，在效率观假设下，家族股东对他们的投资具有长期的视野，属于典型的长期投资者类型，旨在最大化家族和非家族股东的价值（Villalonga and Amit，2010）。正是由于家族股东比非家族股东具有更长的投资视野，控股家族往往更加注重家族企业的长远发展目标，更愿意投资那些长期项目（Anderson and Reeb，2003a），而不太可能通过投资短期项目来追求私人收益。当家族董事席位超额控制程度越高时，控股家族越有动力和能力做出有利于企业长期发展的投资决策，由此可能使得家族企业更加偏好长期投资活动而厌恶短期投资项目，进而带来公司的长期投资强度增加、短期投资强度降低。可见，家族董事席位超额控制对企业投资结构存在不同的影响路径，究竟哪种路径占据主导地位？这将是本章研究的焦点所在。

基于上述分析，本章拟在家族控制权效率观和寻租观的理论分析框架下，试图解决以下问题：（1）家族董事席位超额控制是有利于实现企业的短期目标还是长期目标？（2）家族董事席位超额控制与企业投资结构之间的关系是否会因为受到其他因素的影响而发生改变？（3）家族董事席位超额控制对企业投资结构的具体影响形式是什么？

为了回答上述问题，本章从长期投资强度和短期投资强度两个维度来衡量家族企业的投资结构，以 2008～2018 年我国 A 股上市家族企业作为研究对象，深入探讨家族董事席位超额控制对企业投资结构的影响。研究发现，家族董事席位超额控制行为及程度与企业长期投资强度显著正相关、与企业短期投资强度显著负相关，由此支持了效率观假设。进一步研究发现，无论地区制度效率高低，家族董事席位超额控制行为及程度均与企业长期投资强度正相关，但仅当地区制度效率较高时，提高家族董事席位超额程度才有助于降低企业的短期投资强度，而没有证据表明两权分离度会影响家族董事席位超额控制与企业投资结构之间的关系；同时，当企业处于创始人控制或成长期时，家族董事席位超额控制行为及程度不仅与长期投资强度之间的正相关性更显著，也与短期投资强度之间的负相关性更强，但对于成熟期的家族企业，仅家族董事席位超额控制行为会对企业长期投资强度产生显著的正向影响。此外，本章还发现，家族董事席位超额控制对企业长期投资强度的提升作用主要体现为资本支出强度的增加，而非研发投资强度的增加。最后，控制潜在的内生性问题、剔除董事长权威及独立董事的影响、重新度量企业投资结构及缩小家族企业样本范围后，本章的主要结论仍然成立。

与以往的研究相比，本章的贡献主要体现在以下几方面：第一，现有文献大都基于家族控制权寻租观假设探讨了家族董事席位超额控制所产生的一系列经济后果，而鲜有研究关注到家族控制权效率观假设下家族董事席位超额控制所产生的治理效应，本章同时从寻租观假设和效率观假设展开讨论将有助于深入理解家族企业的董事会决策机制。第二，本章探究了家族董事席位超额控制与企业投资结构之间的关系，不仅丰富了家族董事席位超额控制经济后果的相关研究，也有助于深入理解家族企业投资结构的影响因素。第三，本章将不同的治理情景纳入家族企业董事会决策机制之中，分别考察了地区制度效率、两权分离度、实际控制人类型、企业生命周期对家族董事席位超额控制与企业投资结构之间关系的影响，从而有助于深入理解不同治理情境对家族企业董事会决策机制的影响。

本章后续部分的安排如下：第二部分为理论分析与研究假设，第三部分为研究设计，第四部分为实证检验结果与分析，第五部分为稳健性检验，第六部分为本章小结。

4.2　理论分析与研究假设

家族企业已经成为国民经济的重要组成部分，在我国经济发展中起着举足轻重的作用，其投资活动更是驱动经济增长的重要力量。事实上，投资活动作为公司重大经营决策之一，控股家族往往会对企业的长期投资与短期投资进行权衡，由此可能影响家族企业的投资决策。通常情况下，企业进行的短期投资大都具有套利性质（雷光勇等，2017），该举措是为了追求短期目标，虽然这类投资在短期内能够较快地产生收益，但并不利于家族企业的长期发展，也不符合股东价值最大化的经营理念；而长期投资则是控股家族对企业持续经营做出的承诺（Chen et al.，2008），表明其在投资决策中会更加注重企业的长期目标（陈德球和钟昀珈，2011），将有助于家族企业保持基业长青。

根据我国《公司法》的规定，董事会作为企业的最高决策机构，制定投资方案与经营计划是其基本职能之一。对于家族企业，当董事会席位结构发生改变时，意味着各控制权主体拥有的投票权也随之变化，从而可能影响企业的投资决策。事实上，控股家族能够通过超额控制董事席位让自己在企业中处于较高的权力位置，以此来强化董事会层面的控制权（陈德球等，2012），使得自身获得更多的投票权，进而影响家族企业的投资决策（刘星等，2020）。根据家族控制权理论，家族董事席位超额控制不仅会对企业产生负面影响，也可以为企业带来竞争优势，由此可能使得家族企业在长期投资与短期投资方面做出不同的抉择。为了更好地阐释家族董事席位超额控制对企业投资结构的影响，本章分别从家族控制权寻租观假设和效率观假设展开理论分析。

在家族控制权寻租观假设下，控股家族追求私人收益的动机较强，更倾向于做出有利于自己而非其他中小股东的投资决策（Villalonga and Amit，2010），这就使得家族企业中的代理问题由所有者与管理者之间的利益冲突转变为家族控股股东与其他中小股东之间的利益冲突。在此情形下，控股家族的短视行为可能更突出，在投资决策中会更多地考虑企业的短期目标，往往更愿意投资那些周期短、收益快的短期项目，由此可能导致长期性的投资项目受到挤压。当家族董事席位超额控制程度较高时，控股家族更有动机和能力投资于那些短期项目及削减长期性的投资项目，从而使得家族企业的长期投资强度降低、短期投资强度增加。为了更好地支持这一观点，本章将从以下几个方面展开分析。

　　首先，家族董事席位超额控制会加剧企业中的代理冲突，使得控股家族的掏空和其他道德风险行为更为明显，将从事更多的寻租等非生产性活动（Shleifer and Vishny，1997；Johnson et al.，2000；陈德球等，2013b），如进行金融性资产投资。虽然，非生产性投资活动并不利于企业的长远发展，但在短期内却可以较快地产生收益，这更加符合控股家族追求短期目标的意愿，由此可能使得家族企业更加偏好此类短期性的投资活动而厌恶长期性的投资项目。当家族董事席位超额控制程度较高时，控股家族更有动机和能力从事上述非生产性的短期投资活动，可能会挤占企业的长期投资资源，从而使得家族企业的短期投资强度增加、长期投资强度降低。

　　其次，家族董事席位超额控制会降低董事会的独立性，可能使其沦为控股家族侵占中小股东利益及掏空上市公司的一种工具（陈德球等，2013a），这将促使控股家族更有动力追求企业的短期目标。由于长期项目的投资周期通常较长，一般需要较长的时间才能获得投资收益，且存在一定的不确定性，这与控股家族追求企业短期目标的理念相悖。在此情形下，控股家族从事长期投资活动的积极性可能不高，往往更愿意投资一些周期短、收益快的短期项目。当家族董事席位超额控制程度较高时，上述那些投资周期短、收益快的项目更易上升为董事会的决策，从而使得家族企业更有可能做出投资于短期项目的决策；并且，控股家族为了获得更多的短期收益，可能不惜牺牲企业的长远发展目标，有动机将用于长期投资的资源转移至短期投资，进而使得家族企业的长期投资强度降低、短期投资强度增加。特别地，由于家族控股股东不需要承担投资失败的全部责任（Lin et al.，2012），这就使得家族控制的企业很有可能放弃那些现金流稳定且净现值为正的长期投资项目，而接受一些现金流波动较大但净现值为负的短期投资项目，以此来实现将财富从中小股东转移至控股家族手中，造成中小股东和家族企业的整体利益受到损害。当家族董事席位超额控制程度越高时，控股家族更有动机和能力实施上述财富转移行为，由此使得董事会决策成为其追求短期收益的一种工具，体现为家族企业的短期投资强度增加、长期投资强度降低。

　　最后，家族董事席位超额控制会降低企业内部的信息透明度，致使控股家族更加容易隐藏他们的短视行为（陈德球等，2012），进而导致公司的投资决策发生扭曲。在寻租观假设下，控股股东偏好于模糊信息透明度，以提高公司的信息生产成本（Jin and Myers，2006），由此造成中小股东不易获取企业内部的真实信息。当家族董事席位超额控制程度较高时，控股家族更有能力通过降低信息透明度来隐藏其短视行为，此时董事会做出的投资决策会更多地体现家族意愿，这将使得家族企业可能更偏好那些短期投资项目而厌恶一些长期项目。并且，家族董事席位超额控制程度越高，控股家族越易构筑起信息壁垒，中小股东越难以获取企业内部的真实经营状况，因而控股家族越有动机通过增加短期投资强度来获取私人收益；在此情形下，家族企业可能更加偏好短期性投资项目而厌恶长期投资活动，从而使得企业的长期投资强度下降、短期投资强度增加。

综上所述，在寻租观假设下，控股家族由于具有较强的利益侵占动机，在投资决策中会更多地考虑企业的短期目标，往往更倾向于考虑那些收益快的短期性项目，而放弃一些周期较长的投资项目。当家族董事席位超额控制程度较高时，控股家族在董事会决策中的影响力更强，此时将更有能力从事短期投资活动及减少长期项目的投资，从而使得家族企业的长期投资强度下降、短期投资强度增加。根据以上分析，本章提出如下假设：

假设 4 - 1a：在其他条件相同的情况下，家族董事席位超额控制行为及程度与企业的长期投资强度负相关、与企业的短期投资强度正相关。

然而，在家族控制权效率观假设下，控股家族除了追求经济利润以外，也额外关注家族声誉、企业声誉与持续经营（Villalonga and Amit，2010；陈德球等，2013b），在投资决策中会致力于家族企业的基业长青，往往更加注重企业的长期经营目标。因此，控股家族超额控制董事席位将有利于推动家族企业的长远发展。特别地，当家族董事席位超额控制程度较高时，控股家族更有动力和能力做出长期有益的投资决策，由此可能使得家族企业更加偏好那些长期性投资项目，而厌恶一些具有套利性质的短期投资项目，从而带来企业的长期投资强度增加、短期投资强度降低。可见，在效率观假设下，家族董事席位超额控制程度的提高有助于实现企业的长期经营目标，体现为家族企业长期投资强度的增加、短期投资强度的降低。为了更好地支持该观点，本章将从以下几个方面展开理论分析。

首先，家族企业作为家族与企业的结合体（Chua et al.，1999），不再是随意买卖的资产，而是家族财富和地位的象征（Ellul et al.，2009）。此时，控股家族希望企业具有较高的生存价值，并能够持续不断地成长，在投资决策中会更加注重家族企业的长期目标，追求短期目标的动机往往较弱，由此可能会放弃那些具有套利性质的短期交易。与此同时，在效率观假设下，家族对其自身的投资具有长期的视野，属于经典的长期投资者类型（Villalonga and Amit，2010），通常更倾向于投资长期项目而非短期项目，这不仅有助于促进家族企业的成长，也能够提升企业的生存价值。因此，控股家族处于提升企业生存价值和成长空间的考虑，可能更倾向于投资那些长期性的项目，且从事短期投资活动的意愿较弱。当家族董事席位超额控制程度较高时，控股家族更有动机和能力通过投资长期项目及减少短期投资活动来促进企业的成长、提高公司的生存价值，由此可能带来家族企业的长期投资强度增加、短期投资强度降低。

其次，在效率观假设下，家族企业实际控制人与其他中小股东的利益更趋一致，两者之间属于合作关系，其在经营决策中更有可能选择管家角色（Davis et al.，1997），可能使得家族董事席位超额控制产生积极作用。事实上，我国家族企业目前大都处于创始人控制阶段（刘白璐和吕长江，2016），而创始人与企业之间的情感纽带使其具有非常强烈的归属感和工作激情，会把企业的效益视为自己财富的一部分，从而起到了管家的作用（Davis et al.，1997；谢会丽等，2019）；此时，作为企业的管家，家族企业控制人的创业激情、企业家精神和对企业的专有性资产投入都使其具有内在动机将企业发展壮大，制定有利于企业长远发展的经营决策（Anderson and Reeb，2003b），因此通常更愿意投资那些长期项目而非短期项目。当家族董事席位超额控制程度较高时，家族企业控制人的管家行为更易上升为董事会的决策，由此可能使得家族企业更加偏好长期投资活动而厌恶短期性的投资项目，从而促使企业的长期投资强度增加、短期投资强度降低。

再次，在效率观假设下，控股家族更有可能自愿披露公司的内部信息，将有利于降低家族与非家族股东之间的信息不对称程度，从而能够增进非家族股东的支持与信任。而非家族股东的信任与支持会激发家族控股股东孜孜不倦地追求企业的长期目标，可以促使其从事更多的长期投资活动（谢会丽等，2019），且更有可能放弃那些具有套利性质的短期投资项目。当家族董事席位超额控制程度越高时，控股家族披露公司内部信息的能力越强，此时越能够获得非家族股东的信任和支持，其更有动力推动董事会做出长期有益的投资决策，且更有可能减少企业的短期投资支出，进而带来家族企业的长期投资强度增加、短期投资强度降低。

最后，在效率观假设下，家族股东相比于非家族股东更具有耐心，更愿意考虑一些非短期结果的投资决策，以提高公司的长期经营效率，从而有利于提升家族的社会情感财富水平（陈德球等，2013b）。例如，家族企业的代际传承意愿（陈德球和钟昀珈，2011）。因此，控股家族为了保持其社会情感财富水平，实现家业持续延绵的愿望，往往更愿意考虑那些长期性的投资项目，而不太可能从事短期投资活动。当家族董事席位超额控制程度较高时，控股家族更有动机和能力通过从事长期投资活动及削减短期投资项目来推动家业延续，从而使得家族企业的长期投资强度增加、短期投资强度下降。

综上可知，由于家族企业兼具家族与企业的双重目标，控股家族时常面临着短期和长期的抉择（Villalonga and Amit，2010；陈德球等，2013b）。在家族控制权效率观假设下，控股家族会致力于企业的长期经营目标，从事长期投资活动的意愿较强，并且更有可能减少短期投资支出。当家族董事席位超额控制程度越高的时候，控股家族越有动力和能力实现企业的长期目标，由此可能使得家族企业更加偏好长期投资项目而厌恶短期投资项目，进而带来企业的长期投资强度增加、短期投资强度下降。基于以上分析，本章提出以下假设：

假设 4 - 1b：在其他条件相同的情况下，家族董事席位超额控制行为及程度与企业的长期投资强度正相关、与企业的短期投资强度负相关。

假设 4 - 1a 和假设 4 - 1b 的框架关系如图 4 - 1 所示。

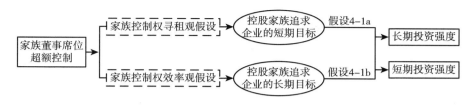

图 4 - 1　逻辑框架

资料来源：作者自制。

4.3　研究设计

4.3.1　样本选择

鉴于我国大部分上市公司股权分置改革完成于 2008 年，而新的会计准则于 2007 年开始实施。因此，本章选取 2008 ～ 2018 年我国 A 股上市家族企业作为研究样本。参考以往的研究，本章将家族企业定义为：（1）实际控制人最终可以追溯到某一自然人或者家族，并且是上市家族企业直接或者间接的控股股东（刘白璐和吕长江，2016；刘星等，2020）；（2）实际控制人直接或者间接持有上市家族企业至少 10% 股份（Anderson and Reeb，2003a；Villalonga and Amit，2006；苏启林和朱文，2003）；（3）至少有两位及以上具有亲缘关系的家族成员持有上市家族企业的股份或者担任上市家族企业的高管职务（包括董事长、董事、高级管理人员）（王明琳等，2014；巩键等，2016；刘星等，2020）。本章通过 CSMAR 数据库中民营上市公司子数据库手工筛选出符合上述定义的家族企业样本。同时，笔者对样本进行如下筛选：（1）剔除当年 ST 类公司样本；（2）剔除金融类公司样本；（3）剔除存在缺失值的公司样本。本章最终样本为 8962 个公司—年度观测值，表 4 - 1 给出了本章样本分布详情。此外，笔者还对所有的连续变量进行了上下 1% 的 Winsorize 缩尾处理，统计软件为 Stata14.0。

表 4-1　　　　　　　　　　2008~2018 年样本分布详情

年份	2008	2009	2010	2011	2012	2013	2014	2015	2016	2017	2018	合计
样本数	169	259	440	648	693	750	856	1054	1215	1365	1513	8962
占比	0.0189	0.0289	0.0491	0.0723	0.0773	0.0837	0.0955	0.1176	0.1356	0.1523	0.1688	1.0000

资料来源：笔者经 Stata 软件统计结果整理而得。

此外，关于家族控制权比例、董事变更、家族成员、董事会成员中在家族控制链的公司中担任职务的非家族成员及家族一致行动人等关键数据，笔者通过上市家族企业年度报告、招股说明书、上市公告书、新浪财经网、东方财富网、搜狗搜索、百度百科等手工收集而得，其他财务与公司治理数据来源于 CSMAR 数据库与 WIND 数据库。

4.3.2　变量定义

1. 家族董事席位超额控制

本章分别采用虚拟变量家族董事席位超额控制行为（ECFBS_dummy）和连续变量家族董事席位超额控制程度（excess control of family board seats，ECFBS）来度量家族董事席位超额控制。参考比利亚隆加和阿米特（Villalonga and Amit，2009）、陈德球等（2013b）、刘星等（2020）的研究，本章将董事会成员中家族成员、在家族控制链的公司中任职的非家族成员、家族一致行动人认定为家族董事；同时，本章将家族控制权界定为家族成员、董事会成员中在家族控制链的公司中任职的非家族成员、家族一致行动人三者直接或者间接持有上市家族企业股份比例的总和。需要说明的是，此处之所以要考虑董事会成员中在家族控制链的公司中任职的非家族成员及家族一致行动人，是因为这部分董事会成员与控股家族属于一致行动人，在议案投票表决、重大经营决策方面会与家族成员保持一致。

关于家族董事席位超额控制程度（ECFBS）的度量，考虑到在实践中家族委派董事人数取整的事实，本章采用以下三种方法来刻画该代理变量，以避免可能存在的变量度量误差问题。首先，参考郑志刚等（2019）

的思路，以家族实际委派董事人数减去家族基于控制权比例实操中适当委派董事人数，然后除以董事会规模得到家族董事席位超额控制程度（$ECFBS_1$）。其中，家族基于控制权比例实操中适当委派董事人数计算方法如下：家族理论上应委派董事人数等于董事会规模乘以家族控制权比例，在此基础上对理论人数上下浮动取整数处理后得到家族实操中适当委派董事的人数。当家族董事席位超额控制程度 $ECFBS_1$ 大于 0 时，虚拟变量 $ECFBS\_dummy_1$ 取值为 1，否则取值为 0。例如，家族在上市公司拥有的控制权为 25%，董事会人数为 9 人，但严格按照控制权比例委派"2.25 名董事"不具有操作性，因而此处需要考虑上下浮动的可能，认为家族委派 2 人或者 3 人均适当。当家族委派董事人数为 4 人时，家族董事席位超额控制程度为$(4-3) \div 9 = 11.11\%$。其次，在实操取值过程中，笔者借鉴郑志刚等（2019）、刘星等（2020）的做法，对家族理论上委派董事的人数进行四舍五入取整计算，由此得到家族董事席位超额控制程度（$ECFBS_2$），当 $ECFBS_2$ 大于 0 时，虚拟变量 $ECFBS\_dummy_2$ 取值为 1，否则取值为 0。例如，家族在上市公司中拥有的控制权为 25%，董事会人数为 9 人，采用四舍五入取整的方法，家族的适当委派人数应为 2 人（$9 \times 25\% = 2.25$）。当家族委派董事人数为 4 人时，家族董事席位超额控制程度为$(4-2) \div 9 = 22.22\%$。最后，参考比利亚隆加和阿米特（Villalonga and Amit，2009）、陈德球等（2013b）、刘星等（2020）的研究，本章直接将家族在董事会中委派董事的比例超过其控制权比例的部分视作董事席位超额控制程度（$ECFBS_3$），即等于家族委派董事人数除以董事会人数减去家族控制权之差，并由此得到家族董事席位超额控制的虚拟变量（$ECFBS\_dummy_3$），当 $ECFBS_3$ 大于 0 时，虚拟变量 $ECFBS\_dummy_3$ 取值为 1，否则取值为 0。例如，家族在上市公司中拥有的控制权为 25%，董事会人数为 9 人，当家族委派董事人数为 4 人时，家族董事席位超额控制程度为 $4 \div 9 - 25\% = 19.44\%$。

2. 企业投资结构

本章参考雷光勇等（2017）的研究，将企业投资结构从强度上划分为长期投资与短期投资，然后分别考察家族董事席位超额控制对企业长期投资强度、短期投资强度的影响。其中，长期投资强度（Invest_Long）等于资本支出与研发支出之和除以总资产，资本支出为构建固定资产、无形资产和其他长期资产支付现金的总和；短期投资强度（Invest_Short）等于交易性金融资产、衍生金融资产、短期投资净额、买入返售金融资产净额、可供出售金融资产净额、持有至到期投资净额、长期应收款净额、投资性房地产净额等金融资产投资总额除以总资产。需要特别指出的是，对于房地产行业的公司而言，其持有的投资性房地产不能计入短期投资之中，本章参考宋军和陆旸（2015）的做法，将样本中本身为房地产行业的公司所持有的投资性房地产数据剔除。

4.3.3 模型设定

为了检验假设 4 – 1a 和假设 4 – 1b，建立如下模型：

$$\text{Invest\_Long}_{i,t+1}/\text{Invest\_Short}_{i,t+1} = \alpha_0 + \alpha_1 \text{ECFBS\_dummy}_{i,t}/\text{ECFBS}_{i,t}$$

$$+ \text{Controls}_{i,t} + \sum \text{Year} + \sum \text{Industry} + \varepsilon_{i,t} \qquad (4-1)$$

其中，被解释变量 Invest_Long、Invest_Short 为家族企业投资结构的代理变量，分别表示长期投资强度和短期投资强度；解释变量 ECFBS_dummy、ECFBS 为家族董事席位超额控制的代理变量，虚拟变量代表家族董事席位超额控制行为，连续变量代表家族董事席位超额控制程度。参考已有文献（杨畅等，2014；雷光勇等，2017），本章引入以下控制变量：公司规模（Size）、资产负债率（Lev）、公司年龄（Age）、现金持有水平（Cash）、总资产收益率（Roa）、总资产周转率（Ta_t）、家族持股比例（Fsh）、机构持股比例（Inshold）、董事会规模（Bd）、独立董事比例（Indr）、两职合一（Dual）、家族 CEO（FCEO）。同时，上述模型中还控制了年度、行业虚拟变量，并且使用了稳健标准误。为了降低回归分析过程中可能存在的内生性问题，所有解释变量和控制变量相对于被解释变量均滞后一期。本章主要变量定义如表 4 – 2 所示。

表 4 – 2　　　　　　　　　　　　主要变量定义

变量名称	变量符号	定义
长期投资强度	Invest_Long	资本支出与研发支出之和占总资产的比重
短期投资强度	Invest_Short	交易性金融资产、衍生金融资产、短期投资净额、买入返售金融资产净额、可供出售金融资产净额、持有至到期投资净额、长期应收款净额和投资性房地产净额等金融资产投资占总资产的比重
家族董事席位超额控制程度	$ECFBS_1$	=（家族实际委派董事人数 – 家族基于控制权比例实操中适当委派董事人数）÷董事会规模
	$ECFBS_2$	=（家族实际委派董事人数 – 家族理论上委派董事人数经四舍五入后取整数）÷董事会规模
	$ECFBS_3$	家族委派董事比例与家族控制权之差
家族董事席位超额控制行为	$ECFBS\_dummy_1$	当 $ECFBS_1$ 大于 0 时，$ECFBS\_dummy_1$ 取值为 1，否则取值为 0
	$ECFBS\_dummy_2$	当 $ECFBS_2$ 大于 0 时，$ECFBS\_dummy_2$ 取值为 1，否则取值为 0
	$ECFBS\_dummy_3$	当 $ECFBS_3$ 大于 0 时，$ECFBS\_dummy_3$ 取值为 1，否则取值为 0
公司规模	Size	总资产的自然对数
资产负债率	Lev	总负债÷总资产
公司年龄	Age	当年年份减去公司成立年份之差额的自然对数
现金持有水平	Cash	现金及现金等价物÷总资产
总资产收益率	Roa	净利润÷总资产
总资产周转率	Ta_t	营业收入÷总资产
家族持股比例	Fsh	前十大股东中控股家族持股比例的总和
机构持股比例	Inshold	前十大股东中机构持股比例的总和
董事会规模	Bd	董事会人数
独立董事比例	Indr	独立董事人数÷董事会人数
两职合一	Dual	如果董事长与总经理同一人担任，则取值为 1，否则取值为 0
家族 CEO	FCEO	如果 CEO 由家族成员担任，则取值为 1，否则取值 0
年度虚拟变量	Year	样本区间为 2008～2018 年，共设置 11 个年度虚拟变量
行业虚拟变量	Industry	根据证监会 2012 年的行业代码分类，共设置 18 个行业虚拟变量

4.4 实证检验结果与分析

4.4.1 描述性统计与结果分析

1. 家族企业中家族董事席位超额控制概况与分析

为更好地了解家族董事席位超额控制公司在家族企业中的分布情况，本部分分别统计了三种不同度量方法下 2008～2018 年家族董事席位超额控制公司的占比情况，表 4 - 3 和图 4 - 2 给出了各年度的均值变化。

表 4 - 3　　　　2008～2018 年家族董事席位超额控制公司占比的变化趋势

平均值	2008 年	2009 年	2010 年	2011 年	2012 年	2013 年	2014 年	2015 年	2016 年	2017 年	2018 年
$ECFBS\_dummy_1$	0.1775	0.1737	0.1295	0.1219	0.1241	0.1267	0.1390	0.1442	0.1399	0.1223	0.0879
$ECFBS\_dummy_2$	0.2367	0.2239	0.1932	0.1775	0.1847	0.2040	0.2173	0.2343	0.2214	0.1809	0.1355
$ECFBS\_dummy_3$	0.3373	0.2972	0.2659	0.2593	0.2872	0.2920	0.3236	0.3235	0.3267	0.2850	0.2214

资料来源：作者经 Stata 软件统计结果整理而得。

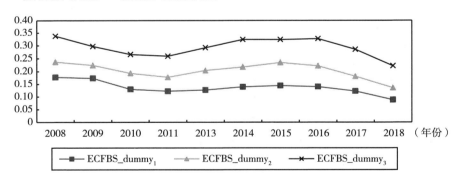

图 4 - 2　2008～2018 年全样本中家族董事席位超额控制公司占比的变化趋势
资料来源：作者经 Excel 软件整理绘制。

表 4 - 3 给出了家族董事席位超额控制公司在家族企业中占比的逐年变化趋势。不难发现，无论采用何种方法来度量家族董事席位超额控制，其公司的占比在总体上均呈现出不规律的变化趋势。具体而言，从 2008～2012 年的均值来看，存在家族董事席位超额控制公司的占比呈现出逐年下

降的趋势，这可能是因为股权分置改革完成后，企业的流通股份增加，非控股股东可以持有更多的股份，使其制衡能力增加，能够委派更多的董事进入董事会，从而导致家族董事席位超额控制公司的占比下降；在2013～2015年阶段，存在家族董事席位超额控制公司的占比又逐年增加，这可能是因为随着我国控制权市场的发展，该阶段家族企业面临的控制权转移压力逐渐增加，由此促使控股家族有动机强化控制权，可能会委派更多的董事进入董事会，进而使得家族董事席位超额控制公司的占比上升；在2016～2018年阶段，存在家族董事席位超额控制公司的占比再次出现逐年下降的趋势，这可能是因为随着我国法律制度和产权制度的逐步完善，控股家族的产权能够得到有效的保护，其超额控制董事席位的动机会降低，因而使得家族董事席位超额控制公司比例降低。

从图4-2可以看到，本章采用三种不同方法度量家族董事席位超额控制后，家族董事席位超额控制公司的占比总体上呈现出相同的变化趋势。但是，在不同的度量方法下，家族董事席位超额控制公司占比的变化幅度却存在差异，这也说明本章采取不同度量方法的必要性和科学性。

2. 家族企业投资结构概况与分析

投资结构实际上反映了家族企业的投资偏好，在一定程度上代表了公司未来的发展方向，表4-4列示了家族企业投资结构逐年变化趋势。可以看到，长期投资强度与短期投资强度均呈现出波动的变化趋势，但总体变化趋势与现有的市场经验相符合。由于2008年爆发了全球性金融危机，国家出台了一系列的经济刺激政策，尤其是中央政府进行的4万亿元经济刺激迅速地恢复了企业对未来发展的信心。因此，家族企业从2009年起长期投资强度开始增加，而短期投资强度在总体上则呈现出下降的趋势。然而，从2012年开始，我国经济增速开始下滑，使得外部投资环境不容乐观，此时家族企业可能并不看好市场的前景，不太倾向于将资源投资在长期项目上，而更有可能通过短期投机来套利，从而导致企业的长期投资强度下降、短期投资强度增加。值得注意的是，由图4-3中曲线变化的趋势可知，从2018年开始短期投资强度有一个翘尾式的提高，这可能是2018年内央行进行了多次降准降息，使得企业的融资成本降低，从而在一定程度上助涨了家族企业的短期投机行为或者套利动机。综上所述，家族企业投资结构可能会受到外部宏观经济形势较大的影响，从而使得企业的长期投资强度与短期投资强度呈现出不同的变化趋势。

表 4 - 4　　　　　　　2009～2019 年家族企业投资结构逐年变化趋势

平均值	2009 年	2010 年	2011 年	2012 年	2013 年	2014 年	2015 年	2016 年	2017 年	2018 年	2019 年
Invest_Long	0. 0606	0. 0613	0. 0772	0. 0734	0. 0625	0. 0535	0. 0470	0. 0463	0. 0475	0. 0539	0. 0498
Invest_Short	0. 0215	0. 0239	0. 0152	0. 0135	0. 0158	0. 0302	0. 0359	0. 0388	0. 0430	0. 0437	0. 0648

资料来源：作者经 Stata 软件统计结果整理而得。

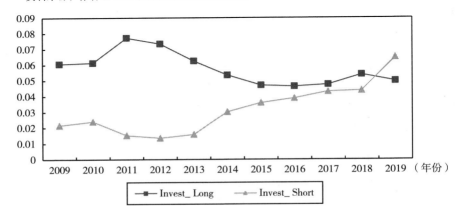

图 4 - 3　2009～2019 年全样本中家族企业投资结构逐年变化趋势
注："Invest_Long" 表示长期投资强度、"Invest _Short" 表示短期投资强度。
资料来源：作者经 Excel 软件整理绘制。

为了更好地观测企业投资结构在家族董事席位超额控制公司、家族董事席位非超额控制公司的区别，本部分将企业长期投资强度和短期投资强度分组进行均值差异性检验。表 4 - 5 给出了长期投资强度分组均值差异性检验的结果，除 2010 年、2011 年、2012 年这三年外，家族董事席位超额控制公司的均值都高于家族董事席位非超额控制公司，并且这两组的均值除 2013 年不存在显著差异外，其他年度两组间的均值都存在显著差异，该描述性统计从总体上支持了效率观假设。从表 4 - 6 可以看出，企业短期投资强度分组均值差异性检验除了在 2012 年、2018 年和 2019 年这三年显著差异外，其他年度均不存在显著差异，但是家族董事席位超额控制公司的均值都低于家族董事席位非超额控制公司（2015 年除外），这一结果也在一定程度上支持了效率观假设。总而言之，上述均值差异性检验结果初步支持了假设 4 – 1b。

表 4 – 5　　　　　　　　2009～2019 年长期投资强度分组均值差异性检验

变量	年份	$ECFBS\_dummy_1 = 1$		$ECFBS\_dummy_1 = 0$		t-statistic
		N	Mean	N	Mean	
Invest_Long	2009	30	0.0739	139	0.0577	0.0162 *
	2010	45	0.0576	214	0.0621	– 0.0044
	2011	57	0.0740	383	0.0777	– 0.0037
	2012	79	0.0662	569	0.0745	– 0.0083
	2013	86	0.0660	607	0.0620	0.0041
	2014	95	0.0611	655	0.0525	0.0086 **
	2015	119	0.0524	737	0.0461	0.0063 *
	2016	152	0.0552	902	0.0448	0.0103 ***
	2017	170	0.0585	1045	0.0457	0.0128 ***
	2018	167	0.0601	1198	0.0531	0.0070 **
	2019	133	0.0564	1380	0.0492	0.0072 **

注：*** 、** 、* 分别表示在 1%、5% 和 10% 的水平上显著；其他两种方法下进行分组均值差异性检验仍然得到类似结果。

资料来源：作者经 Stata 软件统计结果整理而得。

表 4 – 6　　　　　　　　2009～2019 年短期投资强度分组均值差异性检验

变量	年份	$ECFBS\_dummy_1 = 1$		$ECFBS\_dummy_1 = 0$		t-statistic
		N	Mean	N	Mean	
Invest_Short	2009	30	0.0199	139	0.0219	– 0.0020
	2010	45	0.0205	214	0.0246	– 0.0041
	2011	57	0.0204	383	0.0144	– 0.0060
	2012	79	0.0226	569	0.0122	– 0.0104 **
	2013	86	0.0164	607	0.0157	– 0.0007
	2014	95	0.0289	655	0.0304	– 0.0015
	2015	119	0.0374	737	0.0356	0.0017
	2016	152	0.0375	902	0.0389	– 0.0003
	2017	170	0.0337	1045	0.0439	– 0.0064
	2018	167	0.0344	1198	0.0450	– 0.0106 **
	2019	133	0.0402	1380	0.0672	– 0.0270 ***

注：*** 、** 分别表示在 1%、5% 的水平上显著；其他两种方法下进行分组均值差异性检验仍然得到类似结果。

资料来源：作者经 Stata 软件统计结果整理而得。

3. 主要变量的描述性统计

表 4 - 7 给出了本章主要变量的描述性统计结果。可以看到，家族企业之间的长期投资强度与短期投资强度存在较大的差异，Invest_Long 的最大值为 0.3165，最小值为 0.0003，均值为 0.0543；Invest_Short 的最大值为 0.4087，最小值为 0，均值为 0.0380。就家族董事席位超额控制变量而言，三种度量方法呈现出不同的描述性统计结果，$ECFBS\_dummy_1$ 的均值为 0.1264，表明在此种度量方法下家族董事席位超额控制公司占比为 12.64%，此时 $ECFBS_1$ 的最大值为 0.2857，说明样本中家族董事席位超额控制程度最高可达 0.2857；$ECFBS\_dummy_2$ 的均值为 0.1934，即采用该度量方法时家族董事席位超额控制公司占比为 19.34%，并且 $ECFBS_2$ 的最大值为 0.3333，说明家族董事席位超额控制程度高达 0.3333；$ECFBS\_dummy_3$ 的均值为 0.2874，说明该种度量方法下家族董事席位超额控制公司占比为 28.74%，且 $ECFBS_3$ 的最大值为 0.3533，即家族董事席位超额控制程度高达 0.3533。从其他公司治理变量和财务变量的描述性统计结果来看，公司规模变量 Size 的均值为 21.7321，这与以往研究结果基本一致；资产负债率 Lev 的均值为 0.3642，现金持有水平 Cash 的均值为 0.1862，表明家族企业为了防止自身陷入财务困境，举债经营的意愿可能不高，往往愿意持有较多的现金；总资产周转率 Ta_t 的均值为 0.5986，即家族企业的总资产周转速度较慢，其销售能力并不强；家族持股比例 Fsh 的均值为 0.4570，说明控股家族为了保持对企业的持续控制，往往会持有较高比例的股份；FCEO 的均值为 0.5301，表明家族企业中家族成员担任 CEO 的比例为 53.01%。

表 4 - 7　　　　　　　　　　主要变量的描述性统计

变量	N	mean	sd	min	p25	p50	p75	max
Invest_Long	8962	0.0543	0.0481	0.0003	0.0182	0.0414	0.0754	0.3165
Invest_Short	8962	0.0380	0.0730	0	0	0.0071	0.0388	0.4087
$ECFBS\_dummy_1$	8962	0.1264	0.3323	0	0	0	0	1.0000
$ECFBS_1$	8962	- 0.0750	0.1492	- 0.5714	- 0.1429	0	0	0.2857
$ECFBS\_dummy_2$	8962	0.1934	0.3950	0	0	0	0	1.0000

变量	N	mean	sd	min	p25	p50	p75	max
ECFBS$_2$	8962	−0.1019	0.1867	−0.5000	−0.2222	−0.1111	0	0.3333
ECFBS_dummy$_3$	8962	0.2874	0.4526	0	0	0	1.0000	1.0000
ECFBS$_3$	8962	−0.1024	0.1859	−0.5321	−0.2361	−0.1091	0.0222	0.3533
Size	8962	21.7321	1.0313	19.9203	20.9464	21.6153	22.3466	24.8806
Lev	8962	0.3642	0.1916	0.0446	0.2062	0.3493	0.5008	0.8288
Age	8962	2.6060	0.4820	0	2.3979	2.7081	2.9444	7.4983
Cash	8962	0.1862	0.1508	0.0144	0.0797	0.1370	0.2424	0.7054
Roa	8962	0.0502	0.0492	−0.1555	0.0231	0.0483	0.0762	0.1917
Ta_t	8962	0.5986	0.3699	0.0930	0.3565	0.5210	0.7372	2.2400
Fsh	8962	0.4570	0.1539	0.1558	0.3352	0.4556	0.5749	0.7840
Inshold	8962	0.0608	0.0671	0	0.0091	0.0368	0.0914	0.3057
Bd	8962	8.2283	1.4346	4.0000	7.0000	9.0000	9.0000	17.0000
Indr	8962	0.3762	0.0526	0.3333	0.3333	0.3333	0.4286	0.5714
Dual	8962	0.3855	0.4867	0	0	0	1.0000	1.0000
FCEO	8962	0.5301	0.4991	0	0	1.0000	1.0000	1.0000

资料来源：作者经 Stata 软件统计结果整理而得。

表4－8列示了主要变量分组均值差异性检验的结具。可以看到，与不存在家族董事席位超额控制的公司相比，Invest_Long 的均值在家族董事席位超额控制的公司显著更高，而 Invest_Short 的均值则呈现出相反的结果，由此初步支持假设4－1b，即家族董事席位超额控制不仅有助于提升家族企业的长期投资强度，也可以降低企业的短期投资强度。从其他控制变量的描述性统计来看，Lev 的均值在家族董事席位超额控制的公司更高，这虽然会增加家族企业的经营风险，但却有利于企业通过财务杠杆来获得更大的发展空间；Cash 的均值在家族董事席位超额控制的公司更低，说明家族董事席位超额控制会导致企业的现金持有水平下降；Inshold 在家族董事席位超额控制的公司中明显高于家族董事席位非超额控制的公司，表明机构投资者更看好家族董事席位超额控制的公司，这也从侧面反映出家族董事席位超额控制具有积极的作用。

表 4 – 8　　　　　　　　　　主要变量分组均值差异性检验

变量	ECFBS_dummy$_1$ = 1				ECFBS_dummy$_1$ = 0				t-statistic
	N	Mean	P50	sd	N	Mean	P50	sd	
Invest_Long	1133	0.0599	0.0457	0.0559	7829	0.0535	0.0408	0.0469	0.0063 ***
Invest_Short	1133	0.0321	0.0068	0.0580	7829	0.0388	0.0072	0.0748	− 0.0067 ***
Size	1133	22.0082	21.9703	1.0095	7829	21.6922	21.5648	1.0284	0.3160 ***
Lev	1133	0.4252	0.4266	0.1866	7829	0.3553	0.3350	0.1907	0.0699 ***
Age	1133	2.7478	2.7726	0.4381	7829	2.5855	2.6391	0.4846	0.1623 ***
Cash	1133	0.1535	0.1199	0.1209	7829	0.1910	0.1406	0.1541	− 0.0375 ***
Roa	1133	0.0384	0.0362	0.0444	7829	0.0519	0.0498	0.0497	− 0.0135 ***
Ta_t	1133	0.6431	0.5460	0.4218	7829	0.5922	0.5167	0.3613	0.0509 ***
Fsh	1133	0.3034	0.2887	0.1004	7829	0.4792	0.4825	0.1475	− 0.1758 ***
Inshold	1133	0.0754	0.0508	0.0758	7829	0.0587	0.0351	0.0654	0.0166 ***
Bd	1133	8.5922	9.0000	1.3469	7829	8.1756	9.0000	1.4394	0.4166 ***
Indr	1133	0.3638	0.3333	0.0478	7829	0.3780	0.3636	0.0531	− 0.0142 ***
Dual	1133	0.2665	0	0.4423	7829	0.4027	0	0.4905	− 0.1362 ***
FCEO	1133	0.3460	0	0.4759	7829	0.5568	1.0000	0.4968	− 0.2108 ***

注：*** 分别表示在 1% 的水平上显著。其他两种方法下进行分组均值差异性检验仍然得到类似结果。

资料来源：作者经 Stata 软件统计结果整理而得。

4.4.2　实证结果与分析

为了检验家族董事席位超额控制对企业投资结构的影响，本章依据模型 4 – 1 进行面板数据回归，检验结果如表 4 – 9 所示。首先，第（1）列中 ECFBS_dummy$_1$ 对 Invest_Long 的回归系数为 0.0174，在 1% 的水平上显著，第（2）列中 ECFBS$_1$ 对 Invest_Long 的回归系数为 0.0193，在 5% 的水平上显著；第（3）列中 ECFBS_dummy$_1$ 对 Invest_Short 的回归系数为 − 0.0060，在 5% 的水平上显著，第（4）列中 ECFBS$_1$ 对 Invest_Short 的回归系数为 − 0.0124，在 10% 的水平上显著。以上回归结果说明，家族董事席位超额控制行为及程度与企业的长期投资强度显著正相关、与短期投资强度显著负相关，即支持了假设 4 – 1b。其次，第（5）列中

ECFBS_dummy$_2$ 对 Invest_Long 的回归系数为 0.0101，第（6）列中 ECFBS$_2$ 对 Invest_Long 的回归系数为 0.0199，均在 1% 的水平上显著；第（7）列中 ECFBS_dummy$_2$ 对 Invest_Short 的回归系数为 -0.0039，在 10% 的水平上显著，第（8）列中 ECFBS$_2$ 对 Invest_Short 的回归系数为 -0.0063，在 5% 的水平上显著，回归结果同样支持假设 4 - 1b。最后，第（9）列中 ECFBS_dummy$_3$ 对 Invest_Long 的回归系数为 0.0037，在 5% 的水平上显著，第（10）列中 ECFBS$_3$ 对 Invest_Long 的回归系数为 0.0206，在 1% 的水平上显著；第（11）列中 ECFBS_dummy$_3$ 对 Invest_Short 的回归系数为 -0.0060，在 5% 的水平上显著，第（12）列中 ECFBS$_3$ 对 Invest_Short 的回归系数为 -0.0100，虽然不显著，但仍然保持了负相关关系，这一结果总体上仍然支持假设 4 - 1b。可见，在三种方法度量下，家族董事席位超额控制行为及程度与企业投资结构的回归结果具有一致性[①]。以上回归结果说明，随着家族董事席位超额控制程度增加，家族企业的长期投资强度更高、短期投资强度更低，即体现了家族控制权的效率观假设。究其可能的原因，家族董事席位超额控制程度越高，控股家族参与董事会的经营决策的程度越高，将会投入更多的人力资本和专用性资产，使得家族与企业的利益融为一体，因而在投资决策中会更加注重家族企业的长远发展目标。

从其他控制变量来看，Lev 对 Invest_Long、Invest_Short 的回归系数均显著为负，即随着资产负债率的增加，企业面临的经营风险越大，将导致家族企业的投资水平下降。Age 对 Invest_Long 的回归系数显著为负，但对 Invest_Short 的回归系数显著为正，表明随着家族企业年龄的增加，其投资长期项目的意愿会降低，更倾向于投资短期项目。Cash 对 Invest_Long 的回归系数显著为正，而对 Invest_Short 的回归系数显著为负，这说明家族企业更愿意将资金投向长期项目而非短期项目，从而有助于提升企业的经营绩效。Roa 对 Invest_Long 的回归系数全部显著为正，意味着总资产周转率越

---

① 需要说明的是，由于家族持股比例可能会对家族董事比例产生较大的影响，本章借鉴赵宜一和吕长江（2017）的做法，建立如下回归模型：$Fbd_{i,t} = \alpha_0 + \alpha_1 Fsh_{i,t} + \Sigma Industry + \Sigma Year + \varepsilon_t$，其中，Fbd 为家族董事比例、Fsh 为家族持股比例，以回归残差重新来度量家族董事席位超额控制程度，依然划分为连续变量和虚拟变量，重复模型 4 - 1 的检验，研究结论仍然保持不变。

表4-9 家族董事席位超额控制与企业投资结构

变量	Invest_Long (1)	Invest_Long (2)	Invest_Short (3)	Invest_Short (4)	Invest_Long (5)	Invest_Long (6)	Invest_Short (7)	Invest_Short (8)	Invest_Long (9)	Invest_Long (10)	Invest_Short (11)	Invest_Short (12)
$ECFBS\_dummy_1$	0.0174 *** (6.61)		-0.0060 ** (-2.04)									
$ECFBS_1$		0.0193 ** (2.41)		-0.0124 * (-1.76)								
$ECFBS\_dummy_2$					0.0101 *** (4.82)		-0.0039 * (-1.77)					
$ECFBS_2$						0.0199 *** (2.94)		-0.0063 ** (-2.43)				
$ECFBS\_dummy_3$									0.0037 ** (2.10)		-0.0060 ** (-2.04)	
$ECFBS_3$										0.0206 *** (2.73)		-0.0100 (-1.37)
Size	-0.0017 (-0.77)	-0.0020 (-0.91)	-0.0002 (-0.08)	-0.0009 (-0.52)	-0.0019 (-0.87)	-0.0020 (-0.92)	-0.0002 (-0.06)	-0.0004 (-0.21)	-0.0018 (-0.85)	-0.0020 (-0.93)	-0.0002 (-0.08)	-0.0001 (-0.05)
Lev	-0.0198 *** (-2.67)	-0.0194 *** (-2.61)	-0.0417 *** (-4.11)	-0.0315 *** (-5.00)	-0.0189 *** (-2.56)	-0.0191 ** (-2.57)	-0.0420 *** (-4.13)	-0.0414 *** (-5.66)	-0.0192 ** (-2.58)	-0.0192 *** (-2.59)	-0.0417 *** (-4.11)	-0.0419 *** (-5.71)
Age	-0.0147 ** (-2.16)	-0.0152 ** (-2.23)	0.0161 ** (2.24)	0.0161 *** (3.96)	-0.0147 ** (-2.16)	-0.0152 ** (-2.22)	0.0161 ** (2.23)	0.0155 *** (3.29)	-0.0147 ** (-2.16)	-0.0152 ** (-2.22)	0.0161 ** (2.24)	0.0163 *** (3.45)
Cash	0.0313 *** (5.29)	0.0315 *** (5.27)	-0.0506 *** (-5.73)	-0.0443 *** (-8.21)	0.0311 *** (5.24)	0.0314 *** (5.25)	-0.0506 *** (-5.73)	-0.0503 *** (-8.02)	0.0311 *** (5.21)	0.0315 *** (5.27)	-0.0506 *** (-5.73)	-0.0508 *** (-8.10)
Roa	0.0865 *** (6.28)	0.0854 *** (6.13)	0.0085 (0.34)	0.0073 (0.48)	0.0871 *** (6.31)	0.0862 *** (6.19)	0.0082 (0.33)	0.0092 (0.52)	0.0858 *** (6.16)	0.0861 *** (6.19)	0.0085 (0.34)	0.0085 (0.48)

续表

变量	Invest_Long		Invest_Short		Invest_Long		Invest_Short		Invest_Long		Invest_Short	
	(1)	(2)	(3)	(4)	(5)	(6)	(7)	(8)	(9)	(10)	(11)	(12)
Ta_t	-0.0037 (-1.08)	-0.0038 (-1.12)	-0.0113** (-2.09)	-0.0089*** (-2.62)	-0.0037 (-1.11)	-0.0039 (-1.18)	-0.0113** (-2.08)	-0.0113*** (-2.88)	-0.0035 (-1.05)	-0.0039 (-1.17)	-0.0113** (-2.09)	-0.0112*** (-2.84)
Fsh	0.0265*** (2.58)	0.0219** (1.99)	-0.0121 (-0.73)	-0.0231** (-2.35)	0.0219** (2.11)	0.0258** (2.30)	-0.0110 (-0.67)	-0.0007 (-0.07)	0.0152 (1.46)	0.0268** (2.32)	-0.0121 (-0.73)	-0.0146 (-1.23)
Inshold	0.0307*** (2.80)	0.0318*** (2.87)	-0.0219 (-1.41)	-0.0210** (-2.07)	0.0310*** (2.81)	0.0311*** (2.82)	-0.0219 (-1.41)	-0.0224* (-1.90)	0.0320*** (2.88)	0.0311*** (2.81)	-0.0219 (-1.41)	-0.0218* (-1.84)
Bd	-0.0011 (-1.62)	-0.0010 (-1.35)	-0.0005 (-0.50)	-0.0006 (-0.81)	-0.0011 (-1.54)	-0.0009 (-1.25)	-0.0005 (-0.53)	-0.0004 (-0.44)	-0.0012* (-1.66)	-0.0009 (-1.26)	-0.0005 (-0.50)	-0.0006 (-0.69)
Indr	-0.0605*** (-3.36)	-0.0581*** (-3.19)	-0.0169 (-0.58)	-0.0178 (-0.90)	-0.0587*** (-3.23)	-0.0569*** (-3.13)	-0.0176 (-0.60)	-0.0165 (-0.72)	-0.0583*** (-3.20)	-0.0567*** (-3.13)	-0.0169 (-0.58)	-0.0186 (-0.81)
Dual	0.0027 (1.15)	0.0030 (1.25)	0.0032 (0.99)	0.0025 (1.13)	0.0029 (1.24)	0.0030 (1.27)	0.0031 (0.96)	0.0033 (1.27)	0.0028 (1.18)	0.0031 (1.28)	0.0032 (0.99)	0.0030 (1.16)
FCEO	0.0028 (1.11)	0.0029 (1.15)	-0.0013 (-0.39)	-0.0016 (-0.69)	0.0029 (1.15)	0.0028 (1.11)	-0.0013 (-0.39)	-0.0014 (-0.53)	0.0030 (1.21)	0.0028 (1.11)	-0.0013 (-0.39)	-0.0012 (-0.45)
Constant	0.1561*** (2.78)	0.1666*** (2.97)	0.0752 (1.09)	0.0810* (1.95)	0.1618*** (2.88)	0.1647*** (2.95)	0.0736 (1.07)	0.0734 (1.52)	0.1662*** (2.94)	0.1647*** (2.95)	0.0752 (1.09)	0.0779 (1.51)
Year	Control	Control	Control	Control	Control	Control	Control	Control	Control	Control	Control	Control
Industry	Control	Control	Control	Control	Control	Control	Control	Control	Control	Control	Control	Control
N	8962	8962	8962	8962	8962	8962	8962	8962	8962	8962	8962	8962
R²	0.1576	0.1470	0.1223	0.1326	0.1507	0.1478	0.1220	0.1223	0.1465	0.1476	0.1223	0.1218

注：***、**、*分别表示在1%、5%和10%的水平上显著，括号内为t值。

高，家族企业更有可能进行长期投资，虽然 Roa 对 Invest_Short 的回归系数并不显著，但始终保持着负相关关系，说明总资产周转率会对企业短期投资强度产生负向影响。FSH 对 Invest_Long 的回归系数基本上显著为正，表明家族持股比例越高，其更愿意增加企业的长期投资强度，FSH 对 Invest_Short 的回归系数不显著，但均保持了负相关关系，说明家族持股比例会对企业的短期投资强度产生负向影响。Inshold 对 Invest_Long 的回归系数均显著为正，即机构持股比例与家族企业的长期投资强度显著正相关，尽管 Inshold 对 Invest_Short 的回归系数并不全部显著，但都保持着负相关关系，说明机构持股比例对家族企业的短期投资强度有负向影响。Indr 对 Invest_Long 的回归系数全部显著为负，可能的原因是独立董事作为外部人，对企业的真实经营者状况并不是特别了解，而企业进行长期投资具有一定的不确定性，独立董事处于规避自身风险的原因，支持长期投资项目的积极性可能不高；同时，Indr 对 Invest_Short 的回归系数虽然不显著，但均保持了负相关关系，这说明独立董事比例会对企业的短期套利行为产生负面影响。

4.4.3 进一步研究

根据前面的实证检验结果可知，家族董事席位超额控制变量在三种不同度量方法下得到的回归结果均保持一致。接下来，本章将采用最为严格的度量口径（ECFBS_dummy$_1$ 和 ECFBS$_1$，允许最适当委派人数的上浮或者下浮）来展开进一步研究，以便更加深入地探讨家族董事席位超额控制与企业投资结构之间的关系。

1. 家族董事席位超额控制、制度效率与企业投资结构

地区制度效率已经成为我国企业的典型外部环境因素，学术界在对公司治理进行探讨时也逐渐将其纳入研究之中。事实上，我国各地区的制度效率存在显著差异，这种差异将对企业的投资决策产生影响（郝颖等，2014）。一般认为，较高的制度效率意味着更强的市场潜力，会对经济增长率产生积极的作用，有利于促进经济的持续增长（Falcetti et al.，2001；吕朝凤和朱丹丹，2016），并能够改善公司的治理环境，从而在微观层面对企业行为和公司价值产生显著的影响（夏立军和方铁强，2005）。在转型的中国经济环境下，新兴市场经济力量更需要良好的制度保护，而制度效率则体现了一个地区为企业提供良好外部治理环境的基本能力（雷光勇等，2017）。具体而言，地区制度效率越高，意味着市场化程度、法治化水平、经济主体的自由化程度越高，通常外部治理环境越完善，产权保护制度也越完善，股东产权能够受到更好地保护（La Porta et al.，1999），进而使得控股家族更有动力追求企业的长期经营目标。据此可以推断，当地区制度效率较高时，家族企业面临的外部治理环境更为完善，控股家族的产权更能够得到保护，此时投资长期项目的意愿更强，且从事短期投资活动的动机更弱，由此使得家族董事席位额控制对企业长期投资强度的正向影响更强、对企业短期投资强度的负向影响更显著。

为此，本小节将地区制度效率分为高低两组，以考察在不同的制度效率下家族董事席位超额控制对企业投资结构的影响。参考雷光勇等（2017）的做法，本章采用王小鲁和樊纲于 2019 年出版的《中国分省份市场化指数报告（2018）》中"市场化总指数"来度量地区制度效率。由于该指数截止日期为 2016 年，笔者借鉴杨记军等（2010）的方法，分别推算出 2017 年、2018 年的"市场化总指数"。推算方法如下：如 2017 年的指数等于 2016 年的指数加上 2016 年、2015 年、2014 年这三年相对于前一年指数增加值的平均数，2018 年的"市场化总指数"采取相同的计算方法。由于"市场化总指数"的统计口径每年都存在差异，为了尽可能地消除该差异带来的影响，笔者借鉴刘星等（2020）的研究，以每年"市场化总指数"的中位数进行分组，如果该指标大于中位数，则代表该地区的制度效率较高，反之则该地区的制度效率较低，并在两组样本中重复模型 4 - 1 的回归分析，检验结果如表 4 - 10 所示。第（1）列中 ECFBS_dummy$_1$ 对 Invest_Long 的回归系数为 0.0169，在 1% 的水平上显著，第（2）列中 ECFBS$_1$ 对 Invest_Long 的回归系数为 0.0162，在 5% 的水平上显著；第（3）列中 ECFBS_dummy$_1$ 对 Invest_Short 的回归系数为 0.0011，第（4）列中 ECFBS$_1$ 对 Invest_Short 的回归系数为 0.0031，但不显著。上述回归结果说明，当地区制度效率较低时，家族董事席位超额控制行为及程度与企业长期投资强度显著正相关，但与企业短期投资强度则没有显著的关系。第

（5）列中 ECFBS_dummy$_1$ 对 Invest_Long 的回归系数为 0.0190，在 1% 的水平上显著，第（6）列中 ECFBS$_1$ 对 Invest_Long 的回归系数为 0.0248，在 5% 的水平上显著；第（7）列中 ECFBS_dummy$_1$ 对 Invest_Short 的回归系数为 -0.0123，第（8）列中 ECFBS$_1$ 对 Invest_Short 的回归系数为 -0.0420，均在 1% 的水平上显著。这表明，当地区制度效率较高时，控股家族提高董事席位超额控制程度不仅能够显著地促进企业长期投资强度的增加，也有助于降低企业的短期投资强度。综上可知，无论地区制度效率高低，家族董事席位超额控制对企业长期投资强度均具有显著的正向影响；但是，仅当地区制度效率较高时，超额家族董事席位才能够有效地减少企业的短期投资活动。

表 4 - 10　　　　家族董事席位超额控制、制度效率与企业投资结构

变量	地区制度效率较低组				地区制度效率较高组			
	Invest_Long		Invest_Short		Invest_Long		Invest_Short	
	(1)	(2)	(3)	(4)	(5)	(6)	(7)	(8)
ECFBS_dummy$_1$	0.0169 ***		0.0011		0.0190 ***		-0.0123 ***	
	(4.29)		(0.31)		(5.33)		(-3.00)	
ECFBS$_1$		0.0162 **		0.0031		0.0248 **		-0.0420 ***
		(2.02)		(0.19)		(2.22)		(-2.77)
Size	-0.0017	-0.0023	0.0042	0.0042	-0.0014	-0.0016	-0.0039	-0.0037
	(-0.56)	(-1.20)	(0.91)	(0.87)	(-0.44)	(-0.48)	(-0.99)	(-0.94)
Lev	-0.0239 **	-0.0228 ***	-0.0293 *	-0.0292 *	-0.0231 **	-0.0233 **	-0.0510 ***	-0.0509 ***
	(-2.17)	(-3.14)	(-1.91)	(-1.89)	(-2.25)	(-2.27)	(-3.63)	(-3.60)
Age	-0.0136	-0.0138 ***	0.0226 *	0.0226 *	-0.0157 **	-0.0170 **	0.0083	0.0100
	(-1.34)	(-3.20)	(1.89)	(1.89)	(-2.02)	(-2.19)	(0.94)	(1.12)
Cash	0.0331 ***	0.0335 ***	-0.0402 ***	-0.0401 ***	0.0285 ***	0.0284 ***	-0.0545 ***	-0.0552 ***
	(3.92)	(5.35)	(-3.17)	(-3.15)	(3.51)	(3.48)	(-4.52)	(-4.56)
Roa	0.0779 ***	0.0796 ***	0.0442	0.0444	0.0987 ***	0.0954 ***	-0.0333	-0.0299
	(3.87)	(4.46)	(1.31)	(1.32)	(4.85)	(4.63)	(-0.93)	(-0.84)
Ta_t	-0.0044	-0.0048	-0.0090	-0.0091	-0.0004	0	-0.0146 *	-0.0147 *
	(-0.87)	(-1.22)	(-1.21)	(-1.24)	(-0.08)	(0.00)	(-1.88)	(-1.90)
Fsh	0.0175	0.0131	-0.0373 *	-0.0364 *	0.0433 ***	0.0389 **	0.0209	0.0068
	(1.29)	(1.21)	(-1.96)	(-1.81)	(2.78)	(2.34)	(0.76)	(0.21)
Inshold	0.0287 **	0.0305 ***	-0.0290	-0.0290	0.0277	0.0270	-0.0100	-0.0089
	(2.03)	(2.63)	(-1.53)	(-1.56)	(1.56)	(1.52)	(-0.40)	(-0.36)

续表

变量	地区制度效率较低组				地区制度效率较高组			
	Invest_Long		Invest_Short		Invest_Long		Invest_Short	
	(1)	(2)	(3)	(4)	(5)	(6)	(7)	(8)
Bd	−0.0005	−0.0002	−0.0011	−0.0010	−0.0021 *	−0.0020 *	−0.0006	−0.0011
	(−0.47)	(−0.23)	(−0.94)	(−0.87)	(−1.85)	(−1.75)	(−0.36)	(−0.62)
Indr	−0.0510 *	−0.0441 *	−0.0380	−0.0374	−0.0848 ***	−0.0887 ***	−0.0355	−0.0343
	(−1.88)	(−1.96)	(−0.88)	(−0.87)	(−3.37)	(−3.50)	(−0.88)	(−0.84)
Dual	0.0038	0.0040	0.0045	0.0045	0.0022	0.0023	0.0005	0
	(1.13)	(1.61)	(0.95)	(0.96)	(0.67)	(0.68)	(0.10)	(0.01)
FCEO	0.0021	0.0021	−0.0003	−0.0003	0.0034	0.0038	−0.0012	−0.0011
	(0.55)	(0.77)	(−0.07)	(−0.08)	(1.02)	(1.13)	(−0.22)	(−0.20)
Constant	0.1624 **	0.1746 ***	−0.0197	−0.0186	0.2178 ***	0.2272 ***	0.1789 *	0.1861 *
	(2.11)	(3.94)	(−0.20)	(−0.19)	(2.99)	(3.1）	(1.89)	(1.90)
Year	Control	Control	Control	Control	Control	Control	Control	Control
Industry	Control	Control	Control	Control	Control	Control	Control	Control
N	4481	4481	4481	4481	4481	448	4481	4481
R^2	0.1882	0.1775	0.1208	0.1208	0.1626	0.15 5	0.1382	0.1386

注：***、**、*分别表示在1%、5%和10%的水平上显著，括号内为t值。

2. 家族董事席位超额控制、两权分离度与企业投资结构

对于企业所有者而言，其为了维持对公司的所有权，往往会更关注企业的长期价值，倾向于支持涉及企业长期发展和生存的、战略性的 R&D 投资（谢会丽等，2019），这将会促使其增加长期投资强度。然而，当企业实际控制人拥有的控制权大于其现金流权时，其与中小股东之间的代理冲突较为严重，具有较强的利益侵占动机（Shleifer and Vishny，1997）。但是，当实际控制人直接持股控制公司时（不存在两权分离度），企业内部代理冲突较弱，此时与中小股东的利益更趋一致（邵帅和吕长江，2015）。因此，当家族企业不存在两权分离度时，控股家族的利益与其他中小股东的利益天然绑定，这就会促使其更加注重企业的长期经营目标，而不太可能追求短期目标，此时更有可能增加长期性项目的投资及减少短期性投资支出。据此可以推测，在不存在两权分离度的家族企业中，家族董事席位超额控制对企业长期投资强度的正向影响更强、对企业短期投资强度的负

向影响更显著。

　　为此，本章采用家族控制权与现金流权之差来度量两权分离度，以此来考察两权分离度对家族董事席位超额控制与企业投资结构之间关系的影响。其中，控制权（control rights）是指控股家族的表决权比例，即直接或间接持有上市公司股份比例的总和；现金流权（cash flow rights）指控股家族享有上市公司的现金流量（收益）。关于家族控制权的计算，借鉴拉坡塔等（La Porta et al.，1999）的计算方法，control rights = min（a_1，a_2，a_3，……），控制权比例为各条控制链上最低的控制权比例相加后的总和。现金流权（cash flow rights）为各级控股比例相乘的结果，如果存在多条家族控制链，则将各条代理链控制权相乘的结果进行加总即可。由于现金流权（cash flow rights）与控制权（control rights）存在不对等的情况，这就使得控股家族与其他中小股东存在不同程度的利益冲突。因此，为了检验两权分离度对家族董事席位超额控制与企业投资结构之间关系的影响，按照家族企业是否存在两权分离度进行分组，重新代入模型（4 - 1）进行检验，表4 - 11报告了分组回归的结果。可以看到，第（1）列中 ECFBS_dummy$_1$ 对 Invest_Long 的回归系数为 0.0179，在 1% 的水平上显著，第（2）列中 ECFBS$_1$ 对 Invest_Long 的回归系数为 0.0158，在 10% 的水平上显著；第（3）列中 ECFBS_dummy$_1$ 对 Invest_Short 的回归系数为 - 0.0069，第（4）列中 ECFBS$_1$ 对 Invest_Short 的回归系数为 - 0.0065，均在 10% 的水平上显著。这说明，在不存在两权分离度的家族企业中，家族董事席位超额控制不仅对企业长期投资强度具有显著的正向影响，也对企业短期投资强度具有显著的负向影响。第（5）列中 ECFBS_dummy$_1$ 对 Invest_Long 的回归系数为 0.0163，在 1% 的水平上显著，第（6）列中 ECFBS$_1$ 对 Invest_Long 的回归系数为 0.0233，在 5% 的水平上显著；第（7）列中 ECFBS_dummy$_1$ 对 Invest_Short 的回归系数为 - 0.0074，第（8）列中 ECFBS$_1$ 对 Invest_Short 的回归系数为 - 0.0294，均在 10% 的水平上显著。该回归结果表明，当家族企业存在两权分离度时，家族董事席位超额控制行为及程度与企业的长期投资强度显著正向相关、与企业的短期投资强度显著负相关。上述检验结果说明，两权分离度不会显著地影响家族董事席位超额控制与企业投资结构之间的关系。究其可能的原因，大部分中国家族企业目前仍由"创一代"在直接控制，大股东多为家族主要成员和创业者，公司股权集中、两权分离度较低（刘白璐和吕长江，2016），此时控股家族的利益侵占动机较弱，通常会努力将企业做强做大。因此，无论是否存在两权分离度，控股家族都会积极地追求企业的长期经营目标，因而提高家族董事席位超额控制程度不仅可以增加长期投资强度，也有助于降低短期投资强度。

表 4－11　　家族董事席位超额控制、两权分离度与企业投资结构

变量	不存在两权分离度组				存在两权分离度组			
	Invest_Long		Invest_Short		Invest_Long		Invest_Short	
	(1)	(2)	(3)	(4)	(5)	(6)	(7)	(8)
$ECFBS\_dummy_1$	0.0179 ***		− 0.0069 *		0.0163 ***		− 0.0074 *	
	(4.45)		(− 1.90)		(4.52)		(− 1.74)	
$ECFBS_1$		0.0158 *		− 0.0065 *		0.0233 **		− 0.0294 *
		(1.85)		(− 1.71)		(2.17)		(− 1.80)
Size	− 0.0035	− 0.0040 **	0.0018	0.0018	− 0.0028	− 0.0031	− 0.0039	− 0.0036
	(− 1.13)	(− 1.97)	(0.45)	(0.61)	(− 0.86)	(− 0.93)	(− 0.81)	(− 0.74)
Lev	− 0.0021	− 0.0013	− 0.0515 ***	− 0.0520 ***	− 0.0281 ***	− 0.0275 **	− 0.0315 **	− 0.0314 **
	(− 0.20)	(− 0.17)	(− 3.38)	(− 4.73)	(− 2.59)	(− 2.50)	(− 2.20)	(− 2.17)
Age	− 0.0199 ***	− 0.0204 ***	0.0181	0.0185 **	− 0.0118	− 0.0124	0.0073	0.0081
	(− 2.70)	(− 4.05)	(1.63)	(2.49)	(− 1.15)	(− 1.20)	(1.08)	(1.18)
Cash	0.0297 ***	0.0306 ***	− 0.0447 ***	− 0.0451 ***	0.0335 ***	0.0330 ***	− 0.0542 ***	− 0.0541 ***
	(3.54)	(4.96)	(− 3.26)	(− 4.96)	(3.88)	(3.77)	(− 4.62)	(− 4.64)
Roa	0.1077 ***	0.1072 ***	0.003	0.0019	0.0619 ***	0.0593 ***	0.0285	0.0297
	(5.53)	(6.21)	(0.09)	(0.07)	(3.29)	(3.11)	(0.69)	(0.72)
Ta_t	− 0.0061	− 0.0059	− 0.0137	− 0.0136 **	− 0.0057	− 0.0063	− 0.0095	− 0.0088
	(− 1.19)	(− 1.35)	(− 1.35)	(− 2.10)	(− 1.11)	(− 1.22)	(− 1.31)	(− 1.25)
Fsh	0.0288 *	0.0249 **	− 0.0200	− 0.0306 *	0.0139	0.0108	− 0.0131	− 0.0245
	(1.81)	(2.08)	(− 0.72)	(− 1.67)	(0.94)	(0.68)	(− 0.63)	(− 1.09)
Inshold	0.0283 *	0.0296 **	0.0005	0.0016	0.0277 *	0.0288 *	− 0.0408 *	− 0.0404 *
	(1.67)	(2.51)	(0.02)	(0.09)	(1.87)	(1.93)	(− 1.79)	(− 1.78)
Bd	− 0.0012	− 0.001	− 0.0017	− 0.0021	− 0.0015	− 0.0013	0.0001	− 0.0004
	(− 1.24)	(− 1.11)	(− 1.26)	(− 1.49)	(− 1.58)	(− 1.30)	(0.10)	(− 0.24)
Indr	− 0.0628 **	− 0.0562 **	− 0.0438	− 0.0466	− 0.0574 **	− 0.0573 **	0.0004	− 0.0022
	(− 2.47)	(− 2.51)	(− 1.35)	(− 1.40)	(− 2.19)	(− 2.15)	(0.01)	(− 0.05)
Dual	0.0014	0.0016	0.0069	0.0069 *	0.0013	0.0015	− 0.0033	− 0.0035
	(0.44)	(0.64)	(1.59)	(1.89)	(0.35)	(0.41)	(− 0.68)	(− 0.72)

续表

变量	不存在两权分离度组				存在两权分离度组			
	Invest_Long		Invest_Short		Invest_Long		Invest_Short	
	(1)	(2)	(3)	(4)	(5)	(6)	(7)	(8)
FCEO	0.0045	0.0047 *	−0.0046	−0.0047	0.0012	0.001	0.0039	0.0040
	(1.52)	(1.85)	(−0.96)	(−1.27)	(0.26)	(0.23)	(0.89)	(0.93)
Constant	0.2180 ***	0.2287 ***	0.0516	0.0598	0.1580 **	0.1676 **	0.1397	0.1381
	(2.76)	(4.50)	(0.58)	(0.79)	(2.17)	(2.32)	(1.29)	(1.28)
Year	Control	Control	Control	Control	Control	Control	Control	Control
Industry	Control	Control	Control	Control	Control	Control	Control	Control
N	4385	4385	4385	4385	4577	4577	4577	4577
R^2	0.1870	0.1786	0.1546	0.1546	0.1288	0.1181	0.1057	0.1061

注：***、**、*分别表示在1%、5%和10%的水平上显著，括号内为t值。

3. 家族董事席位超额控制、实际控制人类型与企业投资结构

从产权性质来看，国有企业管理者只是国资委等实际控制人的代理人，而民营企业实际控制人不仅会发挥所有者治理作用，也更倾向于直接担任 CEO、董事长、总经理这些职务，以便在企业的重大决策中行使管理者的职能，从而会影响企业的投资决策（谢会丽等，2019）。家族企业作为民营企业的重要组成部分，其实际控制人类型可以分为创始人控制和非创始人控制两类，由此可能使得企业做出不同的投资决策。通常而言，创始人控制的企业具有更强的变革意愿，不愿局限于眼前的发展，在发展中会积极地进行战略调整（张远飞等，2013），往往更愿意承担经营风险，从而会增加包括研发投资在内的长期性投资（Block，2012）。由此可以推断，当创始人控制家族企业时，其更有可能致力于企业的长远发展目标，会努力将企业做强做大，往往更愿意投资那些长期性的项目，且从事短期投资活动的动机更弱；在此情形下，家族董事席位超额控制不仅可能对长期投资强度的正向影响更强，也可能对短期投资强度负向影响更显著。反之，当家族企业处于非创始人控制时，实际控制人做强做大企业的意愿可能并不强烈，在投资决策中追求企业长期目标的动力不够，因而家族董事席位超额控制可能难以影响企业的投资结构。

为了验证以上推测，本部分将家族企业分为创始人控制和非创始人控制两组，以此来考察实际控制人类型对家族董事席位超额控制与企业投资结构之间关系的影响。关于创始人控制的认定，如果从认定为家族企业年度到统计年度年末上市公司一直由创始人控制，则将该公司本年度界定为创始人控制的企业；如果从认定为家族企业年度到统计年度年末上市公司由创始人控制变为非创始人控制，则将变动后年度界定为非创始人控制的企业。在此基础上，本小节在创始人控制组和非创始人控制组中重复模型（4-1）的检验，表4-12报告了分组回归的结果。可以看到，第（1）列中 ECFBS_dummy$_1$ 对 Invest_Long 的回归系数为 0.0209，在 1% 的水平上显著，第（2）列中 ECFBS$_1$ 对 Invest_Long 的回归系数为 0.0181，在 5% 的水平上显著；第（3）列中 ECFBS_dummy$_1$ 对 Invest_Short 的回归系数为 -0.0087，在 5% 的水平上显著，第（4）列中 ECFBS$_1$ 对 Invest_Short 的回归系数为 -0.0243，在 1% 的水平上显著。这说明，当家族企业为创始人控制时，家族董事席位超额控制不仅对企业长期投资强度具有显著的正向影响，也对短期投资强度具有显著的负向影响。可见，创始人控制家族企业时，其更有动机将企业做大做强，会致力于家族企业的基业长青，因而提高家族董事席位超额控制程度有助于董事会做出更为有效的投资决策，使得企业的长期投资强度增加、短期投资强度降低。第（5）列中 ECFBS_dummy$_1$ 对 Invest_Long 的回归系数为 0.0068，第（6）列中 ECFBS$_1$ 对 Invest_Long 的回归系数为 0.0097，均不显著；第（7）列中 ECFBS_dummy$_1$ 对 Invest_Short 的回归系数为 0.0055，第（8）列中 ECFBS$_1$ 对 Invest_Short 的回归系数为 -0.0016，都不显著。这表明，非创始人控制家族企业时，家族董事席位超额控制不会显著地影响企业的投资结构。究其可能的原因，当实际控制人为非创始人时，其在创业激情、企业家精神和资产专有性投入等方面可能不如创始人，并且将企业发展壮大的内在动力也不够，从而难以推动家族企业的持续发展。综上可知，当家族企业处于创始人控制时，家族董事席位超额控制对企业长期投资强度的正向影响更强、对短期投资强度的负向影响更显著。

表 4 - 12　　　　家族董事席位超额控制、实际控制人类型与企业投资结构

变量	创始人控制组				非创始人控制组			
	Invest_Long		Invest_Short		Invest_Long		Invest_Short	
	(1)	(2)	(3)	(4)	(5)	(6)	(7)	(8)
ECFBS_dummy$_1$	0.0209 *** (7.76)		-0.0087 ** (-2.55)		0.0068 (1.09)		0.0055 (0.86)	
ECFBS$_1$		0.0181 ** (2.08)		-0.0243 *** (-2.58)		0.0097 (0.63)		-0.0016 (-0.06)
Size	0.0019 (0.88)	0.0014 (0.89)	-0.0019 (-0.56)	-0.0016 (-0.68)	-0.0081 (-1.46)	-0.0079 (-1.43)	0.0006 (0.07)	0.0008 (0.09)
Lev	-0.0261 *** (-3.40)	-0.0251 *** (-4.26)	-0.0302 *** (-2.77)	-0.0308 *** (-3.67)	-0.0100 (-0.62)	-0.0104 (-0.64)	-0.0574 *** (-2.83)	-0.0578 *** (-2.84)
Age	-0.0132 * (-1.75)	-0.0134 *** (-3.76)	0.0167 ** (2.20)	0.0171 *** (3.38)	-0.0193 (-1.36)	-0.0202 (-1.47)	-0.0090 (-0.65)	-0.0098 (-0.72)
Cash	0.0286 *** (4.27)	0.0286 *** (5.91)	-0.0487 *** (-4.91)	-0.0490 *** (-7.10)	0.0494 *** (4.00)	0.0495 *** (3.98)	-0.0706 *** (-3.37)	-0.0707 *** (-3.36)
Roa	0.0958 *** (5.91)	0.0957 *** (6.69)	0.0109 (0.34)	0.0110 (0.54)	0.0378 (1.46)	0.0375 (1.43)	0.0245 (0.62)	0.0242 (0.60)
Ta_t	-0.0027 (-0.74)	-0.0033 (-1.02)	-0.0107 (-1.55)	-0.0104 ** (-2.28)	-0.0084 (-1.00)	-0.0081 (-0.99)	0.0004 (0.04)	0.0007 (0.07)
Fsh	0.0456 *** (3.61)	0.0331 *** (3.34)	-0.0341 (-1.50)	-0.0373 *** (-2.64)	0.0038 (0.18)	0.0013 (0.06)	0.0005 (0.01)	-0.0032 (-0.08)
Inshold	0.0207 * (1.83)	0.0227 ** (2.50)	-0.0202 (-1.35)	-0.0203 (-1.56)	0.0391 (1.20)	0.0409 (1.29)	-0.0542 (-1.32)	-0.0527 (-1.29)
Bd	-0.0014 * (-1.86)	-0.0014 ** (-2.00)	-0.0013 (-1.27)	-0.0015 (-1.44)	-0.0013 (-0.86)	-0.0012 (-0.79)	0.0003 (0.15)	0.0004 (0.16)
Indr	-0.0778 *** (-3.92)	-0.0747 *** (-4.14)	-0.0383 (-1.32)	-0.0407 (-1.58)	-0.0433 (-1.07)	-0.0424 (-1.04)	-0.0013 (-0.02)	-0.0011 (-0.02)
Dual	0.0044 (1.62)	0.0042 ** (2.04)	0.0049 (1.25)	0.0048 (1.61)	-0.0028 (-0.65)	-0.0024 (-0.56)	-0.0041 (-0.82)	-0.0038 (-0.73)
FCEO	-0.0005 (-0.19)	0 (0)	-0.0028 (-0.72)	-0.0029 (-0.93)	0.0114 ** (1.98)	0.0112 * (1.95)	0.0082 (1.61)	0.0081 (1.60)
Constant	0.0802 (1.38)	0.0990 ** (2.49)	0.1327 * (1.66)	0.1272 ** (2.24)	0.2923 ** (2.52)	0.2891 ** (2.48)	0.0592 (0.33)	0.0569 (0.32)
Year	Control	Control	Control	Control	Control	Control	Control	Control
Industry	Control	Control	Control	Control	Control	Control	Control	Control

续表

变量	创始人控制组				非创始人控制组			
	Invest_Long		Invest_Short		Invest_Long		Invest_Short	
	（1）	（2）	（3）	（4）	（5）	（6）	（7）	（8）
N	7011	7011	7011	7011	1951	1951	1951	1951
R^2	0.1693	0.1536	0.1275	0.1267	0.1304	0.1285	0.0849	0.0844

注：***、**、*分别表示在1%、5%和10%的水平上显著，括号内为t值。

4. 家族董事席位超额控制、生命周期与企业投资结构

根据爱迪思提出的企业生命周期理论，处于生命周期不同阶段的企业在生产经营和组织特征方面存在较大差异（爱迪思，1997）。现有研究表明，企业处于生命周期的不同阶段时，其在战略选择、经营活动等方面都具有不同的特征，并且面临的委托代理成本也存在差异，从而会做出不同的投资决策（谢佩洪和汪春霞，2017）。因此，笔者有理由认为，在生命周期的不同阶段，家族董事席位超额控制可能会对企业投资结构产生不同的影响。具体而言，当家族企业处于成长期时，其主营业务开始逐渐形成，企业的竞争实力不断增强，会产生大量的自由现金，将进入盈利阶段且增长速度较快，通常面临着较多的投资机会。此时，控股家族的掏空动机往往较弱，通常会把握这些投资机会，更有可能通过优化投资决策来推动家族企业发展壮大，因而更愿意增加长期投资强度和削减短期投资支出。据此可以推测，在成长期，家族董事席位超额控制与长期投资强度之间的正相关性更强、与短期投资强度之间的负相关性更弱。在经历成长期后，家族企业就进入到成熟期阶段，该阶段企业的市场份额通常较大，往往已经确定了自己的产品市场地位，并在行业中形成了自身的特色，此时销售收入处于增加或者稳定状态，企业的自由现金进一步得到积累。在此情形下，控股家族可能更倾向于追求企业的稳定经营，往往做出的投资决策较为稳健，更有可能保持企业现有的经营状况，因而家族董事席位超额控制可能不会影响企业的投资结构。但是，当家族企业处于衰退期时，其市场份额开始缩减，经营业绩也开始下滑，自由现金流动量逐步减少，企业将面临生存威胁，这将促使控股家族收缩投资规模，甚至出现利益侵占行为。此时，家族董事席位超额控制不仅可能会对长期投资强度产生负向

影响，也可能会对短期投资强度产生正向影响。

接下来，本章参考狄金森（Dickinson，2011）的研究，根据企业的经营活动现金净流量、投资活动现金净流量和筹资活动现金净流量的符号来划分企业所处的生命周期阶段。狄金森（Dickinson，2011）将企业的生命周期划分为初创期、成长期、成熟期、动荡期和衰退期五个阶段。借鉴谢佩洪和汪春霞（2017）的做法，本章将企业初创期和成长期合并为成长期，并将动荡期中那些企业特征与成熟期企业接近的样本划归为成熟期组，而将与衰退期企业特征接近的样本划归为衰退期组，具体分类标准如表 4 – 13 所示。在此基础上，本部分将检验生命周期不同阶段家族董事席位超额控制对企业投资结构的影响，回归结果如表 4 – 14 所示。可以看到，在成长期，第（1）列中 ECFBS_dummy$_1$ 对 Invest_Long 的回归系数为 0.0205，第（2）列中 ECFBS$_1$ 对 Invest_Long 的回归系数为 0.0341，均在 1% 的水平上显著；第（3）列中 ECFBS_dummy$_1$ 对 Invest_Short 的回归系数为 – 0.0062，第（4）列中 ECFBS$_1$ 对 Invest_Short 的回归系数为 – 0.0178，均在 10% 的水平上显著。上述检验结果表明，当家族企业处于成长期时，家族董事席位超额控制行为及程度与企业的长期投资强度显著正相关、与企业的短期投资强度显著负向相关。这说明，家族企业进入成长期后，控股家族更加注重企业的长期经营目标，有动机将企业做强做大，此时提高家族董事席位超额控制程度更有利于推动公司的长远发展，从而带来长期投资强度增加、短期投资强度降低。

表 4 – 13　　　　　　　　　　企业生命周期的分类标准

类别	成长期		成熟期			衰退期		
	初创期	成长期	成熟期	动荡期	动荡期	动荡期	衰退期	衰退期
经营活动净现金流符号	–	+	+	–	+	+	–	–
投资活动净现金流符号	–	–	–	+	+	+	+	+
筹资活动净现金流符号	+	+	–	+	+	–	+	–

资料来源：谢佩洪，汪春霞. 管理层权力，企业生命周期与投资效率——基于中国制造业上市公司的经验研究 [J]. 南开管理评论，2017，20（1）：57 – 66.

表4－14　家族董事席位超额控制、生命周期与企业投资结构

变量	成长期				成熟期				衰退期			
	Invest_Long		Invest_Short		Invest_Long		Invest_Short		Invest_Long		Invest_Short	
	(1)	(2)	(3)	(4)	(5)	(6)	(7)	(8)	(9)	(10)	(11)	(12)
$ECFBS\_dummy_1$	0.0205*** (5.54)		-0.0062* (-1.77)		0.0147*** (3.89)		-0.0070 (-1.30)		0.0081 (0.72)		0.0377 (0.99)	
$ECFBS_1$		0.0341*** (3.06)		-0.0178* (-1.76)		0.0029 (0.27)		-0.0166 (-0.77)		0.0209 (0.47)		0.0559 (0.40)
Size	-0.0034 (-1.07)	-0.0044 (-1.39)	0.0027 (0.71)	0.0032 (1.28)	-0.0001 (-0.03)	-0.0005 (-0.16)	-0.0091* (-1.73)	-0.0088* (-1.65)	0.0013 (0.19)	0.0021 (0.30)	0.0193 (1.02)	0.0221 (1.28)
Lev	-0.0173* (-1.73)	-0.0179* (-1.78)	-0.0167 (-1.34)	-0.0165* (-1.81)	-0.0309** (-2.35)	-0.0300** (-2.26)	-0.0555*** (-2.89)	-0.0563*** (-2.94)	-0.0173 (-0.58)	-0.0218 (-0.85)	-0.0264 (-0.60)	-0.0491 (-0.98)
Age	-0.0144* (-1.95)	-0.0153* (-2.11)	0.0188** (2.09)	0.0193*** (3.43)	-0.0254** (-2.36)	-0.0250** (-2.31)	0.0298* (1.83)	0.0302* (1.87)	-0.0446* (-1.83)	-0.0409* (-1.74)	-0.0459 (-0.53)	-0.0268 (-0.32)
Cash	0.0274*** (2.93)	0.0270*** (2.84)	-0.0265** (-2.52)	-0.0266*** (-3.33)	0.0247*** (2.71)	0.0254*** (2.73)	-0.0783*** (-4.69)	-0.0788*** (-4.71)	0.0299 (0.93)	0.0294 (0.86)	-0.0350 (-0.52)	-0.0405 (-0.61)
Roa	0.1454*** (5.69)	0.1462*** (5.74)	0.0203 (0.55)	0.0195 (0.77)	0.0493** (2.37)	0.0463** (2.20)	0.0355 (0.84)	0.0365 (0.86)	0.0122 (0.35)	0.0027 (0.09)	-0.2958** (-2.30)	-0.3361** (-2.32)
Ta_t	0.0012 (0.24)	0.0008 (0.16)	-0.0172** (-2.05)	-0.0168*** (-3.41)	0.0005 (0.10)	0.0008 (0.16)	-0.0185** (-2.32)	-0.0184** (-2.31)	0.0621* (1.69)	0.0624* (1.65)	0.0500 (1.07)	0.0488 (0.98)
Fsh	0.0269* (1.78)	0.0270* (1.70)	-0.0016 (-0.06)	-0.0063 (-0.43)	0.0170 (1.24)	0.0053 (0.36)	-0.0534** (-2.30)	-0.0578** (-2.19)	0.0334 (0.64)	0.0348 (0.82)	0.1134 (0.63)	0.0817 (0.37)

续表

变量	成长期				成熟期				衰退期			
	Invest_Long		Invest_Short		Invest_Long		Invest_Short		Invest_Long		Invest_Short	
	(1)	(2)	(3)	(4)	(5)	(6)	(7)	(8)	(9)	(10)	(11)	(12)
Inshold	0.0296**	0.0315**	-0.0181	-0.0181	0.0547***	0.0551***	-0.0270	-0.0270	-0.0757**	-0.0760**	0.0539	0.0541
	(2.01)	(2.11)	(-0.87)	(-1.28)	(3.04)	(3.05)	(-1.07)	(-1.07)	(-2.18)	(-2.22)	(0.63)	(0.63)
Bd	-0.0006	-0.0002	-0.0005	-0.0007	-0.0014	-0.0013	-0.0004	-0.0006	-0.0023	-0.0020	0.0079	0.0088
	(-0.59)	(-0.15)	(-0.35)	(-0.62)	(-1.31)	(-1.28)	(-0.25)	(-0.40)	(-0.51)	(-0.47)	(1.05)	(1.04)
Indr	-0.0363	-0.0325	0.0059	0.0042	-0.0716***	-0.0707***	-0.0084	-0.0108	-0.0349	-0.0358	-0.0543	-0.0448
	(-1.35)	(-1.19)	(0.17)	(0.14)	(-2.99)	(-2.97)	(-0.17)	(-0.22)	(-0.29)	(-0.28)	(-0.31)	(-0.24)
Dual	-0.0016	-0.0010	0.0019	0.0015	0.0052*	0.0050	0.0038	0.0037	0.0069	0.0079	0.0133	0.0172
	(-0.43)	(-0.28)	(0.42)	(0.45)	(1.66)	(1.56)	(0.72)	(0.70)	(0.99)	(1.02)	(0.42)	(0.57)
FCEO	0.0033	0.0029	-0.0020	-0.0017	0.0011	0.0015	0.0017	0.0016	-0.0084	-0.0096	-0.0167	-0.0204
	(0.83)	(0.72)	(-0.45)	(-0.48)	(0.34)	(0.47)	(0.33)	(0.31)	(-0.97)	(-0.95)	(-0.64)	(-0.75)
Constant	0.1771**	0.2013**	-0.0414	-0.0487	0.1334*	0.1472**	0.2718**	0.2697**	0.0559	0.0344	-0.3328	-0.4090
	(2.02)	(2.33)	(-0.47)	(-0.80)	(1.92)	(2.13)	(2.54)	(2.56)	(0.35)	(0.22)	(-0.81)	(-1.07)
Year	Control	Control	Control	Control	Control	Control	Control	Control	Control	Control	Control	Control
Industry	Control	Control	Control	Control	Control	Control	Control	Control	Control	Control	Control	Control
N	4946	4946	4946	4946	3619	3619	3619	3619	358	358	358	358
R^2	0.1833	0.1730	0.1321	0.1319	0.1436	0.1327	0.1707	0.1703	0.4806	0.4805	0.5280	0.5239

注：***、**、*分别表示在1%、5%和10%的水平上显著，括号内为 t 值。

从成熟期的检验结果来看，第（5）列中 ECFBS_dummy$_1$ 对 Invest_Long 的回归系数为 0.0147，在 1% 的水平上显著，第（6）列中 ECFBS$_1$ 对 Invest_Long 的回归系数为 0.0029，但不显著；第（7）列中 ECFBS_dummy$_1$ 对 Invest_Short 的回归系数为 - 0.0070，第（8）列中 ECFBS$_1$ 对 Invest_Short 的回归系数为 - 0.0166，均不显著。这表明，家族企业处于成熟期时，家族董事席位超额控制仍然会对企业的长期投资强度产生正向影响，但对企业的短期投资强度则没有显著的影响。尽管，家族董事席位超额控制程度变量对长期投资强度变量不显著，但方向上仍然保持了正向关系，说明家族企业进入成熟期后，家族董事席位超额控制对长期投资强度的影响有所减弱。最后，当家族企业处于衰退期时，其面临生存危机，控股家族可能会收缩总体投资规模。但从回归结果来看，第（9）列中 ECFBS_dummy$_1$ 对 Invest_Long 的回归系数为 0.0081，第（10）列中 ECFBS$_1$ 对 Invest_Long 的回归系数为 0.0209，均不显著；第（11）列中 ECFBS_dummy$_1$ 对 Invest_Short 的回归系数为 0.0377，第（12）列中 ECFBS$_1$ 对 Invest_Short 的回归系数为 0.0559，均不显著。因此，在企业衰退期，家族董事席位超额控制不会显著地影响企业的投资结构。

上述回归结果表明，当家族企业处于成长期时，家族董事席位超额控制不仅对企业长期投资强度的正向影响更显著，也对企业短期投资强度的负向影响更强；而家族企业处于成熟期时，仅家族董事席位超额控制行为与企业长期投资强度显著正相关；并且，随着家族企业进入衰退期，家族董事席位超额控制与企业投资结构之间的显著关系则不复存在。

5. 对企业长期投资偏好的进一步探讨

根据前面研究可知，家族董事席位超额控制对企业长期投资强度具有显著的正向影响，而企业的长期投资又由资本支出与研发支出构成。其中，资本支出强度（Invest_Cap）等于构建固定资产、无形资产和其他长期资产支付的现金除以总资产，研发支出强度（Invest_R&D）等于研发支出总额除以总资产。为了进一步探讨家族董事席位超额控制对资本支出强度和研发支出强度的影响，本部分构建如下模型：

$$Invest\_Cap_{i,t+1}/Invest\_R\&D_{i,t+1} = \beta_0 + \beta_1 ECFBS\_dummy_{i,t}/ECFBS_{i,t}$$

$$+ Controls_{i,t} + \sum Year + \sum Industry + \varepsilon_{i,t} \qquad (4-2)$$

表 4 – 15 列示了模型（4 – 2）的回归结果。可以看到，第（1）列中 $ECFBS\_dummy_1$ 对 $Invest\_Cap$ 的回归系数为 0.0175，在 1% 的水平上显著，第（2）列中 $ECFBS_1$ 对 $Invest\_Cap$ 的回归系数为 0.0183，在 5% 的水平上显著；第（3）列中 $ECFBS\_dummy_1$ 对 $Invest\_R\&D$ 的回归系数为 0.0005，第（4）列中 $ECFBS_1$ 对 $Invest\_R\&D$ 的回归系数为 0.0013，均不显著。上述回归结果表明，家族董事席位超额控制只对资本支出强度具有显著的正向影响，而对研发支出强度则不会产生显著的影响。由此可见，为了实现家族企业的长期发展目标，控股家族主要通过增加资本支出强度来提升企业的长期投资强度，由此也反映出家族企业在长期投资决策中厌恶风险较高的研发投资，这与陈德球和和钟昀珈（2011）的观点相一致。

表 4 – 15　　　　家族董事席位超额控制与企业长期投资偏好

变量	Invest_Cap		Invest_R&D	
	（1）	（2）	（3）	（4）
$ECFBS\_dummy_1$	0.0175 *** (7.12)		0.0005 (1.47)	
$ECFBS_1$		0.0183 ** (2.38)		0.0013 (1.47)
Size	-0.0027 (-1.28)	-0.0030 (-1.41)	0.0006 *** (2.92)	0.0006 *** (2.84)
Lev	-0.0178 ** (-2.47)	-0.0175 ** (-2.41)	-0.0009 (-1.45)	-0.0009 (-1.43)
Age	-0.0147 ** (-2.17)	-0.0151 ** (-2.23)	0 (0.07)	-0 (-0)
Cash	0.0316 *** (5.49)	0.0318 *** (5.46)	-0.0006 (-0.91)	-0.0006 (-0.87)
Roa	0.0812 *** (6.15)	0.0801 *** (5.99)	0.0034 ** (2.35)	0.0033 ** (2.33)
Ta_t	-0.0029 (-0.88)	-0.0030 (-0.91)	-0.0002 (-0.78)	-0.0002 (-0.84)

续表

变量	Invest_Cap		Invest_R&D	
	（1）	（2）	（3）	（4）
Fsh	0.0241 **	0.0188 *	0.0018 *	0.0021 **
	（2.39）	（1.73）	（1.89）	（2.19）
Inshold	0.0333 ***	0.0344 ***	− 0.0015	− 0.0015
	（3.10）	（3.18）	（− 1.04）	（− 1.03）
Bd	− 0.0015 **	− 0.0014 **	0.0002 **	0.0002 **
	（− 2.25）	（− 1.99）	（2.28）	（2.44）
Indr	− 0.0591 ***	− 0.0569 ***	− 0.0004	− 0.0003
	（− 3.40）	（− 3.22）	（− 0.20）	（− 0.15）
Dual	0.0020	0.0023	0.0001	0.0001
	（0.90）	（1.00）	（0.29）	（0.37）
FCEO	0.0029	0.0030	0.0001	0.0001
	（1.18）	（1.23）	（0.49）	（0.45）
Constant	0.1780 ***	0.1886 ***	− 0.0145 ***	− 0.0143 ***
	（3.28）	（3.48）	（− 2.81）	（− 2.77）
Year	Control	Control	Control	Control
Industry	Control	Control	Control	Control
N	8962	8962	8962	8962
R^2	0.1694	0.1584	0.0318	0.0313

注：***、**、*分别表示在1%、5%和10%的水平上显著，括号内为t值。

4.5　稳健性检验

在主检验中，本章采用了三种不同的方法来刻画家族董事席位超额控制变量，并且得到了一致性的检验结果。这说明，考虑自变量度量误差后，本章的主要研究结论具有稳健性。因此，本章在稳健性检验部分不再重复家族董事席位超额控制变量的上述替换方法，主要开展其他方面的稳健性检验，在本部分涉及的家族董事席位超额控制变量中，仍然将采用最为严格的度量口径（ECFBS_dummy$_1$和ECFBS$_1$，允许最适当委派人数的上浮或者下浮）来展开检验。

4.5.1 内生性问题

家族董事席位超额控制对企业投资结构的影响可能存在潜在的内生性问题。首先，家族企业投资结构可能会影响家族委派董事的人数，由此会影响家族董事席位超额控制行为及程度；其次，前面研究结论可能还会受到一些没有在本章模型中加以控制的遗漏变量影响，即遗漏变量引起的内生性问题。为此，本部分不仅通过增加控制变量的方法来缓解遗漏变量所导致的内生性问题，同时还采用工具变量法和双重差分法来尝试控制反向因果和部分遗漏变量对本章实证结果的影响。

1. 增加控制变量

本章可能存在由遗漏变量引起的内生性问题，为了尽可能地缓解这一内生性问题，笔者增加如下控制变量：两权分离度（separation）、地区制度效率（Instieffi）、是否为创始人控制（Fc）、企业生命周期（Lifecycle）、地区生产总值增长率（GDP_speed）。其中，两权分离度、地区制度效率、是否为创始人控制的定义与前面一致，企业生命周期采用留存收益在所有者权益中的占比来刻画（De Angelo et al.，2006；Denis and Osobov，2008），地区生产总值增长率以公司注册地所在省份的 GDP 年增长率来度量。此外，家族企业的长期投资与短期投资决策并不是严格意义上完全割裂的，企业在进行长期投资时可能会受到短期投资的影响，同样在进行短期投资时也可能会受到长期投资的影响。然而，本章在前面的实证检验中没有考虑两者之间的相互影响，由此可能也会产生遗漏变量问题，进而影响研究结论的可靠性。因此，笔者在本小节的回归分析中对这一影响因素加以控制，即在检验家族董事席位超额控制对企业长期投资强度影响时增加了短期投资强度（Invest_Short）这一控制变量，而在检验家族董事席位超额控制对企业短期投资强度影响时增加了长期投资强度（Invest_Long）这一控制变量。表 4 – 16 给出了基于增加上述所有控制变量后的内生性检验结果。第（1）列中 ECFBS_dummy$_1$ 对 Invest_Long 的回归系数为 0.0172，在 1%

的水平上显著，第（2）列中 ECFBS$_1$ 对 Invest_Long 的回归系数为 0.0193，在 5% 的水平上显著；第（3）列中 ECFBS_dummy$_1$ 对 Invest_Short 的回归系数为 -0.0056，在 5% 的水平上显著，第（4）列中 ECFBS$_1$ 对 Invest_Short 的回归系数为 -0.0118，在 10% 的水平上显著。以上回归结果表明，在增加控制变量后，家族董事席位超额控制行为及程度与企业长期投资强度仍然显著正相关、与企业短期投资强度依然显著负相关，即遗漏可观察变量不会影响本章的主要实证结果。

表 4 - 16　　　　　　　　基于增加控制变量的内生性检验

变量	Invest_Long		Invest_Short	
	（1）	（2）	（3）	（4）
ECFBS_dummy$_1$	0.0172 *** （6.60）		-0.0056 ** （-2.18）	
ECFBS$_1$		0.0193 ** （2.43）		-0.0118 * （-1.68）
Size	-0.0017 （-0.77）	-0.0019 （-0.90）	-0.0002 （-0.11）	-0.0009 （-0.54）
Lev	-0.0186 ** （-2.51）	-0.0184 ** （-2.47）	-0.0431 *** （-5.86）	-0.0329 *** （-5.20）
Age	-0.0140 ** （-2.08）	-0.0144 ** （-2.14）	0.0162 *** （3.43）	0.0160 *** （3.93）
Cash	0.0284 *** （4.81）	0.0285 *** （4.79）	-0.0494 *** （-7.78）	-0.0429 *** （-7.86）
Roa	0.1093 *** （6.36）	0.1080 *** （6.26）	-0.0065 （-0.33）	-0.0075 （-0.44）
Ta_t	-0.0036 （-1.09）	-0.0037 （-1.13）	-0.0117 *** （-2.97）	-0.0093 *** （-2.75）
Fsh	0.0349 *** （3.35）	0.0309 *** （2.76）	-0.0088 （-0.81）	-0.0221 ** （-2.17）
Inshold	0.0297 *** （2.69）	0.0309 *** （2.77）	-0.0186 （-1.57）	-0.0182 * （-1.79）
Bd	-0.0011 （-1.53）	-0.0009 （-1.25）	-0.0005 （-0.56）	-0.0007 （-0.86）

续表

变量	Invest_Long		Invest_Short	
	(1)	(2)	(3)	(4)
Indr	− 0.0602 ***	− 0.0579 ***	− 0.0176	− 0.0183
	(− 3.29)	(− 3.11)	(− 0.76)	(− 0.93)
Dual	0.0028	0.0031	0.0036	0.0028
	(1.19)	(1.31)	(1.39)	(1.28)
FCEO	0.0026	0.0027	− 0.0016	− 0.0018
	(1.05)	(1.06)	(− 0.59)	(− 0.75)
separation	− 0.0406 **	− 0.0451 ***	− 0.0431 **	− 0.0245
	(− 2.57)	(− 2.76)	(− 2.07)	(− 1.37)
Instieffi	0.0006	0.0007	− 0.0020	− 0.0029
	(0.39)	(0.45)	(− 0.85)	(− 1.46)
GDP_speed	− 0.0176	− 0.0163	0.0084	0.0032
	(− 1.54)	(− 1.41)	(0.53)	(0.23)
Fc	− 0.0001	0.0001	− 0.0052 *	− 0.0058 **
	(− 0.03)	(0.05)	(− 1.72)	(− 2.21)
Lifecycle	− 0.0170 **	− 0.0170 **	0.0109 *	0.0111 **
	(− 2.08)	(− 2.08)	(1.69)	(2.01)
Invest_Long			− 0.0292 *	− 0.0295 **
			(− 1.67)	(− 1.97)
Invest_Short	− 0.0132	− 0.0149		
	(− 1.41)	(− 1.61)		
Constant	0.1581 ***	0.1677 ***	0.0813 *	0.0907 **
	(2.84)	(3.01)	(1.67)	(2.17)
Year	Control	Control	Control	Control
Industry	Control	Control	Control	Control
N	8962	8962	8962	8962
R^2	0.1609	0.1506	0.1241	0.1347

注：*** 、** 、* 分别表示在1%、5%和10%的水平上显著，括号内为 t 值。

2. 工具变量法

参考陈德球等（2013b）、刘星等（2020）的研究，本部分采用同年度同行业其他公司家族董事席位超额控制程度的均值（$ECFBS_1\_mean$）作为工具变量，因为同年度同行业其他公司家族董事席位超额控制程度的均值与家族董事席位超额控制变量高度相关，但不大可能直接影响企业的投资结构。因此，该工具变量从理论上既满足相关性的要求，也符合外生性的要求。表 4 - 17 给出了工具变量的回归结果，从第一阶段的结果来看，第（1）列中 $ECFBS_1\_mean$ 对 $ECFBS\_dummy_1$ 的回归系数为 0.4133，在 5% 的水平上显著，第（2）列中 $ECFBS_1\_mean$ 对 $ECFBS_1$ 的回归系数为 0.3675，在 1% 的水平上显著，这说明 $ECFBS_1\_mean$ 符合工具变量的相关特征。从第二阶段回归结果来看，第（3）列中 $ECFBS\_dummy_1$ 对 Invest_Long 的回归系数为 0.2029，在 5% 的水平上显著，第（4）列中 $ECFBS_1$ 对 Invest_Long 的回归系数为 0.2282，在 1% 的水平上显著；第（5）列中 $ECFBS\_dummy_1$ 对 Invest_Short 的回归系数为 - 0.0993，第（6）列中 $ECFBS_1$ 对 Invest_Short 的回归系数为 - 0.1448，均在 5% 的水平上显著。这表明，家族董事席位超额控制行为及程度与企业的长期投资强度显著正相关、与短期投资强度显著负相关，假设 4 - 1b 仍然得到支持。可见，采用工具变量法控制内生性问题后，本章的主要研究结论保持不变。

表 4 - 17　　　　　　　　　　　工具变量回归结果

变量	第一阶段		第二阶段			
	$ECFBS\_dummy_1$	$ECFBS_1$	Invest_Long		Invest_Short	
	（1）	（2）	（3）	（4）	（5）	（6）
$ECFBS_1\_mean$	0. 4133 ** （2. 50）	0. 3675 *** （7. 15）				
$ECFBS\_dummy_1$			0. 2029 ** （2. 15）		- 0. 0993 ** （- 1. 98）	
$ECFBS_1$				0. 2282 *** （3. 16）		- 0. 1448 ** （- 2. 03）
Size	- 0. 0031 （- 0. 34）	- 0. 0128 *** （- 4. 58）	- 0. 0011 （- 0. 53）	- 0. 0047 *** （- 2. 72）	- 0. 0033 ** （- 2. 07）	- 0. 0015 （- 0. 90）
Lev	- 0. 0089 （- 0. 26）	- 0. 0088 （- 0. 84）	- 0. 0217 *** （- 2. 70）	- 0. 0179 *** （- 3. 27）	- 0. 0232 *** （- 3. 81）	- 0. 0254 *** （- 4. 73）

续表

变量	第一阶段			第二阶段		
	ECFBS_dummy$_1$	ECFBS$_1$	Invest_Long		Invest_Short	
	（1）	（2）	（3）	（4）	（5）	（6）
Age	0.0029 （0.13）	0.0272 *** （4.03）	− 0.0150 *** （− 2.91）	− 0.0206 *** （− 5.20）	0.0147 *** （3.73）	0.0182 *** （4.66）
Cash	− 0.0212 （− 0.73）	− 0.0278 *** （− 3.10）	0.0349 *** （4.94）	0.0370 *** （7.37）	− 0.0474 *** （− 8.92）	− 0.0501 *** （− 10.14）
Roa	− 0.0714 （− 0.87）	− 0.0083 （− 0.33）	0.0997 *** （4.87）	0.0871 *** （6.62）	0.0226 （1.45）	0.0090 （0.69）
Ta_t	0.0154 （0.85）	0.0191 *** （3.38）	− 0.0068 （− 1.48）	− 0.0080 ** （− 2.45）	− 0.0149 *** （− 4.45）	− 0.0140 *** （− 4.34）
Fsh	− 0.9739 *** （− 20.78）	− 0.6414 *** （− 44.03）	0.2081 ** （2.23）	0.1569 *** （3.32）	− 0.0859 * （− 1.79）	− 0.0858 * （− 1.84）
Inshold	0.1012 * （1.86）	0.0371 ** （2.19）	0.0116 （0.72）	0.0237 ** （2.58）	− 0.0007 （− 0.07）	− 0.0036 （− 0.39）
Bd	− 0.0089 ** （− 2.14）	− 0.0169 *** （− 13.04）	− 0.0005 （− 0.41）	− 0.0026 * （− 1.84）	− 0.0020 ** （− 2.26）	− 0.0035 ** （− 2.53）
Indr	− 0.0059 （− 0.56）	− 0.0675 ** （− 2.05）	− 0.0711 *** （− 2.77）	− 0.0437 ** （− 2.46）	− 0.0012 （− 0.06）	− 0.0185 （− 1.06）
Dual	− 0.0005 （− 0.04）	− 0.0137 *** （− 3.69）	0.0027 （0.96）	0.0059 *** （2.72）	0.0017 （0.80）	0.0003 （0.15）
FCEO	0.0231 * （1.85）	0.0164 *** （4.23）	0.0015 （0.40）	0.0005 （0.23）	− 0.0012 （− 0.47）	− 0.0015 （− 0.66）
Constant	0.7697 *** （3.45）	0.1501 ** （2.16）	0.0206 （0.24）	0.1425 *** （3.88）	0.0689 * （1.67）	0.0615 * （1.70）
Year	Control	Control	Control	Control	Control	Control
Industry	Control	Control	Control	Control	Control	Control
N	8962	8962	8962	8962	8962	8962

注：*** 、** 、* 分别表示在1%、5%和10%的水平上显著，括号内为 t 值。

3. 双重差分模型（DID）检验

为了更好地解决潜在的内生性问题，本部分考虑利用董事变更作为冲击事件，并借鉴戴亦一等（2016）的思路，采用双重差分模型（DID）来克服潜在的内生性问题。为此，本章建立如下双重差分模型来检验家族董事席位超额控制与企业投资结构之间的关系。

$$\mathrm{Invest\_Long}_{i,t+1}/\mathrm{Invest\_Short}_{i,t+1} = \gamma_0 + \gamma_1 \mathrm{Treat}_{i,t} + \gamma_2 \mathrm{Change}_{i,t}$$
$$+ \gamma_3 \mathrm{Treat}_{i,t} \times \mathrm{Change}_{i,t} + \mathrm{Controls}_{i,t} + \sum \mathrm{Year} + \sum \mathrm{industry} + \varepsilon_{i,t}$$

$$(4-3)$$

其中，Treat 为虚拟变量，当样本为处理组时取值为 1，否则取值为 0。本章选择董事变更前后两年作为研究窗口，第一种情况将董事变更前后家族董事席位均为超额控制作为控制组，将董事变更前家族董事席位为超额控制，董事变更后家族董事席位变为非超额控制作为处理组；第二种情况将董事变更前后家族董事席位均为非超额控制作为控制组，将董事变更前家族董事席位为非超额控制，董事变更后家族董事席位变为超额控制作为处理组。Change 作为虚拟变量，如果样本期间内家族企业发生董事变更，将变更以后的年份 Change 取值为 1，变更以前的年份 Change 取值为 0。

表 4-18 给出了 DID 检验的回归结果①。第（1）列和第（2）列为上述第一种情况检验结果，第（1）列中交乘项 Treat × change 的回归系数为 -0.0439，第（2）列中交乘项 Treat × change 的回归系数为 0.0194，均在 5% 的水平上显著，说明因董事变更家族董事席位由超额控制变为非超额控制会导致企业的长期投资强度降低、短期投资强度增加。第（3）列和第（4）列为上述第二种情况的检验结果，第（3）列中交乘项 Treat × change 的回归系数为 0.0215，在 1% 的水平上显著，第（4）列中交乘项 Treat × change 的回归系数为 -0.0091，在 5% 的水平显著，表明因董事变更家族董事席位由非超额控制变为超额控制能够增加企业的长期投资强度及降低企业的短期投资强度。DID 检验结果再次证实家族董事席位超额控制行为及程度与企业的长期投资强度显著正相关、与企业的短期投资强度显著负相关。该结论与前面的主要回归结果保持一致，因而本章的研究结论具有稳健性。

---

① 我们在开展 DID 检验之前进行了平衡趋势检验，检验结果符合平衡趋势假设。

表 4 - 18 双重差分模型（DID）检验结果

变量	Invest_Long	Invest_Short	Invest_Long	Invest_Short
	（1）	（2）	（3）	（4）
Treat	0.0527	- 0.0166 ***	- 0.0147 **	- 0.0082
	(0.66)	(- 2.64)	(- 2.09)	(- 0.18)
change	- 0.0211 **	- 0.0119	- 0.0048	0.0088 **
	(- 2.46)	(- 0.96)	(- 1.10)	(2.00)
Treat × change	- 0.0439 **	0.0194 **	0.0215 ***	- 0.0091 **
	(- 2.44)	(2.01)	(4.65)	(- 2.04)
Size	- 0.0083	0.0290 ***	0.0027	- 0.0120 ***
	(- 1.03)	(2.87)	(0.72)	(- 3.27)
Lev	- 0.0271	- 0.0755 **	- 0.0124	- 0.0188
	(- 0.98)	(- 2.18)	(- 0.97)	(- 1.53)
Age	- 0.0628 *	- 0.0321	- 0.0403 ***	0.0204 *
	(- 1.93)	(- 0.79)	(- 3.31)	(1.71)
Cash	0.0651 *	0.0190	0.0548 ***	- 0.0248 **
	(1.86)	(0.44)	(5.08)	(- 2.29)
Roa	0.1002	- 0.0537	0.1659 ***	0.0268
	(1.45)	(- 0.62)	(5.57)	(0.86)
Ta_t	- 0.0222	0.0173	- 0.0074	- 0.0175 **
	(- 1.28)	(0.80)	(- 1.00)	(- 2.46)
Fsh	- 0.0007	0.0003	0.0002	- 0.0005 ***
	(- 1.41)	(0.52)	(0.81)	(- 2.67)
Inshold	0.0984 **	- 0.0362	- 0.0052	- 0.0333 *
	(2.35)	(- 0.70)	(- 0.28)	(- 1.71)
Bd	- 0.0030	- 0.0025	- 0.0023	0.0016
	(- 1.03)	(- 0.63)	(- 1.62)	(0.95)
Indr	- 0.2628 ***	- 0.0951	- 0.1445 ***	0.0064
	(- 2.98)	(- 0.85)	(- 4.33)	(0.16)
Dual	0.0033	- 0.0018	0.0185 ***	- 0.0005
	(0.33)	(- 0.14)	(3.69)	(- 0.12)
FCEO	- 0.0036	- 0.0156	- 0.0056	0.0023
	(- 0.34)	(- 1.21)	(- 1.24)	(0.47)

续表

变量	Invest_Long	Invest_Short	Invest_Long	Invest_Short
	（1）	（2）	（3）	（4）
Constant	0.4508 ** （2.20）	- 0.5338 ** （- 2.06）	0.1185 （1.38）	0.2548 *** （2.68）
Year	Control	Control	Control	Control
Industry	Control	Control	Control	Control
N	432	432	2661	2661
R^2	0.2463	0.2769	0.2021	0.1378

注：***、**、*分别表示在1%、5%和10%的水平上显著，括号内为t值。

4.5.2　剔除董事长权威的影响

在企业投资决策中，董事长的权威具有重要的作用，由此可能影响家族企业的投资结构，进而导致本章的研究结论不够稳健。为了增强前面实证检验结果的可靠性，本部分对样本进行如下处理：首先识别出样本中董事长是否是由家族成员担任，然后再将董事长不是由家族成员担任的那部分样本剔除掉①，以保持参加回归样本中董事长特征具有一致性。在此基础上，重复模型4-1的检验，表4-19报告了剔除董事长权威影响后的检验结果。第（1）列中 ECFBS_dummy$_1$ 对 Invest_Long 的回归系数为0.0178，在1%的水平上显著，第（2）列中 ECFBS$_1$ 对 Invest_Long 的回归系数为0.0140，在5%的水平上显著；第（3）列中 ECFBS_dummy$_1$ 对 Invest_Short 的回归系数为 - 0.0082，在5%的水平上显著，第（4）列中 ECFBS$_1$ 对 Invest_Short 的回归系数为 - 0.0170，在10%的水平上显著。可见，剔除董事长权威影响后，家族董事席位超额控制与企业投资结构之间的关系仍然保持不变。这说明，家族企业投资结构的变化主要是由家族董事席位超额控制所致，而非董事长权威的作用，即本章的主要研究结论具有稳健性。

---

① 根据本章的数据统计，参加回归的样本中家族成员担任董事长的比例为82.39%。

表 4 - 19　　　　　　　　　剔除董事长权威影响后的检验结果

变量	Invest_Long		Invest_Short	
	(1)	(2)	(3)	(4)
ECFBS_dummy$_1$	0.0178 ***		- 0.0082 **	
	(5.48)		(- 2.05)	
ECFBS$_1$		0.0140 **		- 0.0170 *
		(2.20)		(- 1.81)
Size	- 0.0005	- 0.0008	- 0.0003	- 0.0002
	(- 0.22)	(- 0.48)	(- 0.12)	(- 0.08)
Lev	- 0.0184 **	- 0.0188 ***	- 0.0389 ***	- 0.0390 ***
	(- 2.35)	(- 3.24)	(- 4.56)	(- 4.58)
Age	- 0.0105	- 0.0114 ***	0.0136 ***	0.0141 ***
	(- 1.50)	(- 3.30)	(2.68)	(2.79)
Cash	0.0349 ***	0.0353 ***	- 0.0491 ***	- 0.0495 ***
	(5.19)	(7.48)	(- 7.09)	(- 7.14)
Roa	0.0987 ***	0.0978 ***	0.0276	0.0276
	(6.32)	(7.09)	(1.36)	(1.36)
Ta_t	- 0.0031	- 0.0030	- 0.0122 ***	- 0.0122 ***
	(- 0.80)	(- 0.94)	(- 2.60)	(- 2.60)
Fsh	0.0323 ***	0.0273 ***	- 0.0104	- 0.0176
	(2.76)	(2.90)	(- 0.83)	(- 1.27)
Inshold	0.0171	0.0191 **	- 0.0018	- 0.0016
	(1.42)	(2.10)	(- 0.13)	(- 0.12)
Bd	- 0.0013	- 0.0012	- 0	- 0.0004
	(- 1.61)	(- 1.63)	(- 0.04)	(- 0.36)
Indr	- 0.0684 ***	- 0.0652 ***	- 0.0068	- 0.0099
	(- 3.32)	(- 3.73)	(- 0.27)	(- 0.39)
Dual	0.0018	0.0019	0.0076 **	0.0074 **
	(0.52)	(0.78)	(2.08)	(2.04)
FCEO	0.0039	0.0039	- 0.0045	- 0.0054
	(1.21)	(1.60)	(- 1.22)	(- 1.48)
Constant	0.0781	0.0889 **	0.1143 *	0.1171 *
	(1.43)	(2.18)	(1.91)	(1.96)
Year	Control	Control	Control	Control
Industry	Control	Control	Control	Control
N	7384	7384	7384	7384
R^2	0.1672	0.1573	0.1337	0.1336

注： ***、 **、 * 分别表示在1%、5%和10%的水平上显著，括号内为 t 值。

4.5.3　剔除独立董事的影响

国内学者研究发现，中国独立董事、监事会在公司治理中难以发挥作用（支晓强和童盼，2005；高雷等，2016），因而考察家族在非独立董事中的超额控制权可能更为直观。为此，笔者参考郑志刚等（2019）的研究，首先根据控制权比例计算出家族理论上应委派董事的人数［家族理论上应委派董事的人数＝（董事会人数－独立董事人数）×家族控制权比例］，其次对理论人数上下浮动取整处理后获得家族实操中适当委派董事的人数，以此来计算家族董事席位超额控制程度，即利用家族实际委派董事人数减去其基于控制权比例实操中适当委派董事人数，然后除以非独立董事人数得到家族董事席位超额控制程度（$ECFBS_4$）。例如，家族在上市公司中拥有的控制权比例为25%，非独立董事总共为6人，由于严格按照控制权比例委派"1.5名董事"不具有操作性，因而此处需要考虑人数上下浮动的可能，认为家族委派1名或者2名董事均适当。当控股家族委派3名董事时，家族董事席位超额控制程度为$(3-2)\div6=16.67\%$。在此基础上，本部分仍然按照前面的标准构建家族董事席位超额控制的虚拟变量（$ECFBS\_dummy_4$），当家族董事席位超额控制程度大于0时，$ECFBS\_dummy_4$记为1，否则为0。

剔除独立董事影响后，本小节重复模型4-1的检验，回归结果如表4-20所示。第（1）列中$ECFBS\_dummy_4$对Invest_Long的回归系数为0.0022，在10%的水平上显著，第（2）列中$ECFBS_4$对Invest_Long的回归系数为0.0162，在1%的水平上显著；第（3）列中$ECFBS\_dummy_4$对Invest_Short的回归系数为-0.0305，在1%的水平上显著，第（4）列中$ECFBS_4$对Invest_Short的回归系数为-0.0101，在5%的水平上显著。上述回归结果表明，家族董事席位超额控制行为及程度与企业的长期投资强度显著正相关、与企业的短期投资强度显著负相关。可见，剔除独立董事影响后，本章的主要研究结论依然保持不变。

表4-20   剔除独立董事影响后的检验结果

变量	Invest_Long		Invest_Short	
	(1)	(2)	(3)	(4)
ECFBS_dummy$_4$	0.0022 *		-0.0305 ***	
	(1.71)		(-2.60)	
ECFBS$_4$		0.0162 ***		-0.0101 **
		(3.27)		(-1.97)
Size	-0.0017	-0.0020	-0.0003	-0
	(-1.32)	(-0.92)	(-0.13)	(-0.02)
Lev	-0.0196 ***	-0.0189 **	-0.0419 ***	-0.0425 ***
	(-3.94)	(-2.54)	(-5.71)	(-5.78)
Age	-0.0144 ***	-0.0153 **	0.0168 ***	0.0166 ***
	(-4.51)	(-2.23)	(3.55)	(3.51)
Cash	0.0309 ***	0.0313 ***	-0.0507 ***	-0.0508 ***
	(7.28)	(5.26)	(-8.09)	(-8.11)
Roa	0.0840 ***	0.0870 ***	0.0079	0.0076
	(6.99)	(6.25)	(0.45)	(0.43)
Ta_t	-0.0034	-0.0040	-0.0111 ***	-0.0111 ***
	(-1.28)	(-1.18)	(-2.81)	(-2.82)
Fsh	0.0164 **	0.0170 *	-0.0056	-0.0102
	(2.47)	(1.65)	(-0.56)	(-0.97)
Inshold	0.0331 ***	0.0307 ***	-0.0209 *	-0.0212 *
	(4.13)	(2.77)	(-1.77)	(-1.80)
Bd	-0.0013 **	-0.0011	-0.0005	-0.0006
	(-2.07)	(-1.49)	(-0.50)	(-0.65)
Indr	-0.0607 ***	-0.0701 ***	-0.0173	-0.0106
	(-3.89)	(-3.82)	(-0.75)	(-0.46)
Dual	0.0029	0.0029	0.0031	0.0030
	(1.64)	(1.23)	(1.21)	(1.17)
FCEO	0.0030	0.0029	-0.0013	-0.0013
	(1.62)	(1.15)	(-0.50)	(-0.46)
Constant	0.1655 ***	0.1717 ***	0.0782	0.0680
	(5.08)	(3.06)	(1.62)	(1.41)
Year	Control	Control	Control	Control
Industry	Control	Control	Control	Control
N	8962	8962	8962	8962
R^2	0.1463	0.1481	0.1224	0.1221

注: *** 、** 、* 分别表示在1%、5%和10%的水平上显著,括号内为t值。

4.5.4　重新度量企业投资结构

在前文中，本章以长期投资总额、短期投资总额占总资产比重的相对值来衡量企业长期投资强度和短期投资强度。在稳健性检验中，参考雷光勇等（2017）的做法，本部分采用企业长期投资总额、短期投资总额的自然对数来度量长期投资强度与短期投资强度，然后重复模型（4－1）的检验，表4－21列示了回归结果。第（1）列中 ECFBS_dummy$_1$ 对 Invest_Long 的回归系数为 0.0781，在 10% 的水平上显著，第（2）列中 ECFBS$_1$ 对 Invest_Long 的回归系数为 0.2367，在 5% 的水平上显著；第（3）列中 ECFBS_dummy$_1$ 对 Invest_Short 的回归系数为 －0.4899，第（4）列中 ECFBS$_1$ 对 Invest_Short 的回归系数为 －2.9091，均在 5% 的水平上显著。可见，重新度量企业投资结构后，家族董事席位超额控制与企业长期投资强度仍然显著正相关性、与企业短期投资强度依然显著负相关性，这说明本章的主要研究结论具有稳健性。

表4－21　　　　　　　　重新度量企业投资结构后的检验结果

变量	Invest_Long		Invest_Short	
	（1）	（2）	（3）	（4）
ECFBS_dummy$_1$	0.0781 * (1.74)		－0.4899 ** （－1.99）	
ECFBS$_1$		0.2367 ** (1.98)		－2.9091 ** （－2.30）
Size	0.7750 *** (24.19)	0.7816 *** (24.34)	1.4465 *** (6.79)	1.4695 *** (6.95)
Lev	－0.2068 * （－1.72）	－0.2128 * （－1.77）	－0.6500 （－0.81）	－0.7015 （－0.88）
Age	－0.1941 ** （－2.52）	－0.1752 ** （－2.26）	2.3687 *** (4.60)	2.5397 *** (4.95)
Cash	0.5123 *** (4.97)	0.4995 *** (4.84)	－4.5773 *** （－6.70）	－4.6906 *** （－6.88）
Roa	3.0320 *** (10.47)	3.0086 *** (10.38)	1.7696 (0.91)	1.8047 (0.93)

续表

变量	Invest_Long		Invest_Short	
	（1）	（2）	（3）	（4）
Ta_t	0.0925	0.1034	0.8394 *	0.8778 **
	（1.43）	（1.60）	（1.95）	（2.05）
Fsh	0.0300 *	0.5226	− 3.0095 ***	− 4.0864 ***
	（1.91）	（1.20）	（− 2.62）	（− 3.55）
Inshold	1.0006 ***	1.0320 ***	1.7467	2.1018
	（5.18）	（5.33）	（1.36）	（1.63）
Bd	− 0.0372 **	− 0.0346 **	− 0.0148	− 0.0320
	（− 2.45）	（− 2.30）	（− 0.15）	（− 0.32）
Indr	− 1.1771 ***	− 1.2267 ***	− 1.8604	− 1.7657
	（− 3.11）	（− 3.24）	（− 0.74）	（− 0.71）
Dual	− 0.0468	− 0.0515	− 0.5637 **	− 0.5323 *
	（− 1.10）	（− 1.21）	（− 1.99）	（− 1.89）
FCEO	0.1726 ***	0.1767 ***	0.2002	0.2040
	（3.88）	（3.98）	（0.68）	（0.69）
Constant	2.6079 ***	2.5415 ***	− 27.7546 ***	− 26.2184 ***
	（3.34）	（3.25）	（− 5.26）	（− 5.63）
Year	Control	Control	Control	Control
Industry	Control	Control	Control	Control
N	8962	8962	8962	8962
R^2	0.1730	0.1730	0.3381	0.3357

注：*** 、** 、* 分别表示在1%、5%和10%的水平上显著，括号内为 t 值。

4.5.5　缩小家族企业样本范围

参考刘白璐和吕长江（2016）的研究，本部分分别剔除实际控制人持股比例小于15%和20%的样本，再次代入模型（4 - 1）中进行检验，表4 - 22报告了检验结果。从表4 - 22中可以看到，剔除实际控制人持股比例小于15%的样本后，第（1）列中 ECFBS_dummy$_1$ 对 Invest_Long 的回归系数为0.0180，在1%的水平上显著，第（2）列中 ECFBS$_1$ 对 Invest_Long 的回归系数为0.0179，在5%的水平上显著；第（3）列中 ECFBS_dummy$_1$ 对 Invest_Short 的回归系数为 − 0.0067，在5%的水平上显著，第（4）列中

ECFBS$_1$ 对 Invest_Short 的回归系数为 − 0.0139，在 10% 的水平上显著。同时，剔除实际控制人持股比例小于 20% 的样本后；第（5）列中 ECFBS_dummy$_1$ 对 Invest_Long 的回归系数为 0.0175，第（6）列中 ECFBS$_1$ 对 Invest_Long 的回归系数为 0.0149，均在 1% 的水平上显著；第（7）列中 ECFBS_dummy$_1$ 对 Invest_Short 的回归系数为 − 0.0078．在 1% 的水平上显著，第（8）列中 ECFBS$_1$ 对 Invest_Short 的回归系数为 − 0.0201，在 5% 的水平上显著。可见，缩小家族企业样本范围后，家族董事席位超额控制与企业投资结构之间的关系依然保持不变。

表 4 − 22　　　　　　　　缩小家族企业样本范围后的检验结果

变量	剔除实际控制人持股比例小于 15% 的样本				剔除实际控制人持股比例小于 20% 的样本			
	Invest_Long		Invest_Short		Invest_Long		Invest_Short	
	(1)	(2)	(3)	(4)	(5)	(6)	(7)	(8)
ECFBS_dummy$_1$	0.0180 *** (6.86)		− 0.0067 ** (− 2.33)		0.0175 *** (6.41)		− 0.0078 *** (− 2.75)	
ECFBS$_1$		0.0179 ** (2.28)		− 0.0139 * (− 1.70)		0.0149 *** (2.60)		− 0.0201 ** (− 2.05)
Size	− 0.0016 (− 0.76)	− 0.0019 (− 0.89)	− 0.0008 (− 0.28)	− 0.0006 (− 0.33)	− 0.0005 (− 0.23)	− 0.0008 (− 0.57)	− 0.0016 (− 0.56)	− 0.0013 (− 0.63)
Lev	− 0.0191 *** (− 2.59)	− 0.0189 ** (− 2.54)	− 0.0398 *** (− 4.05)	− 0.0399 *** (− 5.43)	− 0.0211 *** (− 2.85)	− 0.0207 *** (− 3.99)	− 0.0411 *** (− 4.31)	− 0.0417 *** (− 5.48)
Age	− 0.0148 ** (− 2.16)	− 0.0153 ** (− 2.22)	0.0169 ** (2.35)	0.0173 *** (3.67)	− 0.0151 ** (− 2.18)	− 0.0156 *** (− 4.81)	0.0168 ** (2.34)	0.0175 *** (3.68)
Cash	0.0309 *** (5.22)	0.0310 *** (5.18)	− 0.0513 *** (− 5.80)	− 0.0515 *** (− 8.22)	0.0299 *** (4.98)	0.0299 *** (6.88)	− 0.0534 *** (− 5.88)	− 0.0536 *** (− 8.43)
Roa	0.0921 *** (6.51)	0.0906 *** (6.32)	0.0067 (0.27)	0.0072 (0.40)	0.0982 *** (6.80)	0.0973 *** (7.76)	− 0.0030 (− 0.13)	− 0.0033 (− 0.18)
Ta_t	− 0.0041 (− 1.20)	− 0.0042 (− 1.23)	− 0.0113 ** (− 2.09)	− 0.0111 *** (− 2.83)	− 0.0040 (− 1.17)	− 0.0042 (− 1.55)	− 0.0101 * (− 1.91)	− 0.0099 ** (− 2.48)
Fsh	0.0273 *** (2.67)	0.0215 * (1.93)	− 0.0179 (− 1.11)	− 0.0204 * (− 1.77)	0.0309 *** (2.93)	0.0252 *** (3.08)	− 0.0123 (− 0.76)	− 0.0115 (− 1.04)
Inshold	0.0298 *** (2.69)	0.0309 *** (2.76)	− 0.0238 (− 1.59)	− 0.0239 ** (− 2.02)	0.0286 ** (2.46)	0.0293 *** (3.56)	− 0.0170 (− 1.11)	− 0.0176 (− 1.44)
Bd	− 0.0012 * (− 1.66)	− 0.0010 (− 1.41)	− 0.0006 (− 0.56)	− 0.0007 (− 0.81)	− 0.0010 (− 1.44)	− 0.0009 (− 1.43)	− 0.0001 (− 0.09)	− 0.0002 (− 0.22)

续表

变量	剔除实际控制人 持股比例小于15%的样本				剔除实际控制人 持股比例小于20%的样本			
	Invest_Long		Invest_Short		Invest_Long		Invest_Short	
	(1)	(2)	(3)	(4)	(5)	(6)	(7)	(8)
Indr	-0.0595 ***	-0.0570 ***	-0.0226	-0.0240	-0.0546 ***	-0.0518 ***	-0.0268	-0.0281
	(-3.29)	(-3.11)	(-0.78)	(-1.04)	(-3.03)	(-3.22)	(-0.89)	(-1.19)
Dual	0.0028	0.0030	0.0030	0.0028	0.0034	0.0036 **	0.0031	0.0027
	(1.18)	(1.28)	(0.93)	(1.07)	(1.39)	(1.98)	(0.92)	(1.01)
FCEO	0.0029	0.0030	-0.0009	-0.0008	0.0022	0.0023	-0.0007	-0.0022
	(1.13)	(1.16)	(-0.26)	(-0.28)	(0.83)	(1.20)	(-0.21)	(-0.77)
Constant	0.1536 ***	0.1647 ***	0.0908	0.0874 *	0.1266 **	0.1380 ***	0.1001	0.0920 *
	(2.76)	(2.96)	(1.33)	(1.81)	(2.28)	(4.08)	(1.56)	(1.86)
Year	Control	Control	Control	Control	Control	Control	Control	Control
Industry	Control	Control	Control	Control	Control	Control	Control	Control
N	8876	8876	8876	8876	8499	8499	8499	8499
R^2	0.1590	0.1478	0.1222	0.1217	0.1572	0.1470	0.1265	0.1260

注：*** 、** 、* 分别表示在1%、5%和10%的水平上显著，括号内为 t 值。

4.6 本章小结

本章以2008～2018年我国沪深 A 股上市家族企业为研究样本，基于家族控制权理论，并结合委托代理理论、信息不对称理论、管家理论、社会情感财富理论，深入探讨了家族董事席位超额控制与企业投资结构之间的关系。在此基础上，本章进一步分析了地区制度效率、两权分离度、实际控制人类型、企业生命周期对家族董事席位超额控制与企业投资结构之间关系的影响，并对企业长期投资偏好展开了深入的探究。

研究发现，家族董事席位超额控制行为及程度与企业的长期投资强度显著正相关、与短期投资强度显著负相关，即支持了效率观假设。进一步研究发现，无论地区制度效率高低，家族董事席位超额控制行为及程度均与企业的长期投资强度显著正相关，但仅当地区制度效率较高时，家族董事席位超额控制才能对企业短期投资强度产生显著的负向影响；与此同时，当企业处于创始人控制或成长期时，家族董事席位超额控制不仅对长期投资强度的正向影响更显著，也对短期投资强度的负向影响更明显，但对于成熟期的家族企业，仅家族董事席位超额控制行为会对长期投资强度产生积极的作用，但没有证据表明两权分离度会影响家族董事席位超额控制与企业投资结构之间的关系。此外，笔者还发现，家族董事席位超额控制对长期投资强度的提升作用主要体现为资本支出强度的增加。最后，控制潜在的内生性问题、剔除董事长权威及独立董事的影响、重新度量企业投资结构及缩小家族企业样本范围后，主要结论仍然成立。本章的研究结论不仅为家族企业如何完善董事会决策机制提供了一定的理论参考，也有利于深入理解家族企业投资结构的影响因素。

本章的结论与以往研究不同，现有文献大都指出强化家族控制权会产生负面影响，不利于推动企业的持续发展；然而，本章发现控股家族提高董事席位超额控制程度有助于实现企业的长远发展目标，这就为理解家族企业的投资决策行为提供了更多的理论解释与经验证据。但是，当家族企业处于非创始人控制、处在生命周期衰退期时，提高家族董事席位超额控制程度并不能推动企业的长远发展，这说明家族控制权效率观假设存在一定的适用范围，而不是放之四海皆准的真理。此外，控股家族还可以根据企业所处的环境来调整超额家族董事席位比例，以促进企业更好地进行持续经营，从而有利于家族企业保持基业长青。

第 5 章

家族董事席位超额控制对企业投资效率的影响研究

第 4 章探讨了家族董事席位超额控制对企业投资结构的影响，本章将继续分析家族董事席位超额控制与企业投资效率之间的关系。一是提出了研究家族董事席位超额控制与企业投资效率之间关系的重要性与必要性；二是从理论上分析了家族董事席位超额控制对企业投资效率的影响机制，并提出了研究假设；三是介绍了实证检验的研究设计；四是实证检验了家族董事席位超额控制与企业投资效率之间的关系，并开展了进一步检验和一系列的稳健性检验，由此得出本章的研究结论。

5.1 引言

改革开放 40 多年来，我国民营经济实现了跨越式的发展，家族企业已经成为民营经济中的主力军。然而，家族控制对企业经济行为的影响仍处于争议之中，目前尚未形成一致的观点（Bertrand and Shoar，2006；Heugens et al.，2009；Liu et al.，2011）。从家族企业的成长历程来看，许多小企业创立之初都是由家族所有和管理，随着企业规模的扩大与公开上市，创始家族依然希望保持对企业的控制权（Chu，2011；Faccio et al.，2002），而超额控制家族董事席位可能就成为恰当的选择。一方面，控股家族为了最大化家族财富与企业价值，有动机通过超额控制董事席位来强化控制权，由此会对家族企业的治理结构、持续成长和竞争力提升产生积极的影响，进而有利于企业做出更为有效的投资决策（陈德球等，2014、刘星等，2020）；另一方面，控股家族在强化自身控制权的同时，也存在获取控制权私人收益的动机，倾向于通过超额控制董事席位来转移、掏空上市公司的资源（Villalonga and Amit，2009；陈德球等，2013b），从而导致家族企业偏离最优投资决策（陈德球等，2012）。由此可见，家族董事席位超额控制会对企业的投资决策产生不同的影响。这就为本章探讨家族董事席位超额控制与企业投资效率之间的关系提供了必要的理论支撑。

以往研究大都认为董事会主要的职能是监督功能，但其同样也具有决策功能（孟焰和赖建阳，2019）。同时，中国证监会2016年修订的《上市公司章程指引》第一百零七条指出：董事会的重要职权之一是"决定公司的经营计划和投资方案"。这说明董事会是企业的经营决策主体，会对企业的投资方案与经营活动产生影响。对于家族企业，控股家族超额控制董事席位意味着其拥有相对较高的投票权，将有利于推动家族意愿上升为董事会的决策，由此可能会影响投资议案的表决结果，进而影响企业的投资效率（刘星等，2020）。可见，家族董事席位超额控制会对企业的投资效率产生影响，而厘清两者之间的关系将是本章研究焦点所在。

近年来，国内外学者围绕家族企业展开了大量研究，指出家族董事席位超额控制作为控制权的增强机制，会对家族企业的治理水平产生不同的影响（Villalonga and Amit，2009；Amit et al.，2015；陈德球等，2012，2013b，2014；刘星等，2020）。因此，本章将以家族控制权理论为基础，并结合其他相关理论，深入探讨家族董事席位超额控制对企业投资效率的影响。关于家族控制权理论，比利亚隆加和阿米特（Villalonga and Amit，2010）、陈德球等（2013b）将其归为如下两类：基于控制权私人收益视角的寻租观假设和基于竞争优势视角的效率观假设。在家族控制权寻租观假设下，控股家族具有较强的动机通过转移、掏空资源来追求私人收益，因为他们可以获取全部收益，但不需要承担所有的经济后果（Lin et al.，2012），可能会侵占非家族股东和其他投资者的利益。现有研究发现，控股家族可以通过强化董事席位这种控制权方式让自己在企业中处于一个不同寻常的权力位置，形成董事会层面的超额控制权，从而能够随意配置企业的资源（陈德球等，2012）。而上述这种权力配置模式通常会加剧控股家族对企业资本的争夺，可能会降低投资决策的有效性，从而带来投资效率的损耗。当家族董事席位超额控制程度较高时，控股家族更有动机通过投资于那些不盈利但有利于自己的项目来侵占中小股东利益，可能导致企业偏离最优投资决策，进而会损害家族企业的投资效率。相反，在家族控制权效率观假设下，家族企业控制权体现了家族与企业的相互嵌入，使得企业成为家族财富的一部分，并成为整个家族身份和传统的象征；此时，家族的财富、声誉与企业紧密相连，家族的传承与企业的延续也紧密相关（Villalonga and Amit，2010），这就会促使控股家族在经营决策中致力于企业的长期发展目标（Anderson and Reeb，2003a）。当家族董事席位超额控制程度较高时，控制家族更有动力和能力做出长期有益的投资决策，能够缓解代理冲突，将有助于优化企业的投资水平，进而会提升家族企业的投资效率。可见，在寻租观假设和效率观假设下，家族董事席位超额控制对企业投资效率存在不同的影响效应。那么，对于经济转型升级期的中国家族企业，上述哪一种效应占据着主导地位？现有文献对此没有给出合理的理论解释和经验证据。

由于家族控制权理论存在效率观和寻租观两类假设，这将使得家族企业的投资行为存在差异。鉴于此，本章试图解决以下问题：（1）家族董事席位超额控制是提升了企业投资效率还是损害了企业投资效率？家族董事席位超额控制是加剧还是缓解了代理冲突？（2）家族董事席位超额控制与企业投资效率之间的关系是否会因为受到其他因素的影响而发生改变？（3）家族董事席位超额控制是影响企业的过度投资还是投资不足？

为了回答上述问题，本章以2008～2018年我国A股上市家族企业作为研究对象，深入探讨家族董事席位超额控制对企业投资效率的影响。研究发现，家族董事席位超额控制行为及程度与企业投资效率显著正相关，即支持了效率观假设。进一步研究发现，当地区法制环境较差、存在两权分离度、创始人控制企业、信息透明度较低时，家族董事席位超额控制对企业投资效率的正向影响更显著；同时，本章还发现，家族董事席位超额控制对企业投资效率的正向影响主要体现为抑制过度投资，但也可以在一定程度上缓解投资不足。最后，控制潜在的内生性问题、剔除董事长权威和独立董事的影响、重新度量企业投资效率及缩小家族企业样本范围后，本章的主要结论仍然成立。

与以往的研究相比，本章的贡献主要体现在以下几个方面：第一，现有文献大都基于家族控制权的寻租观假设探讨家族董事席位超额控制所产生的一系列经济后果，鲜有文献关注到家族控制权效率观假设下家族董事席位超额控制所产生的治理效应，因此本章同时从寻租观假设和效率观假设展开探讨，将有助于深入理解家族企业的董事会决策机制。第二，本章探究了家族董事席位超额控制与企业投资效率之间的关系，由此丰富了家族董事席位超额控制经济后果的相关研究。第三，本章将不同的治理情景纳入家族企业董事会决策机制之中，考察了地区法制环境、两权分离度、实际控制人类型、信息透明度对家族董事席位超额控制与企业投资效率之间关系的影响，从而有助于从更多视角来理解家族企业投资效率的影响因素。

本章后续部分的安排如下：第二部分为理论分析与研究假设，第三部分为研究设计，第四部分为实证检验结果与分析，第五部分为稳健性检验，第六部分为本章小结。

5.2　理论分析与研究假设

近年来，家族企业控制权配置问题已经引起了学术界的广泛关注，而董事会层面的超额控制权研究更是国内外学者关注的焦点（Villalonga and Amit，2009；陈德球等，2011，2012，2013a，2013b，2014；Amit et al.，2015；刘星等，2020），由此成为公司治理领域的重要话题。事实上，董事会是各控制权主体进行权力博弈的场所，而彼此间的博弈可能会影响公司的投资决策。对于家族企业，控股家族为了增强自身的博弈能力，往往有动机超额控制董事席位，以便通过强化家族控制权来控制公司的投资决策，进而会影响企业的投资效率。根据比利亚隆加和阿米特（Villalonga and Amit，2010）、陈德球等（2013b）的观点，他们将家族控制权理论分为寻租观假设和效率观假设两类。在寻租观假设下，控股家族具有较强的利益侵占动机，倾向于通过提高家族董事席位超额控制程度来获取私人收益，可能使得企业偏离最优投资决策，从而导致家族企业的投资效率低下；相反，在效率观假设下，控股家族会致力于企业的长远发展目标，提高家族董事席位超额控制程度则有利于推动董事会做出更为有效的投资决策，由此能够缓解代理冲突，进而可以提升企业的投资效率。可见，家族董事席位超额控制对企业投资效率存在不同的影响路径及效应，接下来将对此展开详细的理论分析。

在家族控制权寻租观假设下，家族企业中的代理问题从所有者与管理者之间的利益冲突转变为家族控股股东与其他中小股东之间的利益冲突，由此使得控股家族具有较强的利益侵占动机。在此情形下，控股家族在经营决策中倾向于追求私人收益（Villalonga and Amit，2010），会通过投资那些不盈利但有利于自身的项目来侵占中小股东的利益（陈德球等，2013b）。当家族董事席位超额控制程度较高时，控股家族的利益侵占动机更强，更有可能通过过度投资或者资金占用等手段来攫取中小股东的利益，这将会导致企业偏离最优投资决策，进而带来家族企业投资效率的损耗。为了更好地支持寻租观下该观点，本章从以下几个方面展开理论分析。

首先，家族董事席位超额控制会加剧控股家族对资本的争夺，导致企业的资源配置模式发生扭曲，致使家族企业偏离最优投资水平。具体而言，控股家族超额控制董事席位会放大其控制权，更有动机实施掏空及其他道德风险行为，会从事更多的寻租等非生产性活动（Shleifer and Vishny，1997；Johnson et al.，2000；陈德球等，2013b），由此可能会挤占生产性投资支出，造成企业资源配置模式的扭曲，导致家族企业偏离最优投资水平。这说明，非生产性的经营活动不利于推动公司的长远发展，可能致使企业偏离最优投资决策，从而损害了家族企业的投资效率。当家族董事席位超额控制程度越高的时候，控股家族在董事会中的投票权更高，其追求控制权私人收益的动机更强（Villalonga and Amit，2009；陈德球等，2012），此时更有可能增加非生产性投资的投入，将更易造成生产性的经营活动投资不足，进而带来家族企业投资效率的损耗。

其次，在寻租观假设下，控股家族更愿意考虑那些高风险、高收益的投资项目，因为他们可以获取大部分投资收益，但不需要承担全部的经济后果（陈德球等，2013b），从而会促使其通过投资此类项目来侵占其他中小股东的利益。这是因为，高风险项目投资成功通常能够为企业带来巨大的经济效益，控股家族由此可以获得更多的收益，即使高风险项目投资失败，产生的损失也是由全体股东承担，而不必由家族股东独自承担。可见，控股家族投资高风险、高收益项目更有利于自己而非中小股东，由此可能导致家族企业投资决策的扭曲。当家族董事席位超额控制程度较高时，控股家族更有动机和能力将高风险、高收益的投资议案上升为董事会的决策，这可能导致企业偏离最优投资决策，进而带来家族企业投资效率的损耗。同时，家族董事席位超额控制程度越高，控股家族的利益侵占行为越明显，此时更有可能放弃那些现金流稳定且净现值为正的投资项目，而加大投入现金流波动较大但净现值为负的风险性项目，这也会造成企业的投资决策发生扭曲，导致家族企业投资效率低下。可见，家族董事席位超额控制会增强控股家族的利益侵占动机，使得董事会沦为其获取私人收益的场所（陈德球等，2013a），从而致使企业偏离最优投资决策。

最后，在寻租观假设下，家族董事席位超额控制会降低企业内部的信息透明度，使得控股家族更容易隐藏他们的利益侵占行为（陈德球等，2012），从而导致公司的投资决策发生扭曲。事实上，控股家族为获取控制权的私人收益，往往偏好于模糊信息，以提高公司的信息生产成本（Jin and Myers，2006）。在此情形下，中小股东由于难以获取公司内部的真实信息，将致使代理冲突加剧，由此会造成企业偏离最优投资决策（Jensen，1986；Wei and Zhang，2008）。当家族董事席位超额控制程度较高时，控股家族更有动机和能力通过降低信息透明度来获取私人收益，会进一步加剧公司内部的代理冲突，将导致家族企业更易偏离最优投资水平，进而带来企业投资效率的损耗。与此同时，家族董事席位超额控制程度越高，控股家族越易构筑起信息壁垒，此时中小股东越难以获取企业内部的真实经营状况，这将促使其更有动机通过非效率投资来追求私人收益。

综上所述，在寻租观假设下，控股家族存在较强的利益侵占动机，因而超额控制家族董事席位会加剧企业中的代理冲突，由此导致家族企业的投资决策发生扭曲。当家族董事席位超额控制程度较高时，控股家族的利益侵占动机更强，此时公司内部的代理冲突会更为明显，将使得企业更易偏离最优投资决策，从而造成家族企业投资效率的折损。根据以上分析，本章提出以下假设：

假设 5 - 1a：在其他条件相同的情况下，家族董事席位超额控制行为及程度与企业投资效率负相关。

与之相反，在家族控制权效率观下，家族与企业相互嵌入，使得企业成为家族财富的一部分，因此家族与企业就天然地形成了利益共同体。在此情形下，控股家族除了追求经济利润外，也对家族声誉、企业声誉与持续经营特别关注（Villalonga and Amit，2010；陈德球等，2013b），在投资决策中会致力于家族企业的长远发展目标，更愿意投资那些具有长期价值的项目，从而有助于降低企业内部的代理冲突。当家族董事席位超额控制程度较高时，控股家族更有动力和能力致力于家族企业的长期目标，将有利于推动董事会做出最优的投资决策，进而能够提升企业的投资效率。可见，在效率观假设下，控股家族超额控制董事席位有助于提升企业投资决策的有效性，可以缓解公司中的代理冲突，由此能够减少家族企业的非效率投资（刘星等，2020）。为了更好地阐释该观点，本部分将从以下几个方面展开详细的理论分析。

首先，家族企业作为家族与企业的结合体（Chua et al.，1999），不再是随意买卖的资产，而是成为家族财富和地位的象征（Ellul et al.，2009）。这种理念会促使控股家族努力提高企业的生存价值，在投资决策中更加注重家族企业的长期经营目标（陈德球等，2013b），以便推动公司的持续成长，因而不太可能进行非效率投资。同时，在效率观假设下，控股家族对自身的投资具有更长的视野，属于经典的长期投资者类型（Anderson and Reeb，2003a；Villalonga and Amit，2010），这不仅有助于提升家族企业的生存价值，也能够促进企业的成长。因此，处于提升企业生存价值和成长空间的需要，控股家族会制定有利于企业长远发展的投资决策，而不会实施过度投资或者资金占用等掏空行为。当家族董事席位超额控制程度较高时，控股家族更有动机和能力通过做出有效的投资决策来增强企业的生存价值及促进公司的成长，由此可以缓解代理冲突，进而能够提升家族企业的投资效率。

其次，家族企业实际控制人选择的角色会影响公司的投资决策，进而影响企业的投资效率。在效率观假设下，家族企业控制人与其他中小股东的利益具有一致性，两者属于合作关系，在投资决策口更有可能表现出管家行为。实际上，我国家族企业大部分创始人仍然是实际控制人（刘白璐和吕长江，2016），而家族与企业之间往往是相互嵌入的（Villalonga and Amit，2010），两者建立起来的情感纽带将使得实际控制人具有非常强的归属感和工作激情，会把企业的收益视为自己财富的一部分，在经营决策中更有可能选择管家身份（Davis et al.，1997；谢会丽等，2019）。在此情形下，实际控制人作为企业的管家，其创业激情、企业家精神和对企业专有性资产的投入都将促使其有内在动力，将公司做强做大，会制定有利于企业长远发展的经营策略（Anderson and Reeb，2003b），因而在董事会的投资决策中更加注重企业的长期发展目标。当家族董事席位超额控制程度越高时，家族企业实际控制人越有动力和能力实施其管家行为，旨在实现全体股东价值最大化，不太可能让企业偏离最优投资水平，进而有利于提升企业的投资效率。

再次，当公司信息透明度较低时，外部投资者会认为控股股东具有利益侵占动机（Anderson et al.，2009），可能导致其与控股家族离心离德，这并不符合家族企业的长期经营战略。因此，在效率观假设下，控股家族往往会提高公司内部信息的披露程度，以此来获得诸如非控股股东这类外部投资者的支持与信任。事实上，非控股股东的信任与支持能够激励控股股东孜孜不倦地追求公司的持续经营（谢会丽等，2019），将促使控股家族制定有利于企业长期发展的经营策略，进而有助于提升投资决策的有效性。当家族董事席位超额控制程度较高时，控股家族提高公司信息透明度的能力更强，此时非控股股东对其更加信任与支持，家族将更有动力推动董事会做出有效的投资决策，从而有利于提升家族企业的投资效率。

最后，基于效率观假设，家族股东相比于非家族股东更具有耐心，更愿意考虑那些非短期结果的投资项目（Anderson and Reeb，2003a），以提高公司的长期经营效率，进而能够提升家族的社会情感财富水平（陈德球等，2013b）。例如，家族企业的代际传承意愿（陈德球和钟昀珈，2011）、持续保持家族控制（Voordeckers et al.，2007）。因此，控股家族为了提升其社会情感财富水平，实现家业延续的愿望，往往更加注重家族企业的长期发展目标，更有可能优化投资决策。当家族董事席位超额控制程度较高时，控股家族更有动力和能力通过优化投资决策来推动家业的持续延绵，在服务自身的同时也会服务其他股东，进而有助于减少企业的非效率投资。

综上可知，在家族控制权的效率观假设下，控股家族具有更长的投资视野，属于经典的长期投资者类型（Villalonga and Amit，2010），这将促使其致力于家族企业的长远发展目标。当家族董事席位超额控制程度较高时，控股家族在董事会中的影响力更强，将更有能力推动企业制定长期有益的投资决策，有助于缓解代理冲突，进而能够提升家族企业的投资效率。基于以上分析，本章提出如下假设：

假设5-1b：在其他条件相同的情况下，家族董事席位超额控制行为及程度与企业投资效率正相关。

假设5-1a和假设5-1b的框架关系如图5-1所示。

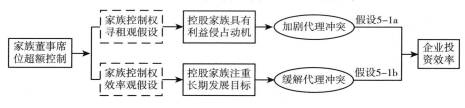

图5-1　逻辑框架

资料来源：作者自制。

5.3　研究设计

5.3.1　样本选择

我国新的会计准则于2007年开始实施，而大部分上市公司股权分置改革完成于 2008 年。因此，本章以 2008～2018 年我国 A 股上市家族企业作为研究样本。参考现有的文献，本章将家族企业定义为：（1）实际控制人最终可以追溯到某一自然人或者家族，并且是上市家族企业直接或者间接的控股股东（刘白璐和吕长江，2016；刘星等，2020）；（2）实际控制人直接或者间接持有上市家族企业至少 10% 的股份（Anderson and Reeb，2003a；Villalonga and Amit，2006；苏启林和朱文，2003）；（3）至少有两位及以上具有亲缘关系的家族成员持有上市家族企业的股份或者担任上市家族企业的高管职务（包括董事长、董事、高级管理人员）（王明琳等，2014；巩键等，2016；刘星等，2020）。本章通过 CSMAR 数据库中民营上市公司子数据库手工筛选出符合上述定义的家族企业样本。并对样本进行如下筛选：（1）剔除当年 ST 类公司样本；（2）剔除金融类公司样本；（3）剔除存在缺失值的公司样本。本章最终样本为 7237 个公司—年度观测值，表 5-1 给出了样本的分布详情。此外，笔者还对所有的连续变量进行了上下 1% 的 Winsorize 缩尾处理，统计软件为 Stata14.0。

表 5-1　　　　　　　　　　　2008～2018 年样本分布详情

年份	2008	2009	2010	2011	2012	2013	2014	2015	2016	2017	2018	合计
样本数	134	193	262	460	651	729	764	838	929	1043	1234	7237
占比	0.0185	0.0267	0.0362	0.0636	0.0899	0.1007	0.1056	0.1158	0.1284	0.1441	0.1705	1.0000

资料来源：作者经 Stata 软件统计结果整理而得。

关于家族控制权比例、董事变更、家族成员、董事会成员中在家族控制链的公司中担任职务的非家族成员及家族一致行动人等关键数据，笔者通过上市家族企业年度报告、招股说明书、上市公告书、新浪财经网、东方财富网、搜狗搜索、百度百科等手工收集而得，其他财务与公司治理数据来源于 CSMAR 数据库与 WIND 数据库。

5.3.2　变量定义

1. 家族董事席位超额控制

关于家族董事席位超额控制的界定，本章仍然沿用上章的方法，采用虚拟变量家族董事席位超额控制行为（ECFBS_dummy）和连续变量家族董事席位超额控制程度（ECFBS）来度量。

2. 企业投资效率

本章采用理查德森（Richardson，2006）模型来计算企业的投资效率。计算过程如下：首先，本部分采用回归模型（5 – 1）进行回归分析，计算样本公司的期望投资水平；其次，取残差的绝对值（Inv_Resid）作为投资效率的代理变量。如果投资回归模型残差大于 0，则划分为过度投资（Over_Inv）；如果投资回归模型残差小于 0，则划分为投资不足（Under_Inv）。本章所使用的投资回归模型如下：

$$\text{Inv}_{i,t} = \beta_0 + \beta_1 \text{Growth}_{i,t-1} + \beta_2 \text{Lev}_{i,t-1} + \beta_3 \text{Cash}_{i,t-1} + \beta_4 \text{Lage}_{i,t-1} + \beta_5 \text{Size}_{i,t-1}$$
$$+ \beta_6 \text{Ret}_{i,t-1} + \beta_7 \text{Inv}_{i,t-1} + \sum \text{Industry} + \sum \text{Year} + \varepsilon_{i,t} \qquad (5-1)$$

其中，Inv 为新增投资，等于购建固定资产、无形资产和其他长期资产支付的现金与处置固定资产、无形资产和其他长期资产收回的现金净额之差额除以资产总额；Growth 为公司成长性，等于本年度营业收入减去上年度营业收入之差除以上年度营业收入；Lev 为资产负债率，等于总负债除以总资产；Cash 为现金持有水平，等于现金及现金等价物除以总资产；Lage 为上市年限，等于上市年限的自然对数；Size 为公司规模，等于总资产的自然对数；Ret 为股票回报率，等于考虑现金红利再投资的年度股票回报率。同时，本部分在回归模型中加入行业与年度虚拟变量。

5.3.3 模型设定

为了检验假设 5 – 1a 和假设 5 – 1b，建立如下模型：

$$\text{Inv\_Rside}_{i,t+1} = \alpha_0 + \alpha_1 \text{ECFBS\_dummy}_{i,t}/\text{ECFBS}_{i,t} + \text{Controls}_{i,t}$$
$$+ \sum \text{Year} + \sum \text{Industry} + \varepsilon_{i,t} \qquad (5-2)$$

其中，被解释变量 Inv_Resid 为家族企业投资效率的代理变量；解释变量 ECFBS_dummy、ECFBS 为家族董事席位超额控制的代理变量，虚拟变量代表家族董事席位超额控制行为，连续变量代表家族董事席位超额控制程度。参考已有文献（Lin et al.，2011；徐晓东和张天西，2009；叶松勤和徐经长，2013；赵宜一和吕长江，2017；刘星等，2020），本章引入以下控制变量：机构持股比例（Inshold）、自由现金流（Fcf）、总资产收益率（Roa）、公司规模（Size）、资产负债率（Lev）、公司年龄（Age）、股票回报率（Ret）、家族持股比例（Fsh）、独立董事比例（Indr）、董事会规模（Bd）、两职合一（Dual）、家族CEO（FCEO）。同时，上述模型还控制了年度、行业虚拟变量，并且使用了稳健标准误。为了降低在回归分析过程中可能存在的内生性问题，所有的解释变量和控制变量相对被动解释变量均滞后一期。本章主要变量定义如表5-2所示。

表5-2　　　　　　　　　　　主要变量定义

变量名称	变量符号	定义
新增投资	Inv	购建固定资产、无形资产和其他长期资产支付的现金与处置固定资产、无形资产和其他长期资产收回的现金净额之差额除以资产总额
投资效率	Inv_Resid	回归模型（5-1）残差的绝对值
过度投资	Over_Inv	回归模型（5-1）大于0的残差
投资不足	Under_Inv	回归模型（5-1）小于0的残差
家族董事席位超额控制程度	$ECFBS_1$	=（家族实际委派董事人数-家族基于控制权比例实操中适当委派董事人数）÷董事会规模
	$ECFBS_2$	=（家族实际委派董事人数-家族理论上委派董事人数经四舍五入后取整数）÷董事会规模
	$ECFBS_3$	家族委派董事比例与家族控制权之差
家族董事席位超额控制行为	$ECFBS\_dummy_1$	当$ECFBS_1$大于0时，$ECFBS\_dummy_1$取值为1，否则取值为0
	$ECFBS\_dummy_2$	当$ECFBS_2$大于0时，$ECFBS\_dummy_2$取值为1，否则取值为0
	$ECFBS\_dummy_3$	当$ECFBS_3$大于0时，$ECFBS\_dummy_3$取值为1，否则取值为0
机构持股比例	Inshold	前十大股东中机构持股比例的总和
自由现金流	Fcf	=（息前税后利润+折旧与摊销-营运资本增加-资本支出）÷总资产
总资产收益率	Roa	净利润÷总资产
公司规模	Size	总资产的自然对数
资产负债率	Lev	总负债÷总资产

续表

变量名称	变量符号	定义
公司年龄	Age	当年年份减去公司成立年份之差额的自然对数
股票回报率	Ret	考虑现金红利再投资的年度股票回报率
家族持股比例	Fsh	前十大股东中家族持股比例的总和
独立董事比例	Indr	独立董事人数÷董事会人数
董事会规模	Bd	董事会人数
两职合一	Dual	如果董事长与总经理同一人担任，则取值为1，否则取值为0
家族 CEO	FCEO	如果 CEO 由家族成员担任，取值为1，否则取值0
公司成长性	Growth	（本年度营业收入 – 上年度营业收入）÷上年度营业收入
现金持有水平	Cash	现金及现金等价物÷总资产
上市日期	Lage	上市年限的自然对数
年度虚拟变量	Year	样本区间为 2008 ~ 2018 年，共设置 11 个年度虚拟变量
行业虚拟变量	Industry	根据证监会 2012 年的行业代码分类，共设置 18 个行业虚拟变量

5.4 实证检验结果与分析

5.4.1 描述性统计与结果分析

1. 家族企业投资效率概况与分析

投资效率作为企业投资决策的具体体现，通常反映了家族企业治理水平的高低，也是提升公司价值的重要途径，表5-3列示了家族企业投资效率逐年变化趋势。从总体上看，家族企业的非效率投资呈现出下降的趋势，但 2009 ~ 2012 年，家族企业的非效率投资水平总体上呈现出上升的趋势，这与现有的市场经验相符合。由于 2008 年爆发了全球性的金融危机，导致市场快速萎缩，但随着一系列经济刺激政策的出台，以及国家实施宽松的货币政策，使得企业的融资成本降低，家族企业为了获得更大的发展空间，可能会盲目地扩大投资，使得企业的非效率投资增加，且主要体现为过度投资。然而，在 2012 年以后，我国经济增速开始下降，使得外部投资环境不容乐观，此时家族企业面临着更多的经营困境，控股家族在投资决策中可能更加理性，从而有助于抑制企业的非效率投资行为。值得注意的是，图 5 - 2 中曲线变化的趋势在 2017 年末有一个翘尾式提高后又呈现出下降趋势，这可能是 2018 年内央行多次降准降息，使得企业的融资成本降低，家族企业进行投资的意愿增强，在一定程度上能够把握更多地投资机会，由此可能使得企业的非效率投资下降。综上所述，家族企业投资效率可能会受到外部宏观经济形势较大的影响，从而使得企业的投资效率呈现出不同的变化趋势。

表 5 - 3　　　　　　　　　2009～2019 年家族企业投资效率逐年变化趋势

Mean	2009 年	2010 年	2011 年	2012 年	2013 年	2014 年	2015 年	2016 年	2017 年	2018 年	2019 年
Inv_Resid	0.0268	0.0315	0.0292	0.0307	0.0271	0.0254	0.0234	0.0224	0.0210	0.0233	0.0224
Over_Inv	0.0280	0.0408	0.0385	0.0393	0.0315	0.0321	0.0296	0.028€	0.0270	0.0315	0.0292
Under_Inv	− 0.0260	− 0.0259	− 0.0229	− 0.0252	− 0.0238	− 0.0212	− 0.0191	− 0.0181	− 0.0170	− 0.0180	− 0.0179

资料来源：作者经 Stata 软件统计结果整理而得。

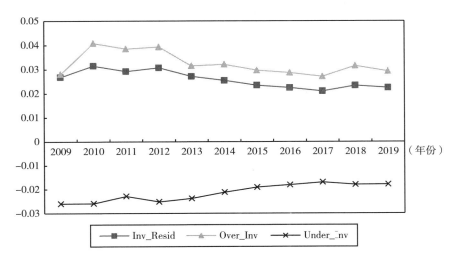

图 5 - 2　2009～2019 年全样本中家族企业投资效率逐年变化趋势
资料来源：作者经 Excel 软件整理绘制。

为了更好地观测企业投资效率在家族董事席位超额控制公司、家族董事席位非超额控制公司的区别，本部分将投资效率分组进行均值差异性检验，表 5 - 4 给出了投资效率分组均值差异性检验的结果。除 2016 年、2019 年这两年外，其他年度家族董事席位超额控制公司的非效率投资水平均低于家族董事席位非超额控制的公司，且两组间的均值存在显著差异（2009 年除外），该描述性统计初步支持了效率观假设。在此基础上，本部分分别对过度投资与投资不足分组进行均值差异性检验，检验结果如表 5 - 5 和表 5 - 6 所示。从表 5 - 5 可以看出，除了 2016 年、2018 年、2019 年这三年外，其他年度家族董事席位超额控制公司的过度投资水平低于家族董事席位非超额控制的公司，但这一结果仅在 2010 年、2013 年、2014 年、2015 年、2017 年这五个年度存在显著差异；总体上而言，家族董事席位超额控制有助于抑制企业的过度投资行为。在表 5 - 6 中，除 2016 年外，其他年度家族董事席位超额控制公司的投资不足水平均低于家族董事席位非超额控制的公司，但该结果仅在 2011 年、2013 年、2014 年、2018 年这四个年度存在显著性差异，这说明家族董事席位超额控制可能会缓解企业投资不足的问题。

表 5 - 4　　　　　　　　　2009 ~ 2019 年投资效率分组均值差异性检验

变量	年份	$ECFBS\_dummy_1 = 1$		$ECFBS\_dummy_1 = 0$		t-statistic
		N	Mean	N	Mean	
Inv_Resid	2009	29	0.0244	105	0.0274	− 0.0030
	2010	39	0.0251	154	0.0331	− 0.0079 *
	2011	48	0.0227	214	0.0306	− 0.0079 **
	2012	69	0.0254	391	0.0316	− 0.0062 **
	2013	81	0.0188	570	0.0283	− 0.0096 ***
	2014	91	0.0194	638	0.0263	− 0.0254 **
	2015	112	0.0194	652	0.0241	− 0.0047 **
	2016	140	0.0240	698	0.0220	0.0019
	2017	149	0.0188	780	0.0214	− 0.0027 *
	2018	139	0.0191	904	0.0240	− 0.0048 **
	2019	112	0.0205	1122	0.0226	0.0021

注：*** 、** 、* 分别表示在 1% 、5% 和 10% 的水平上显著；其他两种方法下进行分组均值差异性检验仍然得到类似结果。

资料来源：作者经 Stata 软件统计结果整理而得。

表 5 – 5　　　　　　　　2009 ~ 2019 年过度投资分组均值差异性检验

变量	年份	ECFBS_dummy$_1$ = 1		ECFBS_dummy$_1$ = 0		t-statistic
		N	Mean	N	Mean	
Over_Inv	2009	12	0.0223	39	0.0297	− 0.0074
	2010	13	0.0250	59	0.0443	− 0.0193 **
	2011	15	0.0348	91	0.0391	− 0.0043
	2012	17	0.0303	163	0.0402	− 0.0099
	2013	41	0.0205	237	0.0334	− 0.0129 ***
	2014	37	0.0246	245	0.0332	− 0.0086 *
	2015	46	0.0226	267	0.0308	− 0.0082 *
	2016	56	0.0327	285	0.0278	0.0048
	2017	67	0.0210	302	0.0284	− 0.0073 **
	2018	47	0.0319	363	0.0314	0.0005
	2019	42	0.0282	451	0.0293	0.0011

注：***、**、*分别表示在1%、5%和10%的水平上显著；其他两种方法下进行分组均值差异性检验仍然得到类似结果。

资料来源：作者经 Stata 软件统计结果整理而得。

表 5 – 6　　　　　　　　2009 ~ 2019 年投资不足分组均值差异性检验

变量	年份	ECFBS_dummy$_1$ = 1		ECFBS_dummy$_1$ = 0		t-statistic
		N	Mean	N	Mean	
Under_Inv	2009	17	− 0.0258	66	− 0.0261	0.0002
	2010	26	− 0.0252	95	− 0.0261	0.0009
	2011	33	− 0.0173	123	− 0.0244	0.0071 **
	2012	52	− 0.0238	228	− 0.0255	0.0017
	2013	40	− 0.0170	333	− 0.0247	0.0077 ***
	2014	54	− 0.0158	393	− 0.0219	0.0061 **
	2015	66	− 0.0172	385	− 0.0195	0.0023
	2016	84	− 0.0182	413	− 0.0180	− 0.0001
	2017	82	− 0.0169	478	− 0.0171	0.0002
	2018	92	− 0.0126	541	− 0.0189	0.0063 ***
	2019	70	− 0.0159	671	− 0.0181	0.0022

注：***、**分别表示在1%、5%的水平上显著；其他两种方法下进行分组均值差异性检验仍然得到类似结果。

资料来源：作者经 Stata 软件统计结果整理而得。

2. 主要变量的描述性统计

表 5 – 7 给出了本章主要变量的描述性统计结果。可以看到，Inv_Resid 的最大值为 0.2435，最小值为 0，均值为 0.0243；Over_Inv 的最大值为 0.2435，最小值为 0，均值为 0.0310；Under_Inv 的最大值为 0，最小值为 –0.1818，均值为 –0.0198。可见，我国上市家族企业中确实存在非效率投资问题。对于家族董事席位超额控制变量而言，$ECFBS\_dummy_1$ 的均值为 0.1394，表明在此种度量方法下存在家族董事席位超额控制公司的占比为 13.94%，此时 $ECFBS_1$ 的最大值为 0.2857，说明样本中家族董事席位超额控制程度最高可达 0.2857；$ECFBS\_dummy_2$ 的均值为 0.2138，即采用该度量方法时存在家族董事席位超额控制公司的占比为 21.38%，并且 $ECFBS_2$ 的最大值为 0.3333，说明家族董事席位超额控制程度高达 0.3333；$ECFBS\_dummy_3$ 的均值为 0.3155，说明在这种度量方法下存在家族董事席位超额控制公司的占比为 31.55%，且 $ECFBS_3$ 的最大值为 0.3495，即家族董事席位超额控制程度高达 0.3495。可见，在以上三种度量口径下，存在家族董事席位超额控制公司的比例均在 10% 以上，说明家族董事席位超额控制现象在我国家族企业中具有普遍性。从其他公司治理变量和财务变量的描述性统计结果来看，机构持股比例 Inshold 的均值为 0.0664，自由现金流 Fcf 的均值为 0.0048，公司规模 Size 的均值为 21.8515，资产负债率 Lev 的均值为 0.3837，这与以往的研究相一致；家族持股比例的均值为 0.4470，说明控股家族为了保持对企业的持续控制，往往持有较高比例的股份；FCEO 的均值为 0.4973，即家族企业中由家族成员担任 CEO 的比例为 49.73%。

表 5 – 8 列示了主要变量分组均值差异性检验的结果。可以看到，与不存在家族董事席位超额控制的公司相比，Inv_Resid、Over_Inv 的均值在家族董事席位超额控制的公司显著更低，而 Under_Inv 的均值在家族董事席位超额控制的公司显著更大，由此说明控股家族超额控制董事席位将有利于提升企业的投资效率，初步支持了假设 5 – 1b。从其他控制变量的均值差异性检验结果来看，Inshold 的均值在家族董事席位超额控制的公司中显著更高，表明机构投资者更看好家族董事席位超额控制的企业，往往更愿

意投资于这类公司；Fcf 的均值在家族董事席位超额控制的公司更低，说明家族董事席位超额控制会使得企业的自由现金流减少；Lev 的均值在家族董事席位超额控制的公司中更高，即这类公司更有可能通过财务杠杆来获得更大的发展空间，以此来提升企业的经营效率；Dual 的均值在家族董事席位超额控制的公司中更低，说明家族董事席位超额控制的公司更愿意降低代理冲突；FCEO 的均值在家族董事席位超额控制的公司中较低，即家族董事席位超额控制的企业更愿意聘请职业经理人担任 CEO，这也有助于缓解家族企业中的代理冲突。

表 5 - 7　　　　　　　　　主要变量的描述性统计

变量	N	mean	sd	min	p25	p50	p75	max
Inv_Resid	7237	0.0243	0.0257	0	0.0079	0.0167	0.0308	0.2435
Over_Inv	2895	0.0310	0.0336	0	0.0076	0.0197	0.0420	0.2435
Under_Inv	4342	-0.0198	0.0173	-0.1818	-0.0260	-0.0156	-0.0081	0
$ECFBS\_dummy_1$	7237	0.1394	0.3464	0	0	0	0	1.0000
$ECFBS_1$	7237	-0.0678	0.1517	-0.5714	-0.1429	0	0	0.2857
$ECFBS\_dummy_2$	7237	0.2138	0.4100	0	0	0	0	1.0000
$ECFBS_2$	7237	-0.0926	0.1924	-0.5556	-0.2222	-0.1111	0	0.3333
$ECFBS\_dummy_3$	7237	0.3155	0.4647	0	0	0	1.0000	1.0000
$ECFBS_3$	7237	-0.0916	0.1896	-0.5362	-0.2226	-0.0926	0.0369	0.3495
Inshold	7237	0.0664	0.0694	0	0.0115	0.0434	0.1008	0.3011
Fcf	7237	0.0048	0.1111	-0.4939	-0.0245	0.0193	0.0601	0.2679
Roa	7237	0.0465	0.0522	-0.1838	0.0197	0.0441	0.0723	0.1967
Size	7237	21.8515	1.0319	19.2368	21.1040	21.7319	22.4763	24.8432
Lev	7237	0.3837	0.1931	0.0436	0.2260	0.3739	0.5228	0.9738
Age	7237	2.6252	0.4400	1.0986	2.3979	2.7081	2.9444	3.4340
Ret	7237	0.1275	0.6374	-0.6963	-0.3032	-0.0610	0.3673	3.2000
Fsh	7237	0.4470	0.1549	0.1567	0.3227	0.4431	0.5637	0.7802
Indr	7237	0.3760	0.0529	0.3333	0.3333	0.3333	0.4286	0.5714
Bd	7237	8.2425	1.4200	4.0000	7.0000	9.0000	9.0000	15.0000
Dual	7237	0.3670	0.4820	0	0	0	1.0000	1.0000
FCEO	7237	0.4973	0.5000	0	0	0	1.0000	1.0000

资料来源：作者经 Stata 软件统计结果整理而得。

表 5 – 8 主要变量分组均值差异性检验

变量	ECFBS_dummy$_1$ = 1				ECFBS_dummy$_1$ = 0				t-statistic
	N	Mean	p50	sd	N	Mean	p50	sd	
Inv_Resid	1009	0.0209	0.0144	0.0236	6228	0.0248	0.0171	0.0260	– 0.0039 ***
Over_Inv	393	0.0263	0.0144	0.0318	2502	0.0317	0.0208	0.0338	– 0.0054 ***
Under_Inv	616	– 0.0175	– 0.0145	0.0154	3726	– 0.0202	– 0.0158	0.0176	0.0028 ***
Inshold	1009	0.0777	0.0531	0.0772	6228	0.0646	0.0415	0.0679	0.0131 ***
Fcf	1009	0.0003	0.0161	0.1035	6228	0.0055	0.0199	0.1122	– 0.0052 *
Roa	1009	0.0370	0.0344	0.0449	6228	0.0481	0.0456	0.0531	– 0.0110 ***
Size	1009	22.0244	22.0135	1.0005	6228	21.8235	21.6952	1.0342	0.2009 ***
Lev	1009	0.4328	0.4341	0.1870	6228	0.3758	0.3625	0.1930	0.1426 ***
Age	1009	2.7479	2.7726	0.3853	6228	2.6053	2.6391	0.4451	0.0509 ***
Ret	1009	0.1413	– 0.0281	0.6205	6228	0.1252	– 0.0680	0.6401	0.0161
Fsh	1009	0.3020	0.2872	0.1014	6228	0.4705	0.4707	0.1492	– 0.1684 ***
Indr	1009	0.3636	0.3333	0.0478	6228	0.3780	0.3636	0.0534	– 0.0144 ***
Bd	1009	8.6026	9.0000	1.3677	6228	8.1842	9.0000	1.4199	0.4184 ***
Dual	1009	0.2626	0	0.4403	6228	0.3839	0	0.4864	– 0.1213 ***
FCEO	1009	0.3330	0	0.4715	6228	0.5239	1.0000	0.4995	– 0.1909 ***

注：*** 、** 、* 分别表示在 1% 、5% 和 10% 的水平上显著；其他两种方法下进行分组均值差异性检验仍然得到类似结果。

资料来源：作者经 Stata 软件统计结果整理而得。

5.4.2 实证结果与分析

为了检验家族董事席位超额控制对企业投资效率的影响，本章根据模型（5 – 2）进行面板数据回归，检验结果如表 5 – 9 所示。第（1）列中 ECFBS_dummy$_1$ 对 Inv_Resid 的回归系数为 – 0.0014，第（2）列中 ECFBS$_1$ 对 Inv_Resid 的回归系数为 – 0.0075，均在 5% 的水平上显著，说明家族董事席位超额控制行为及程度与企业投资效率显著正相关，假设 5 – 1b 得到验证，即支持了效率观假设；第（3）列中 ECFBS_dummy$_2$ 对 Inv_Resid 的回归系数为 – 0.0007，在 10% 的水平上显著，第（4）列中 ECFBS$_2$ 对 Inv_Resid 的回归系数为 – 0.0072，在 5% 的水平上显著，该回归结果同样支持假设 5 – 1b；第（5）列中 ECFBS_dummy$_3$ 对 Inv_Resid 的回归系

数为 −0.0016, 第（6）列中 ECFBS$_3$ 对 Inv_Resid 的回归系数为 −0.0058,
均在 5% 的水平上显著, 这一结果仍然与假设 5 − 1b 的预期一致。可见,
在三种方法度量下, 家族董事席位超额控制对企业投资效率的影响效应具
有一致性[1]。以上回归结果表明, 家族董事席位超额控制具有治理作用,
有利于推动家族企业的持续经营, 控股家族在服务自己的同时也会服务非
家族股东, 体现了家族控制权的效率观假设。究其可能的原因, 随着家族
董事席位超额控制程度的提高, 控股家族参与公司经营决策的程度更深,
此时会投入更多的人力资本和专用性资产, 使得家族与企业的利益融为一
体, 这将有助于提升投资决策的有效性, 由此缓解了代理冲突, 从而提升
了家族企业的投资效率。

表 5 − 9 家族董事席位超额控制与企业投资效率

变量	Inv_Resid					
	（1）	（2）	（3）	（4）	（5）	（6）
ECFBS_dummy$_1$	− 0. 0014 ** （ − 1. 99）					
ECFBS$_1$		− 0. 0075 ** （ − 2. 07）				
ECFBS_dummy$_2$			− 0. 0007 * （ − 1. 67）			
ECFBS$_2$				− 0. 0072 ** （ − 1. 97）		
ECFBS_dummy$_3$					− 0. 0016 ** （ − 2. 05）	
ECFBS$_3$						− 0. 0058 ** （ − 2. 06）
Inshold	0. 0047 （1. 32）	0. 0108 ** （2. 04）	0. 0024 （1. 08）	0. 0156 ** （2. 04）	0. 0073 （1. 57）	0. 0075 （1. 62）

[1] 需要说明的是, 由于家族持股比例可能会对家族董事比例产生较大影响, 本章借鉴赵宜
一和吕长江（2017）的做法, 建立如下回归模型: $Fbd_{i,t} = \alpha_0 + \alpha_1 Fsh_{i,t} + \Sigma Industry + \Sigma Year + \varepsilon_{i,t}$,
其中, Fbd 为家族董事比例、Fsh 为家族持股比例, 以回归残差来度量家族董事席位超额控制程
度, 依然划分为连续变量和虚拟变量, 重复模型（5−2）的检验, 研究结论仍然保持不变。

续表

变量	Inv_Resid					
	（1）	（2）	（3）	（4）	（5）	（6）
Fcf	-0.0030^*	-0.0053^{**}	-0.0017	-0.0069^{**}	-0.0045^{**}	-0.0044^{**}
	（-1.74）	（-2.13）	（-1.62）	（-2.02）	（-2.02）	（-2.00）
Roa	0.0103^{**}	0.0130^*	0.0055^*	0.0103	0.0117^*	0.0119^*
	（2.04）	（1.76）	（1.73）	（1.09）	（1.80）	（1.83）
Size	-0.0017^{***}	-0.0036^{***}	-0.0009^{***}	-0.0049^{***}	-0.0028^{***}	-0.0028^{***}
	（-3.00）	（-4.31）	（-2.61）	（-4.28）	（-3.74）	（-3.73）
Lev	-0.0026	-0.0083^{***}	-0.0014	-0.0101^{**}	-0.0060^{**}	-0.0058^{**}
	（-1.23）	（-2.65）	（-1.04）	（-2.13）	（-2.18）	（-2.11）
Age	-0.0015	-0.0015	-0.0003	-0.0013	-0.0017	-0.0014
	（-0.73）	（-0.50）	（-0.28）	（-0.32）	（-0.65）	（-0.56）
Ret	0.0014^{***}	0.0016^{***}	0.0011^{***}	0.0018^{**}	0.0016^{***}	0.0016^{***}
	（3.38）	（2.63）	（4.30）	（2.49）	（2.87）	（2.85）
Fsh	0.0068^{**}	0.0139^{***}	0.0036^*	0.0091	0.0144^{***}	0.0120^{***}
	（2.31）	（2.77）	（1.94）	（1.57）	（3.51）	（2.62）
Indr	-0.0017	-0.0127	-0.0025	-0.0180^*	-0.0094	-0.0097
	（-0.24）	（-1.26）	（-0.58）	（-1.68）	（-1.05）	（-1.08）
Bd	-0.0001	-0.0002	-0	-0.0001	-0.0002	-0.0002
	（-0.28）	（-0.46）	（-0.04）	（-0.31）	（-0.52）	（-0.67）
Dual	0.0010	0.0013	0.0005	0.0013	0.0013	0.0012
	（1.23）	（1.12）	（0.95）	（0.97）	（1.29）	（1.23）
FCEO	0.0010	0.0014	0.0006	0.0016	0.0012	0.0012
	（1.18）	（1.20）	（1.23）	（1.16）	（1.12）	（1.15）
Constant	0.0722^{***}	0.1186^{***}	0.0447^{***}	0.1512^{***}	0.0989^{***}	0.0993^{***}
	（5.14）	（5.73）	（5.08）	（5.81）	（5.43）	（5.45）
Year	Control	Control	Control	Control	Control	Control
Industry	Control	Control	Control	Control	Control	Control
N	7237	7237	7237	7237	7237	7237
R^2	0.0620	0.0604	0.0600	0.0519	0.0637	0.0637

注：***、**、* 分别表示在1%、5%和10%的水平上显著，括号内为 t 值。

从其他控制变量来看，Fcf 对 Inv_Resid 的回归系数基本上显著为负［除第（3）列外］，表明控股家族为了提高经营效率，会充分地利用自由现金流，从而有利于提高企业的投资效率，这也从侧面印证了效率观假设；Size 对 Inv_Resid 的回归系数显著为负，说明家族企业规模越大，控股家族更有动机将企业发展壮大，可能更愿意考虑那些具有长期价值的投资项目，因而能够提升企业的投资效率；Lev 对 Inv_Resid 的回归系数大部分显著为负［除第（1）列、第（3）列外］，意味着家族企业资产负债率越高，企业的投资效率越高；Ret 对 Inv_Resid 的回归系数显著为正，表明考虑现金红利再投资的年度股票回报率越高，家族企业的非效率投资越严重；FSH 对 Inv_Resid 的回归系数基本上显著为正［除第（4）列外］，表明家族持股比例越高，家族企业的非效率投资行为更明显，即一股独大会削弱家族控制所带来的竞争优势。为此，控股家族为了提升企业的经营效率，可能会从董事会层面嵌入更多的控制权，以抵消家族持股比例增加所带来的负面效应，这也说明提高家族董事席位超额控制程度具有一定的合理性。

5.4.3　进一步研究

在主检验中，本章采用了三种方法来刻画家族董事席位超额控制变量，并且得到了一致性的回归结果。接下来，本部分将采用前面最为严格的度量口径（ECFBS_dummy$_1$ 和 ECFBS$_1$，允许最适当委派人数的上浮或者下浮）来展开进一步研究，以便更加深入地探讨家族董事席位超额控制与企业投资效率之间的关系。

1. 家族董事席位超额控制、地区法制环境与企业投资效率

近年来，地区法制环境已经成为影响我国企业外部环境的典型因素，学术界也逐渐将其纳入公司治理领域的相关研究之中。根据徐（Xu et al.，2015）的研究，地区法制环境实际上体现了投资者受法律保护的程度，可以用来衡量外部治理水平。事实上，我国各地区的法律制度与经济环境存在差异，如法律制度、市场化程度及地区经济水平的差异（La Porta et al.，

1998），并且这些差异会直接或者间接影响企业内部的代理冲突（陈德球等，2013b；郝颖等，2014，刘星等，2020）。现有研究表明，内部治理与外部治理存在一定的替代或者补充效应，如赵宜一和吕长江（2017）发现机构投资者发挥的外部治理效应较差时，家族非执行董事的内部治理效果更有效。前文发现家族董事席位超额控制具有的治理作用，而董事会属于典型的内部治理机构（赵宜一和吕长江，2017），因此笔者有理由推断，如果外部治理相对较差，家族董事席位超额控制可以提供补充性的治理作用。具体而言，在法制环境较差的地区，各项监督机制尚不健全，信息透明度较低，使得外部治理效果较差（La Porta et al.，1998；Xu et al.，2015），可能导致企业内部的代理冲突较为严重，此时家族董事席位超额控制对投资效率的提升作用会更明显。相反，当地区法制环境较好时，各项制度较为完善，此时外部治理效果较好（La Porta et al.，1998；Xu et al.，2015），企业内部的代理冲突较弱，家族董事席位超额控制发挥的治理效应可能难以体现出来。

为了验证上述推断，本部分将地区法制环境分为好与差两组，以考察在不同的地区法制环境下家族董事席位超额控制对企业投资效率的影响。本章采用王小鲁和樊纲（2019）出版的《中国分省份市场化指数报告（2018）》中的市场化指数，以一级分项指标中"市场中介组织的发育和法律制度环境"作为地区法制环境的代理变量。由于王小鲁和樊纲（2019）的市场化指数截止日期为2016年，参考杨记军等（2010）的方法，分别推算出2017年、2018年"市场中介组织的发育和法律制度环境"指数。推算方法如下：如2017年的指数等于2016年的指数加上2016年、2015年、2014年这三年相对于前一年指数增加值的平均数，2018年的"市场中介组织的发育和法律制度环境"指数采取相同的计算方法。由于该指数的统计口径每年存在差异，为了消除统计口径差异带来的影响，借鉴刘星等（2020）的研究，以每年"市场中介组织的发育和法律制度环境"指标的中位数进行分组；如果该指标大于中位数时，则代表该地区的法治环境较好，反之则该地区的法制环境较差，并在两组子样本中重复模型5-2的检验，检验结果如表5-10所示。

表 5 – 10　　　　　　　　　　家族董事席位超额控制、法制环境与企业投资效率

变量	地区法制环境较差组		地区法制环境较好组	
	Inv_Resid		Inv_Resid	
	(1)	(2)	(3)	(4)
ECFBS_dummy$_1$	−0.0031 * (−1.69)		−0.0005 (−0.32)	
ECFBS$_1$		−0.0174 *** (−2.77)		−0.0030 (−0.43)
Inshold	0.0022 (0.23)	0.0025 (0.27)	0.0287 ** (2.36)	0.0260 ** (2.19)
Fcf	−0.0080 (−1.49)	−0.0080 (−1.47)	−0.0027 (−0.57)	−0.0028 (−0.58)
Roa	0.0032 (0.26)	0.0032 (0.25)	0.0063 (0.41)	0.0062 (0.41)
Size	−0.0056 *** (−3.52)	−0.0052 *** (−3.31)	−0.0073 *** (−3.54)	−0.0069 *** (−3.43)
Lev	−0.0084 (−1.19)	−0.0085 (−1.20)	−0.0086 (−1.17)	−0.0098 (−1.34)
Age	0.0005 (0.08)	0.0013 (0.22)	0.0009 (0.11)	0.0006 (0.07)
Ret	0.0023 ** (2.11)	0.0022 ** (2.05)	0.0018 * (1.71)	0.0019 * (1.82)
Fsh	0.0129 * (1.71)	0.0048 (0.60)	0.0089 (0.97)	0.0106 (1.13)
Indr	−0.0080 (−0.50)	−0.0095 (−0.60)	−0.0172 (−1.11)	−0.0186 (−1.24)
Bd	−0.0003 (−0.49)	−0.0005 (−0.90)	0.0001 (0.24)	−0 (−0.02)
Dual	0.0026 (1.28)	0.0028 (1.33)	−0.0001 (−0.05)	−0 (−0.01)
FCEO	−0.0012 (−0.61)	−0.0010 (−0.48)	0.0048 ** (2.31)	0.0045 ** (2.09)

续表

变量	地区法制环境较差组		地区法制环境较好组	
	Inv_Resid		Inv_Resid	
	（1）	（2）	（3）	（4）
Constant	0.1635 ***	0.1597 ***	0.1810 ***	0.1771 ***
	（4.53）	（4.35）	（3.62）	（3.58）
Year	Control	Control	Control	Control
Industry	Control	Control	Control	Control
N	3618	3618	3619	3619
R^2	0.0557	0.0583	0.0379	0.0376

注：***、**、*分别表示在1%、5%和10%的水平上显著，括号内为 t 值。

表 5 - 10 第（1）列中 ECFBS_dummy$_1$ 对 Inv_Resid 的回归系数为 -0.0031，在10%的水平上显著，第（2）列中 ECFBS$_1$ 对 Inv_Resid 的回归系数为 -0.0174，在1%的水平上显著，说明在地区法制环境较差组中，家族董事席位超额控制能够显著地减少企业的非效率投资。可见，当地区法制环境较差时，家族董事席位超额控制具有治理效应，即通过缓解公司内部的代理冲突提升了企业的投资效率。第（3）列中 ECFBS_dummy$_1$ 对 Inv_Resid 的回归系数为 -0.0005，第（4）列中 ECFBS$_1$ 对 Inv_Resid 的回归系数为 -0.0030，但均不显著，即在地区法制环境较好组中，提高家族董事席位超额控制程度不会影响企业的投资效率。究其可能的原因，当地区法治环境较好时，外部治理作用相对较强，发挥了较好的补充性治理作用，由此使得家族董事席位超额控制的治理效应难以突显。上述检验结果表明，与法制环境较好的地区相比，家族董事席位超额控制对企业投资效率的正向影响在法制环境较差的地区更强。

2. 家族董事席位超额控制、两权分离度与企业投资效率

现有研究表明，实际控制人为了维持对企业的控制权，往往会更加关注公司的长期价值，倾向于支持那些涉及企业长期发展和生存的、战略性的 R&D 投资（谢会丽等，2019），从而会制定更为有效的投资决策。特别地，与金字塔结构控制的公司相比，实际控制人直接持股控制时，企业中的代理冲突较弱（不存在两权分离度），此时公司的价值更高（邵帅和吕长江，2015），这可能使得家族董事席位超额控制难以发挥治理效应。然而，当企业实际控制人拥有的控制权大于现金流权时（存在两权分离度），其与中小股东之间的利益冲突更为明显，由此会引发较为严重的代理问题（Shleifer and Vishny，1997）。据此，笔者有理由认为，当家族企业存在两权分离度时，其内部代理冲突较强，此时家族董事席位超额控制对企业投资效率的提升作用会更为显著。

为验证上述推测，本章以家族控制权与现金流权之差来度量两权分离度，以考察两权分离度对家族董事席位超额控制与企业投资效率之间关系的影响。其中，控制权（control rights）是指控股家族拥有的表决权比例，即直接或间接持有上市公司股份比例的总和；现金流权（cash flow rights）指控股家族享有上市公司的现金流量（收益）。关于家族控制权的计算，此处借鉴拉坡塔等（La Porta et al.，1999）的计算方法，control rights = min（a_1，a_2，a_3，…），控制权比例为各条控制链上最低的控制权比例相加的总和。现金流权（cash flow rights）为各级控股比例相乘的结果，如果存在多条家族控制链，则将各个代理链控制权相乘的结果进行相加即可。控制权（control rights）与现金流权（cash flow rights）之差就是两权分离度，而两权分离度则反映了家族企业内部代理冲突的强弱。在此基础上，本部分按照家族企业是否存在两权分离度进行分组，重新代入模型5-2进行检验，表5-11报告了分组回归的结果。可以看到，第（1）列中 ECFBS_dummy$_1$ 对 Inv_Resid 的回归系数为 -0.0030，第（2）列中 ECFBS$_1$ 对 Inv_Resid 的回归系数为 -0.0055，但均不显著。这说明，当家族企业不存在两权分离度时，家族董事席位超额控制的治理效应难以突显，即提高家族董事席位超额控制程度不会影响企业的投资效率。第（3）列中 ECFBS_dummy$_1$ 对 Inv_Resid 的回归系数为 -0.0012，在10%的水平上显著，第（4）列中 ECFBS$_1$ 对 Inv_Resid 的回归系数为 -0.0116，在5%的水平上显著。这表明，当家族企业存在两权分离度时，其内部代理冲突较为严重，提高家族董事席位超额控制程度有助于缓解代理冲突，从而提升了企业的投资效率。综上所述，家族董事席位超额控制对投资效率的提升作用在存在两权分度的企业中更显著。

表 5 – 11　　　　　　家族董事席位超额控制、两权分离度与企业投资效率

变量	不存在两权分离度组		存在两权分离度组	
	Inv_Resid		Inv_Resid	
	(1)	(2)	(3)	(4)
ECFBS_dummy$_1$	- 0. 0030 (- 1. 27)		- 0. 0012 * (- 1. 68)	
ECFBS$_1$		- 0. 0055 (- 0. 86)		- 0. 0116 ** (- 1. 97)
Inshold	0. 0216 * (1. 69)	0. 0154 (1. 49)	0. 0006 (0. 15)	0. 0072 (0. 85)
Fcf	- 0. 0062 (- 1. 16)	- 0. 0042 (- 0. 95)	- 0. 0012 (- 0. 58)	- 0. 0070 * (- 1. 73)
Roa	0. 0217 (1. 50)	0. 0241 * (1. 92)	0. 0013 (0. 21)	- 0. 0011 (- 0. 09)
Size	- 0. 0041 ** (- 2. 14)	- 0. 0024 (- 1. 57)	- 0. 0019 *** (- 2. 70)	- 0. 0059 *** (- 4. 11)
Lev	0. 0001 (0. 01)	- 0. 0003 (- 0. 05)	- 0. 0043 (- 1. 62)	- 0. 0161 *** (- 3. 08)
Age	0. 0005 (0. 08)	- 0. 0006 (- 0. 11)	- 0. 0017 (- 0. 67)	- 0. 0048 (- 0. 97)
Ret	0. 0013 (1. 26)	0. 0011 (1. 20)	0. 0013 ** (2. 56)	0. 0022 ** (2. 18)
Fsh	0. 0167 * (1. 74)	0. 0137 (1. 63)	0. 0005 (0. 12)	0. 0104 (1. 21)
Indr	- 0. 0073 (- 0. 45)	- 0. 0041 (- 0. 26)	- 0. 0013 (- 0. 15)	- 0. 0225 (- 1. 31)
Bd	0. 0002 (0. 35)	- 0. 0001 (- 0. 10)	- 0. 0001 (- 0. 19)	- 0. 0005 (- 0. 82)
Dual	0. 0011 (0. 56)	0. 0010 (0. 55)	0. 0013 (1. 26)	0. 0005 (0. 23)
FCEO	0. 0008 (0. 42)	0. 0008 (0. 56)	0. 0013 (1. 12)	0. 0036 (1. 61)
Constant	0. 1122 *** (2. 68)	0. 0844 ** (2. 33)	0. 0734 *** (4. 17)	0. 1933 *** (4. 63)

续表

变量	不存在两权分离度组		存在两权分离度组	
	Inv_Resid		Inv_Resid	
	（1）	（2）	（3）	（4）
Year	Control	Control	Control	Control
Industry	Control	Control	Control	Control
N	3441	3441	3796	3796
R^2	0.0407	0.0440	0.0697	0.0707

注：***、**、*分别表示在1%、5%和10%的水平上显著，括号内为t值。

3. 家族董事席位超额控制、实际控制人类型与企业投资效率

根据产权性质分类，我国企业可以划分为国有企业和民营企业，其实际控制人所扮演的角色也存在差异。国有企业管理者只是国资委等实际控制人的代理人，而民营企业实际控制人不仅具有所有者的身份，还倾向于直接出任 CEO、董事长、总经理，以便在企业的重大经营决策中行使管理者的职能，从而会影响企业的投资行为（谢会丽等，2019）。家族企业作为民营企业的主要组成部分，其实际控制人类型可以分为创始人控制和非创始人控制两类，这种差异可能使得企业做出不同的投资决策，进而影响企业的投资效率。一般认为，创始人对企业的深度参与会促使其把公司当成自己的事业，将使得他们具有较强的组织认同（谢会丽等，2019）。在长期有效的高强度组织认同下，创始人更注重企业的长期发展目标，会制定有利于企业长远发展的经营决策（易阳等，2016），从而实现家族与非家族股东价值的最大化。可见，创始人控制家族企业时更有利于推动企业的持续发展，往往有动机将公司做强做大，由此会制定更为有效的投资决策，从而有助于降低代理冲突。据此可以推断，当家族企业处于创始人控制时，提高家族董事席位超额控制程度更有可能推动企业进行永续经营，此时董事会制定的投资决策更为有效，由此可以有效地降低代理冲突，从而对企业投资效率的提升效果更显著；反之，当家族企业处于非创始人控制时，其做强做大企业的意愿可能并不强烈，在投资决策追求企业长远目标的动力不够，且没有很好地树立起服务全体股东的意识，因而提高家族董事席位超额控制程度将难以带来投资效率的提升。

为了验证以上推测，本部分将家族企业分为创始人控制和非创始人控制两组，以此来考察实际控制人类型对家族董事席位超额控制与企业投资效率之间关系的影响。关于创始人控制界定，如果从认定为家族企业年度到统计年度年末上市公司一直由创始人控制，则将该公司本年度界定为创始人控制的企业；如果从认定为家族企业年度到统计年度年末上市公司由创始人控制变为非创始人控制，则将变动后年度界定为非创始人控制的企业。在此基础上，本部分在创始人控制组和非创始人控制组中重复模型（5-2）的检验，表5-12报告了分组回归的结果。可以看到，第（1）列中 ECFBS_dummy$_1$ 对 Inv_Resid 的回归系数为 -0.0014，第（2）列中 ECFBS$_1$ 对 Inv_Resid 的回归系数为 -0.0103，均在5%的水平上显著，即当家族企业为创始人控制时，家族董事席位超额控制对企业投资效率具有显著的正向影响。这说明，家族企业处于创始人控制时，其更有动机将企业做大做强，在投资决策中会遵循长期价值导向，随着家族董事席位超额控制程度的增加，控股家族越有动力和能力提高企业投资决策的有效性，由此可以缓解代理冲突，从而能够提升家族企业的投资效率。第（3）列中 ECFBS_dummy$_1$ 对 Inv_Resid 的回归系数为 -0.0043，第（4）列中 ECFBS$_1$ 对 Inv_Resid 的回归系数为 -0.0086，但均不显著，说明当家族企业处于非创始人控制时，提高家族董事席位超额控制程度并未显著地影响企业的投资效率。究其可能的原因为，当实际控制人为非创始人时，其将企业发展壮大的内在动机不够强烈，在企业投资决策中可能未遵循长期价值导向，因而提高家族董事席位超额控制程度不会带来投资效率的提升。综上所述，当家族企业处于创始人控制时，家族董事席位超额控制对企业投资效率的正向影响更显著。

表5-12　　　家族董事席位超额控制、实际控制人类型与企业投资效率

变量	创始人控制组		非创始人控制组	
	Inv_Resid		Inv_Resid	
	(1)	(2)	(3)	(4)
ECFBS_dummy$_1$	-0.0014 ** (-1.97)		-0.0043 (-1.17)	

续表

变量	创始人控制组		非创始人控制组	
	Inv_Resid		Inv_Resid	
	(1)	(2)	(3)	(4)
ECFBS$_1$		-0.0103**		-0.0086
		(-2.07)		(-1.01)
Inshold	0.0008	0.0046	0.0377	0.0371
	(0.18)	(0.65)	(1.50)	(1.49)
Fcf	-0.0029	-0.0055	-0.0150*	-0.0154*
	(-1.30)	(-1.58)	(-1.83)	(-1.93)
Roa	0.0103	0.0151	-0.0080	-0.0075
	(1.56)	(1.49)	(-0.33)	(-0.31)
Size	-0.0008	-0.0024**	-0.0115***	-0.0117***
	(-1.01)	(-1.99)	(-3.20)	(-3.26)
Lev	-0.0035	-0.0137***	0.0030	0.0033
	(-1.16)	(-3.12)	(0.24)	(0.27)
Age	0.0005	0.0028	-0.0224**	-0.0220**
	(0.15)	(0.70)	(-2.30)	(-2.28)
Ret	0.0019***	0.0023***	0.0007	0.0006
	(3.78)	(2.88)	(0.36)	(0.31)
Fsh	0.0079*	0.0181**	0.0136	0.0126
	(1.90)	(2.40)	(1.00)	(0.85)
Indr	-0.0118	-0.0271**	0.0160	0.0144
	(-1.35)	(-1.98)	(0.63)	(0.57)
Bd	-0.0003	-0.0004	0.0006	0.0004
	(-0.78)	(-0.72)	(0.57)	(0.40)
Dual	0.0011	0.0016	0.0023	0.0021
	(1.05)	(1.01)	(0.82)	(0.74)
FCEO	0.0011	0.0014	0.0017	0.0019
	(1.00)	(0.85)	(0.61)	(0.68)
Constant	0.0565***	0.1061***	0.2938***	0.2987***
	(2.69)	(3.33)	(3.86)	(3.96)
Year	Control	Control	Control	Control
Industry	Control	Control	Control	Control
N	5671	5671	1566	1566
R^2	0.0589	0.0578	0.0962	0.0950

注：***、**、*分别表示在1%、5%和10%的水平上显著，括号内为t值。

4. 家族董事席位超额控制、信息透明度与企业投资效率

公司提高信息透明度有助于降低各类股东之间的信息不对称程度，由此能够缓解大股东与中小股东之间的代理冲突（Armstrong et al.，2010）。王克敏等（2009）发现公司信息透明度越差，大股东的利益侵占行为越明显，因此提高公司信息透明度将有助于改善大股东与中小股东之间的信息不对称程度，从而可以降低代理冲突。由此可见，信息透明度越高，企业内部的代理冲突将越弱。进一步地，袁知柱和张小曼（2020）、姚立杰等（2020）研究发现，企业通过提高信息透明度有助于缓解代理冲突，进而能够减少企业的非效率投资。据此，笔者有理由认为，当公司信息透明度较低时，家族董事席位超额控制更有可能发挥补充治理作用，即对企业投资效率的提升作用更明显。

为了考察信息透明度对家族董事席位超额控制与企业投资效率之间关系的影响，本章节以 CSMAR 数据库中深圳证券交易所披露的上市公司信息透明度等级作为信息透明度的代理变量[①]。其中，A 为"优秀"、B 为"良好"、C 为"及格"、D 为"不及格"，当公司的考核结果为 A 时，划分为信息透明度较高组，当公司的考核结果为 B、C、D 时，划分为信息透明度较低组，再次重复模型（5-2）的检验，表 5-13 列示了回归结果。第（1）列中 ECFBS_dummy$_1$ 对 Inv_Resid 的回归系数为 -0.0023，在 10% 的水平上显著，第（2）列中 ECFBS$_1$ 对 Inv_Resid 的回归系数为 -0.0113，在 5% 的水平上显著，即在公司信息透明度较低组中，家族董事席位超额控制能够显著地减少企业的非效率投资行为。这说明，当公司信息透明度较低时，其内部代理冲突较为严重，此时家族董事席位超额控制能够发挥出治理作用，体现为提升企业的投资效率。第（3）列中 ECFBS_dummy$_1$ 对 Inv_Resid 的回归系数为 -0.0017，第（4）列中 ECFBS$_1$ 对 Inv_Resid 的回归系数为 -0.0001，但均不显著，即在公司信息透明度较高组，提高家族董事席位超额控制程度对企业投资效率没有显著的影响。可能的原因

---

① 由于 CSMAR 数据库中没有上海证券交易所披露的信息透明度等级这一数据，本章在这里仅以深圳证券交易所披露的上市公司信息透明度等级作为研究对象。

是，当公司信息透明度较高时，企业的内部代理冲突较弱，本身就具有提升企业投资效率的作用（袁知柱和张小曼，2020），由此使得家族董事席位超额控制的治理效应无法突显。以上检验结果表明，与信息透明度较高的公司相比，家族董事席位超额控制对企业投资效率的积极影响在信息透明度较低的公司更显著。

表 5–13　　　　　家族董事席位超额控制、信息透明度与企业投资效率

变量	信息透明度较低组		信息透明度较高组	
	Inv_Resid		Inv_Resid	
	（1）	（2）	（3）	（4）
ECFBS_dummy$_1$	− 0.0023 * （− 1.81）		− 0.0017 （− 0.65）	
ECFBS$_1$		− 0.0113 ** （− 2.08）		− 0.0001 （− 0.01）
Inshold	0.0079 （1.23）	0.0159 * （1.83）	− 0.0072 （− 0.36）	− 0.0076 （− 0.39）
Fcf	− 0.0007 （− 0.24）	− 0.0029 （− 0.73）	− 0.0041 （− 0.41）	− 0.0041 （− 0.40）
Roa	0.0106 （1.34）	0.0050 （0.47）	0.0211 （0.43）	0.0218 （0.44）
Size	− 0.0025 *** （− 2.76）	− 0.0049 *** （− 3.71）	− 0.0045 （− 0.99）	− 0.0044 （− 0.94）
Lev	− 0.0048 （− 1.37）	− 0.0096 ** （− 2.02）	− 0.0197 （− 1.32）	− 0.0201 （− 1.35）
Age	− 0.0093 *** （− 4.30）	− 0.0071 （− 1.51）	− 0.0065 （− 0.68）	− 0.0064 （− 0.66）
Ret	0.0003 （0.70）	0.0026 *** （2.76）	0.0010 （0.42）	0.0010 （0.43）
Fsh	0.0097 * （1.95）	0.0080 （1.11）	− 0.0134 （− 0.47）	− 0.0100 （− 0.35）
Indr	− 0.0224 * （− 1.95）	− 0.0333 ** （− 2.18）	− 0.0108 （− 0.29）	− 0.0112 （− 0.29）
Bd	− 0.0002 （− 0.47）	− 0.0002 （− 0.26）	− 0.0022 （− 1.42）	− 0.0021 （− 1.38）

续表

变量	信息透明度较低组		信息透明度较高组	
	Inv_Resid		Inv_Resid	
	（1）	（2）	（3）	（4）
Dual	0.0012	0.0016	0.0063	0.0063
	（0.94）	（0.94）	（1.58）	（1.57）
FCEO	0.0019	0.0019	−0.0074	−0.0074
	（1.40）	（1.08）	（−1.61）	（−1.60）
Constant	0.1273 ***	0.1853 ***	0.1928 *	0.1865 *
	（5.51）	（5.19）	（1.77）	（1.77）
Year	Control	Control	Control	Control
Industry	Control	Control	Control	Control
N	4452	4452	1095	1095
R^2	0.0700	0.0678	0.0700	0.0696

注：*** 、** 、* 分别表示在1%、5%和10%的水平上显著，括号内为 t 值。

5. 对投资效率的进一步研究

根据前面研究可知，家族董事席位超额控制能够显著地减少企业的非效率投资，而非效率投资包括过度投资（Over_Inv）与投资不足（Under_Inv）两部分。那么，家族董事席位超额控制对上述两类非效率投资又会产生什么样的影响？这将是接下来要讨论的问题。在效率观假设下，控股家族会致力于家族企业的长远发展目标，往往通过过度投资来获取控制权私人收益的动机较弱（Villalonga and Amit，2010），因而提高家族董事席位超额控制程度将有助于抑制过度投资；同时，控股家族处于推动家族企业持续经营的动机，他们不太可能转移与侵占企业的资源，而会将这些资源投资于那些具有长期价值的项目之中，因此提高家族董事席位超额控制程度也可以缓解投资不足。为了检验以上推断，本部分建立如下模型：

$$\text{Over\_Inv}_{i,t+1}/\text{Under\_Inv}_{i,t+1} = \beta_0 + \beta_1 \text{ECFBS\_dummy}_{i,t}/\text{ECFBS}_{i,t}$$
$$+ \text{Controls}_{i,t} + \sum \text{Year} + \sum \text{Industry} + \varepsilon_{i,t} \qquad (5-3)$$

表 5-14 报告了模型（5-3）的回归结果。第（1）列中 ECFBS_dummy$_1$ 对 Over_Inv 的回归系数为 −0.0037，第（2）列中 ECFBS$_1$ 对 Over_Inv

的回归系数为 -0.0254，均在 5% 的水平上显著；第（3）列中 ECFBS_dummy$_1$ 对 Under_Inv 的回归系数为 0.0004，但不显著，第（4）列中 ECFBS$_1$ 对 Under_Inv 的回归系数为 0.0061，在 10% 的水平上显著。这说明，家族董事席位超额控制主要是通过抑制过度投资来减少家族企业的非效率投资；同时，家族董事席位超额控制在一定程度上也可以缓解家族企业的投资不足。

表 5 - 14　　　　　　　　家族董事席位超额控制与过度投资、投资不足

变量	Over_Inv		Under_Inv	
	（1）	（2）	（3）	（4）
ECFBS_dummy$_1$	-0.0037 ** (-2.10)		0.0004 (0.39)	
ECFBS$_1$		-0.0254 ** (-2.18)		0.0061 * (1.80)
Inshold	0.0102 (0.99)	0.0396 ** (2.53)	-0.0006 (-0.10)	0.0005 (0.09)
Fcf	-0.0320 *** (-4.49)	-0.0163 ** (-1.98)	0.0045 (1.53)	0.0042 (1.59)
Roa	0.0340 ** (2.15)	0.0030 (0.14)	-0.0069 (-0.82)	-0.0087 (-1.14)
Size	-0.0027 *** (-2.81)	-0.0072 *** (-2.94)	0.0024 *** (2.69)	0.0025 *** (2.76)
Lev	-0.0037 (-0.71)	-0.0133 (-1.35)	0.0007 (0.20)	0.0007 (0.20)
Age	-0.0025 (-1.52)	-0.0094 (-1.06)	0.0045 (1.32)	0.0052 * (1.67)
Ret	0.0051 *** (2.98)	0.0019 (1.06)	-0.0017 *** (-2.91)	-0.0017 *** (-2.75)
Fsh	0.0048 (0.60)	0.0329 (1.28)	-0.0105 ** (-2.07)	-0.0101 (-1.09)
Indr	-0.0039 (-0.26)	-0.0251 (-0.91)	0 (0)	0.0007 (0.07)
Bd	-0.0005 (-0.92)	0.0001 (0.11)	0.0001 (0.29)	0.0002 (0.53)

续表

变量	Over_Inv		Under_Inv	
	（1）	（2）	（3）	（4）
Dual	0.0004	0.0046	0.0002	0.0004
	（0.28）	（1.44）	（0.17）	（0.36）
FCEO	0.0002	0.0007	−0.0005	−0.0008
	（0.13）	（0.23）	（−0.39）	（−0.67）
Constant	0.0940***	0.1746***	−0.1071***	−0.1143***
	（4.56）	（3.13）	（−5.17）	（−5.54）
Year	Control	Control	Control	Control
Industry	Control	Control	Control	Control
N	2895	2895	4342	4342
R^2	0.0594	0.0533	0.1047	0.1045

注：***、**、* 分别表示在1%、5%和10%的水平上显著，括号内为 t 值。

5.5 稳健性检验

在主检验中，本章采用了三种不同的方法来刻画家族董事席位超额控制变量，并得到了一致性的实证检验结果，即考虑自变量的度量误差后，主要研究结论保持不变。因此，本章节在稳健性检验部分不再重复家族董事席位超额控制变量的上述变换方法，主要进行其他方面的稳健性检验，在本部分涉及家族董事席位超额控制变量时，将采用上文最为严格的度量口径（$ECFBS\_dummy_1$ 和 $ECFBS_1$，允许最适当委派人数的上浮或者下浮）来展开检验。

5.5.1 内生性问题

家族董事席位超额控制对企业投资效率的影响可能存在潜在的内生性问题。首先，家族企业投资效率高低可能会影响家族委派董事的人数，从而影响家族董事席位超额控制行为及程度；其次，本章的研究结论还可能会受到一些没有在模型中加以控制的遗漏变量的影响，即由遗漏变量引起的内生性问题。为了尽可能地解决以上内生性问题，本部分不仅通过增加控制变量的方法来缓解遗漏变量所导致的内生性问题，同时还采用工具变量法和双重差分法来尝试控制反向因果和部分遗漏变量对本章实证结果的影响。

1. 增加控制变量

本章可能存在由遗漏变量引起的内生性问题，为了尽可能地消除这一影响，本小节在这里增加如下控制变量：两权分离度（separation）、地区法制环境（Law）、是否为创始人控制（Fc）、企业信息透明度（Transparency）、地区生产总值增长率（GDP_speed）。其中，两权分离度、地区法制环境、是否为创始人控制的定义与前文一致，企业信息透明度将采用 Ln（分析跟踪人数 +1）来刻画（陈德球等，2013b），地区生产总值增长率以公司注册地所在省份的 GDP 年增长率来度量。表 5 - 15 给出了基于增加控制变量的内生性检验结果，第（1）列中 ECFBS_dummy$_1$ 对 Inv_Resid 的回归系数为 - 0.0014，第（2）列中 ECFBS$_1$ 对 Inv_Resid 的回归系数为 - 0.0054，均在 5% 的水平上显著，即家族董事席位超额控制行为及程度与企业投资效率显著正相关，假设 5 - 1b 依然成立。这表明，在增加控制变量后，前文研究结论依然保持不变，因而遗漏可观察变量不会影响本章的主要实证结果。

表 5 - 15　　　　　　　　基于增加控制变量的内生性检验

变量	Inv_Resid	Inv_Resid
	（1）	（2）
ECFBS_dummy$_1$	- 0.0014 **	
	（ - 2.17）	
ECFBS$_1$		- 0.0054 **
		（ - 2.19）
Inshold	- 0.0005	0.0033
	（ - 0.16）	（0.60）
Fcf	- 0.0124 ***	- 0.0191 ***
	（ - 6.12）	（ - 6.33）
Roa	0.0084 **	0.0091 *
	（2.55）	（1.93）

续表

变量	Inv_Resid	Inv_Resid
	(1)	(2)
Size	−0.0017 ***	−0.0022 ***
	(−3.89)	(−3.41)
Lev	0.0022	0.0027
	(0.86)	(0.79)
Age	−0.0018 **	−0.0016
	(−2.16)	(−1.68)
Ret	0.0020 ***	0.0025 ***
	(4.54)	(4.56)
Fsh	0.0063 ***	0.0064 **
	(3.35)	(2.13)
Indr	−0.0063	−0.0095
	(−0.80)	(−0.96)
Bd	−0.0005 *	−0.0005
	(−1.99)	(−1.43)
Dual	0.0003	0.0005
	(0.71)	(0.75)
FCEO	0.0007	0.0001
	(1.28)	(0.11)
separation	0.0019	0.0016
	(0.70)	(0.38)
Law	−0	0.0001
	(−0.03)	(0.52)
Fc	−0.0001	0.0002
	(−0.10)	(0.18)
Transparency	0.0010 ***	0.0012 ***
	(4.60)	(4.52)
GDP_speed	−0.0040	−0.0066
	(−1.06)	(−1.69)
Constant	0.0696 ***	0.0833 ***
	(6.19)	(5.54)
Year	Control	Control
Industry	Control	Control
N	7237	7237
R^2	0.1005	0.0644

注：*** 、** 、* 分别表示在 1% 、5% 和 10% 的水平上显著，括号内为 t 值。

2. 工具变量法

参考陈德球等（2013b）、刘星等（2020）的研究，本部分采用同年度同行业其他公司家族董事席位超额控制程度的均值（$ECFBS_1\_mean$）作为工具变量，因为同年度同行业其他公司家族董事席位超额控制程度的均值与家族董事席位超额控制变量高度相关，但不大可能直接影响企业的投资效率。因此，该工具变量从理论上既满足相关性的要求，也符合外生性的要求。表5-16给出了工具变量的回归结果，从第一阶段的结果来看，第（1）列中 $ECFBS_1\_mean$ 对 $ECFBS\_dummy_1$ 的回归系数为0.4021，在5%的水平上显著，第（2）列中 $ECFBS_1\_mean$ 对 $ECFBS_1$ 的回归系数为0.3625，在1%的水平上显著，说明 $ECFBS_1\_mean$ 符合工具变量的相关特征。从第二阶段回归结果来看，第（3）列中 $ECFBS\_dummy_1$ 对 Inv_Resid 的回归系数为-0.0414，在5%的水平上显著，第（4）列中 $ECFBS_1$ 对 Inv_Resid 的回归系数为-0.0397，在1%的水平上显著，表明家族董事席位超额控制行为及程度与企业投资效率显著正相关，假设5-1b依然得到支持。由此可见，采用工具变量法控制内生性问题后，本章的主要研究结论保持不变。

表5-16　　　　　　　　　　　工具变量回归结果

变量	第一阶段		第二阶段	
	$ECFBS\_dummy_1$	$ECFBS_1$	Inv_Resid	
	（1）	（2）	（3）	（4）
$ECFBS_1\_mean$	0.4021**	0.3625***		
	（2.33）	（6.80）		
$ECFBS\_dummy_1$			-0.0414**	
			（-2.14）	
$ECFBS_1$				-0.0397***
				（-4.06）
Inshold	0.0929	0.0312	0.0027	0.0009
	（1.43）	（1.62）	（0.77）	（0.71）
Fcf	0.0504	0.0107	-0.0020	-0.0002
	（1.64）	（1.17）	（-1.17）	（-0.27）

续表

变量	第一阶段		第二阶段	
	ECFBS_dummy$_1$	ECFBS$_1$	Inv_Resid	
	（1）	（2）	（3）	（4）
Roa	−0.0650 （−0.72）	−0.0127 （−0.47）	0.0008 （0.19）	0.0023 （1.26）
Size	−0.0027 （−0.26）	−0.0100 *** （−3.28）	−0.0002 （−0.46）	−0.0004 * （−1.91）
Lev	0.0189 （0.49）	0.0071 （0.62）	−0.0019 （−1.06）	−0.0007 （−0.88）
Age	0.0350 （0.98）	0.0528 *** （4.94）	−0.0001 （−0.03）	−0.0020 ** （−2.28）
Ret	−0.0094 （−1.24）	−0.0012 （−0.54）	0.0007 * （1.73）	0.0003 * （1.90）
Fsh	−1.0345 *** （−19.03）	−0.6415 *** （−39.39）	0.0457 ** （2.25）	0.0279 *** （4.34）
Indr	−0.1086 （−0.88）	−0.0571 （−1.54）	−0.0046 （−0.77）	−0.0008 （−0.34）
Bd	−0.0089 * （−1.81）	−0.0159 *** （−10.78）	−0.0006 ** （−2.32）	−0.0007 *** （−3.97）
Dual	−0.0012 （−0.08）	−0.0138 *** （−3.31）	0.0001 （0.17）	0.0004 （1.27）
FCEO	0.0247 * （1.70）	0.0179 *** （4.11）	0.0004 （0.54）	0.0002 （0.72）
Constant	0.6521 *** （2.89）	0.1456 * （1.92）	0.0064 （0.40）	0.0328 *** （6.35）
Year	Control	Control	Control	Control
Industry	Control	Control	Control	Control
N	7237	7237	7237	7237

注：***、**、*分别表示在1%、5%和10%的水平上显著，括号内为 t 值。

3. 双重差分模型（DID）检验

为了更好地解决潜在的内生性问题，本部分考虑利用董事变更作为冲击事件，并借鉴戴亦一等（2016）的思路，采用双重差分模型（DID）来克服潜在的内生性问题。为此，本章建立如下双重差分模型来检验家族董事席位超额控制与企业投资效率之间的关系。

$$\text{Inv\_Rside}_{i,t+1} = \gamma_0 + \gamma_1 \text{Treat}_{i,t} + \gamma_2 \text{Change}_{i,t} + \gamma_3 \text{Treat}_{i,t} \times \text{Change}_{i,t}$$
$$+ \text{Controls}_{i,t} + \sum \text{Year} + \sum \text{industry} + \varepsilon_{i,t} \qquad (5-4)$$

其中，Treat 为虚拟变量，当样本为处理组时取值为 1，否则取值为 0。本章选择董事变更前后两年作为研究窗口，第一种情况将董事变更前后家族董事席位均为超额控制作为控制组，将董事变更前家族董事席位为超额控制，董事变更后家族董事席位变为非超额控制作为处理组。第二种情况将董事变更前后家族董事席位均为非超额控制作为控制组，将董事变更前家族董事席位为非超额控制，董事变更后家族董事席位变为超额控制作为处理组。Change 作为虚拟变量，如果样本期间内家族企业发生董事变更，将变更以后的年份 Change 取值为 1，变更以前的年份 Change 取值为 0。

表 5-17 给出了 DID 检验的回归结果[①]。第（1）列为上述第一种情况检验结果，第（1）列中交乘项 Treat × change 的回归系数为 0.0124，在 5% 的水平上显著，说明因董事变更家族董事席位由超额控制变为非超额控制会导致企业的非效率投资增加。第（2）列为上述第二种情况的检验结果，第（2）列中交乘项 Treat × change 的回归系数为 -0.0092，在 5% 的水平上显著，表明因董事变更家族董事席位由非超额控制变为超额控制能够减少企业的非效率投资。DID 检验结果再次证实家族董事席位超额控制会对企业投资效率产生显著的正向影响，该结论与前文的主要回归结果一致，因此本章的研究结论具有稳健性。

---

① 笔者在开展 DID 检验之前进行了平衡趋势检验，检验结果符合平衡趋势假设。

表 5 – 17 双重差分模型（DID）检验结果

变量	Inv_Resid	Inv_Resid
	(1)	(2)
Treat	−0.0084 *	−0.0302 *
	(−1.83)	(−1.69)
change	−0.0166 ***	0.0020
	(−3.74)	(1.16)
Treat × change	0.0124 **	−0.0092 **
	(2.35)	(−2.14)
Inshold	0.0400	0.0040
	(1.62)	(0.48)
Fcf	−0.0044	−0.0097 **
	(−0.27)	(−2.52)
Roa	−0.0199	0.0302 **
	(−0.66)	(2.48)
Size	−0.0015	−0.0038 **
	(−0.72)	(−2.50)
Lev	−0.0143	−0.0015
	(−1.03)	(−0.30)
Age	−0.0040	−0.0029
	(−0.93)	(−0.52)
Ret	−0.0046	0.0018 **
	(−1.12)	(2.08)
Fsh	0.0080	0.0036
	(0.42)	(0.22)
Indr	−0.0691 **	−0.0198
	(−2.47)	(−1.19)
Bd	−0.0005	−0.0006
	(−0.42)	(−0.92)
Dual	0.0030	−0.0002
	(0.97)	(−0.10)
FCEO	−0.0006	0.0022
	(−0.23)	(1.14)

续表

变量	Inv_Resid	Inv_Resid
	（1）	（2）
Constant	0. 1077 **	0. 1444 ***
	（2. 42）	（3. 73）
Year	Control	Control
Industry	Control	Control
N	404	2387
R^2	0. 0611	0. 0806

注：***、**、*分别表示在1%、5%和10%的水平上显著，括号内为 t 值。

5.5.2　剔除董事长权威的影响

在企业的经营活动中，董事长的权威具有重要的作用，由此可能影响家族企业的投资决策，进而会影响投资效率。可见，董事长的权威可能会对前文的实证结果产生干扰，从而导致本章的研究结论不够稳健。为了增强研究结论的可靠性，本章对样本进行如下处理：首先识别出样本中董事长是否是由家族成员担任，其次再将董事长不是由家族成员担任的那部分样本剔除掉①，以保持参与回归的样本中董事长特征具有一致性。在此基础上，重复模型 5 - 2 的检验，表 5 - 18 报告了剔除董事长权威影响后的检验结果。第（1）列中 ECFBS_dummy$_1$ 对 Inv_Resid 的回归系数为 - 0. 0027，第（2）列中 ECFBS$_1$ 对 Inv_Resid 的回归系数为 - 0. 0102，均在 5% 的水平上显著，即家族董事席位超额控制行为及程度与企业投资效率显著正相关，假设 5 - 1b 依然得到支持。可见，剔除董事长权威影响后，家族董事席位超额控制与企业投资效率之间的关系仍然保持不变。这说明，家族企业投资效率的变化主要是由家族董事席位超额控制所致，而非董事长个人权威的作用，即本章的主要研究结论具有稳健性。

———————

① 根据本章的数据统计，参加回归的样本中家族成员承担任董事长的比例为80.72%。

表 5 – 18　　　　　　　　　　剔除董事长权威影响后的检验结果

变量	Inv_Resid	Inv_Resid
	(1)	(2)
ECFBS_dummy$_1$	− 0. 0027 ** (− 2. 06)	
ECFBS$_1$		− 0. 0102 ** (− 2. 05)
Inshold	0. 0105 (1. 18)	0. 0110 (1. 54)
Fcf	− 0. 0082 ** (− 2. 02)	− 0. 0081 ** (− 2. 41)
Roa	0. 0173 (1. 54)	0. 0174 * (1. 73)
Size	− 0. 0041 *** (− 2. 91)	− 0. 0041 *** (− 3. 47)
Lev	− 0. 0074 (− 1. 38)	− 0. 0075 * (− 1. 72)
Age	− 0. 0015 (− 0. 31)	− 0. 0015 (− 0. 38)
Ret	0. 0015 * (1. 81)	0. 0015 * (1. 89)
Fsh	0. 0240 *** (3. 26)	0. 0202 *** (2. 77)
Indr	− 0. 0131 (− 1. 04)	− 0. 0158 (− 1. 18)
Bd	− 0. 0001 (− 0. 15)	− 0. 0001 (− 0. 21)
Dual	− 0. 0005 (− 0. 23)	− 0. 0005 (− 0. 26)
FCEO	0. 0027 (1. 29)	0. 0027 (1. 40)
Constant	0. 1272 *** (3. 90)	0. 1273 *** (4. 29)

续表

变量	Inv_Resid	Inv_Resid
	（1）	（2）
Year	Control	Control
Industry	Control	Control
N	5842	5842
R^2	0.0615	0.0612

注： *** 、 ** 、 * 分别表示在1%、5%和10%的水平上显著，括号内为 t 值。

5.5.3 剔除独立董事的影响

在剔除独立董事影响方面，本章采用的方法依然与第4章相同，重新度量家族董事席位超额控制行为及程度。在此基础上，本小节仍然按照前文的标准设置家族董事席位超额控制虚拟变量（ECFBS_dummy$_4$）和连续变量（ECFBS$_4$），当连续变量家族董事席位超额控制程度（ECFBS$_4$）大于0时，ECFBS_dummy$_4$ 取值为1，否则取值为0。然后，本部分将新的家族董事席位超额控制变量代入模型5-2中重新进行检验，回归结果如表5-19所示。第（1）列中 ECFBS_dummy$_4$ 对 Inv_Resid 的回归系数为-0.0022，第（2）列中 ECFBS$_4$ 对 Inv_Resid 的回归系数为-0.0046，均在5%的水平上显著，即家族董事席位超额控制行为及程度与企业投资效率显著正相关。这说明，剔除独立董事影响后，本章的主要研究结论依然成立。

表5-19　　　　　　　　　剔除独立董事影响后的检验结果

变量	Inv_Resid	Inv_Resid
	（1）	（2）
ECFBS_dummy$_4$	-0.0022 ** （-1.99）	
ECFBS$_4$		-0.0046 ** （-1.97）
Inshold	0.0156 ** （2.05）	0.0147 ** （2.41）

续表

变量	Inv_Resid	Inv_Resid
	(1)	(2)
Fcf	−0.0070 **	−0.0071 **
	(−2.07)	(−2.46)
Roa	0.0099	0.0090
	(1.04)	(1.05)
Size	−0.0049 ***	−0.0053 ***
	(−4.27)	(−5.47)
Lev	−0.0098 **	−0.0100 ***
	(−2.08)	(−2.75)
Age	−0.0012	−0.0020
	(−0.29)	(−0.58)
Ret	0.0018 **	0.0018 **
	(2.47)	(2.56)
Fsh	0.0166 ***	0.0160 ***
	(2.89)	(2.96)
Indr	−0.0155	−0.0153
	(−1.44)	(−1.29)
Bd	−0.0001	−0.0004
	(−0.16)	(−0.77)
Dual	0.0013	0.0011
	(0.94)	(0.81)
FCEO	0.0015	0.0018
	(1.09)	(1.27)
Constant	0.1473 ***	0.1718 ***
	(5.67)	(6.41)
Year	Control	Control
Industry	Control	Control
N	7237	7237
R^2	0.0528	0.0599

注：***、**、*分别表示在1%、5%和10%的水平上显著，括号内为t值。

5.5.4　重新度量企业投资效率

在前文的检验中，本章采用理查德森（Richardson，2006）模型来度量了企业投资效率。为了增强本章结论的可靠性，本小节将重新度量投资效率，首先，参考陈等（Chen et al.，2011a）投资模型来计算家族企业的投资效率，该投资效率模型如下：

$$\mathrm{Inv}_{i,t} = \beta_0 + \beta_1 \mathrm{Growth}_{i,t-1} + \beta_2 \mathrm{NEG}_{i,t-1} + \beta_3 \mathrm{Growth} \times \mathrm{NEG}_{i,t-1} + \varepsilon_{i,t}$$

$$(5-5)$$

其中，Inv 为新增投资，等于购建固定资产、无形资产和其他长期资产支付的现金与处置固定资产、无形资产和其他长期资产收回的现金净额之差额除以资产总额；Growth 为营业收入增长率，等于本年度营业收入与上年度营业收入之差除以上年度营业收入；当营业收入增长率小于 0 时，NEG 取值为 1，否则取值为 0。在此基础上，本部分将对模型（5-5）进行分年度、分行业回归，仍然以残差的绝对值作为投资效率的代理变量，并代入模型（5-2）进行重新检验。

其次，参考以往文献（Stein，2003；Chen et al.，2011b），本部分利用投资—投资机会敏感度模型来考察家族董事席位超额控制对企业投资效率的影响，具体模型如下：

$$\mathrm{Inv}_{i,t+1} = \gamma_0 + \gamma_1 \mathrm{ECFBS\_dummy}_{i,t}/\mathrm{ECFBS}_{i,t} + \gamma_2 \mathrm{TQ}_{i,t} +$$
$$\gamma_3 \mathrm{ECFBS\_dummy}_{i,t}/\mathrm{ECFBS}_{i,t} \times \mathrm{TQ}_{i,t} + \mathrm{Controls}_{i,t} +$$
$$\sum \mathrm{Year} + \sum \mathrm{industry} + \varepsilon_{i,t} \qquad (5-6)$$

其中，Inv 为新增投资，等于购建固定资产、无形资产和其他长期资产支付的现金与处置固定资产、无形资产和其他长期资产收回的现金净额之差额除以资产总额；TQ 代表投资机会，等于股票总市值加上总负债账面价值除以资产总额。同时，本部分仍然控制年度、行业虚拟变量，并使用稳健标准误。

表 5-20 报告了重新度量投资效率后的检验结果。第（1）列中 ECFBS_dummy$_1$ 对 Inv_Resid 的回归系数为 -0.0038，在 1% 的水平上显著，第（2）列中 ECFBS$_1$ 对 Inv_Resid 的回归系数为 -0.0136，在 5% 的水平上

显著；第（3）列中交乘项 ECFBS_dummy$_1$ ×TQ 对 Inv 的回归系数为 0.0029，在 5% 的水平上显著，第（4）列中交乘项 ECFBS$_1$ ×TQ 对 Inv 的回归系数为 0.0047，在 10% 的水平上显著。以上回归结果说明，家族董事席位超额控制对企业投资效率具有显著的正向影响，假设 5 – 1b 仍然成立。可见，重新度量企业投资效率后，家族董事席位超额控制行为及程度与企业投资效率之间的正相关性仍然保持不变，说明本章的主要研究结论具有稳健性。

表 5 – 20　　　　　　　　　重新度量企业投资效率后的检验结果

变量	Inv_Resid		Inv	
	（1）	（2）	（3）	（4）
ECFBS_dummy$_1$	– 0.0038 *** （– 3.44）		– 0.0061 * （– 1.68）	
ECFBS$_1$		– 0.0136 ** （– 2.44）		– 0.0153 （– 1.58）
TQ			– 0.0008 （– 1.00）	– 0.0533 *** （– 2.89）
ECFBS_dummy$_1$ × TQ			0.0029 ** （2.06）	
ECFBS$_1$ × TQ				0.0047 * （1.65）
Inshold	0.0081 （0.86）	0.0097 （1.19）	0.0304 *** （2.85）	0.0329 *** （3.14）
Fcf	– 0.0082 （– 1.58）	– 0.0088 ** （– 2.28）	– 0.0191 *** （– 3.85）	– 0.0189 *** （– 3.82）
Roa	0.0062 （0.40）	0.0038 （0.33）	0.0958 *** （6.53）	0.0967 *** （6.64）
Size	– 0.0078 *** （– 3.66）	– 0.0074 *** （– 5.72）	– 0.0001 （– 0.04）	– 0.0009 （– 0.53）
Lev	– 0.0081 （– 1.04）	– 0.0058 （– 1.19）	– 0.0416 *** （– 6.64）	– 0.0401 *** （– 6.44）
Age	– 0.0095 （– 1.54）	– 0.0092 ** （– 2.04）	– 0.0254 *** （– 4.44）	– 0.0230 *** （– 3.97）
Ret	0.0021 ** （2.05）	0.0023 ** （2.40）	0.0014 （1.08）	0.0013 （1.05）

续表

变量	Inv_Resid		Inv	
	（1）	（2）	（3）	（4）
Fsh	0.0030	0.0054	0.0321 ***	0.0348 ***
	(0.30)	(0.70)	(3.51)	(3.40)
Indr	−0.0117	−0.0121	−0.0722 ***	−0.0695 ***
	(−0.74)	(−0.77)	(−3.60)	(−3.46)
Bd	0.0005	0.0003	−0.0009	−0.0010
	(0.76)	(0.40)	(−1.13)	(−1.26)
Dual	0.0027	0.0027	0.0039 *	0.0034
	(1.49)	(1.54)	(1.74)	(1.51)
FCEO	0.0027	0.0030	0.0015	0.0021
	(1.32)	(1.62)	(0.64)	(0.88)
Constant	0.2300 ***	0.2269 ***	0.1483 ***	0.1953 ***
	(4.47)	(7.09)	(3.40)	(4.00)
Year	Control	Control	Control	Control
Industry	Control	Control	Control	Control
N	7237	7237	7036	7036
R^2	0.0464	0.0453	0.1257	0.1444

注：***、**、*分别表示在1%、5%和10%的水平上显著，括号内为t值；第（3）列和第（4）列中由于托宾Q值存在部分缺失，使得参与回归的样本量减少。

5.5.5 缩小家族企业样本范围

借鉴刘白璐和吕长江（2016）的研究，本章分别剔除实际控制人持股比例小于15%和20%的样本，再次重复模型（5-2）的检验，表5-21报告了回归结果。可以看到，剔除实际控制人持股比例小于15%的样本后，第（1）列中ECFBS_dummy$_1$对Inv_Resid的回归系数为−0.0014，第（2）列中ECFBS$_1$对Inv_Resid的回归系数为−0.0101，均在5%的水平上显著，这一回归结果仍然支持假设5-1b。同时，剔除实际控制人持股比例小于20%的样本后，第（3）列中ECFBS_dummy$_1$对Inv_Resid的回归系数为−0.0014，在10%的水平上显著，第（4）列中ECFBS$_1$对Inv_Resid的回

归系数为 -0.0109，在 5% 的水平上显著，假设 5 - 1b 依然成立。以上检验结果表明，缩小家族企业样本范围后，家族董事席位超额控制对企业投资效率仍然具有显著的正向影响，即前文的主要研究结论具有稳健性。

表 5 - 21　　　　　　　　　缩小家族企业样本范围后的检验结果

变量	Inv_Resid			
	剔除实际控制人持股比例小于 15% 的样本		剔除实际控制人持股比例小于 20% 的样本	
	（1）	（2）	（3）	（4）
ECFBS_dummy$_1$	-0.0014^{**} （-1.97）		-0.0014^{*} （-1.83）	
ECFBS$_1$		-0.0101^{**} （-2.24）		-0.0109^{**} （-2.32）
Inshold	0.0039 （1.10）	0.0151* （1.96）	0.0020 （0.53）	0.0118 （1.45）
Fcf	-0.0028^{*} （-1.68）	-0.0069^{**} （-2.05）	-0.0024 （-1.38）	-0.0058^{*} （-1.67）
Roa	0.0103** （2.08）	0.0135 （1.43）	0.0101** （1.97）	0.0152 （1.55）
Size	-0.0016^{***} （-2.87）	-0.0048^{***} （-4.34）	-0.0011^{*} （-1.91）	-0.0037^{***} （-3.33）
Lev	-0.0026 （-1.23）	-0.0100^{**} （-2.12）	-0.0036 （-1.62）	-0.0120^{**} （-2.50）
Age	-0.0010 （-0.53）	-0.0008 （-0.19）	-0.0012 （-0.59）	-0.0006 （-0.13）
Ret	0.0014*** （3.46）	0.0018** （2.50）	0.0017*** （3.86）	0.0023*** （2.98）
Fsh	0.0060** （2.05）	0.0126** （2.08）	0.0055* （1.82）	0.0110* （1.79）
Indr	-0.0015 （-0.23）	-0.0161 （-1.51）	-0.0010 （-0.14）	-0.0142 （-1.30）
Bd	-0.0001 （-0.33）	-0.0001 （-0.30）	-0.0002 （-0.81）	-0.0002 （-0.49）

续表

变量	Inv_Resid			
	剔除实际控制人 持股比例小于15%的样本		剔除实际控制人 持股比例小于20%的样本	
	（1）	（2）	（3）	（4）
Dual	0.0009 （1.24）	0.0014 （1.02）	0.0010 （1.30）	0.0017 （1.20）
FCEO	0.0010 （1.22）	0.0016 （1.14）	0.0008 （1.00）	0.0013 （0.92）
Constant	0.0689*** （5.02）	0.1439*** （5.62）	0.0604*** （4.25）	0.1225*** （4.70）
Year	Control	Control	Control	Control
Industry	Control	Control	Control	Control
N	7149	7149	6796	6796
R^2	0.0621	0.0541	0.0594	0.0504

注：***、**、*分别表示在1%、5%和10%的水平上显著，括号内为t值。

5.6 本章小结

本章以2008～2018年我国沪深A股上市家族企业为研究样本，基于家族控制权理论，并结合委托代理理论、信息不对称理论、管家理论、社会情感财富理论，深入探讨了家族董事席位超额控制与企业投资效率之间的关系。在此基础上，本章进一步分析了地区法制环境、两权分离度、实际控制人类型、信息透明度对家族董事席位超额控制与企业投资效率之间关系的影响，并对企业投资效率展开了深入探究。

研究发现，家族董事席位超额控制行为及程度与企业投资效率显著正相关，即支持了效率观假设。进一步研究发现，当地区法制环境较差、存在两权分离度、创始人控制企业、信息透明度较低时，家族董事席位超额控制对企业投资效率的正向影响更加显著。此外，本章还发现，家族董事席位超额控制对企业投资效率的正向影响主要体现为抑制过度投资，且在一定程度上也可以缓解投资不足。最后，控制潜在的内生性问题、剔除董事长权威和独立董事的影响、重新度量企业投资效率及缩小家族企业样本范围后，主要结论仍然成立。本章研究结论不仅为家族企业完善董事会决策机制提供了一定的参考，也有利于深入理解家族企业投资效率的影响因素。

上述研究结论表明，控股家族提高董事席位超额控制程度有助于缓解企业内部的代理冲突，由此提升了企业的投资效率，且主要表现为抑制过度投资，因而是一种有效的治理手段。但是，仅当企业所处的地区法制环境较差、存在两权分离度、处于创始人控制、信息透明度较低时，家族董事席位超额控制的治理效应才会体现出来，这就为家族企业在不同的治理情境中如何优化投资决策提供了一定的理论依据。同时，利益相关者也可以根据家族企业所处的治理情境来制定差异化的对策，以便更好地维护自身的利益。

家族董事席位超额控制对企业价值的影响研究

本章基于前面两章的研究基础，继续探讨家族董事席位超额控制对企业价值的影响。一是提出了研究家族董事席位超额控制与企业价值之间关系的重要性与必要性；二是从理论上分析了家族董事席位超额控制对企业价值的影响机制，以及企业投资决策所产生价值效应，进一步讨论了家族董事席位超额控制对投资决策与企业价值之间关系的影响，并提出了研究假设；三是介绍了实证检验的研究设计；四是实证检验了家族董事席位超额控制、投资决策以及两者的交互关系对企业价值的影响，且进行了一系列的稳健性检验，从而得出本章的研究结论。

6.1 引言

企业价值作为投资决策直接的经济后果，不仅体现了公司的治理水平（卢剑峰和张晓飞，2016；任广乾等，2020；郭剑花和杜兴强，2011；Karoon and Kittipong，2014），也是影响资本市场的重要因素（Haynes and Hillman，2010；Jian et al.，2011；Hornstein and Zhao，2011），更是反映了企业投资的效果。家族企业由于所有权和经营权高度重合，使得企业的所有权集中在彼此具有血缘、亲缘或者其他特殊关系的决策型代理人手中，这种"私人关系"可以确保他们不会通过额外津贴、低效率配置资源来侵占所有者的利益，会有效地降低代理成本（Jensen and Meckling，1976；Ang et al.，2000；Chrisman et al.，2004），从而能够提升企业价值。然而，控股家族与中小股东存在不同的利益诉求，将使其具有较强的利益侵占动机（Lins，2003；Francis et al.，2005；Villalonga and Amit，2009；陈德球等，2013b），因为他们可以获得全部收益，但不需要承担所有的经济后果（Lin et al.，2012），这就会加剧家族企业内部的代理冲突，进而导致企业价值受到折损。此外，也有学者指出，家族控制企业的治理水平更高，因为控股家族具有长期投资的视野，有利于提高企业的经营效率，旨在实现家族与非家族股东价值最大化（Anderson and Reeb，2003a；Villalonga and Amit，2010）。因此，从控股家族与中小股东的层面来看，家族的决策动机将是决定企业价值高低的重要因素。那么，在董事会的投资决策中，控股家族超额控制董事席位会对企业价值产生什么样的影响？这将是本章重点探讨和解决的主要问题。

在企业经营决策中，董事会作为各利益方代表进行权力博弈的场所，股东和高管之间、各类型股东之间的代理冲突多发生在董事会（赵宜一和吕长江，2017），而董事席位的争夺则是各类型股东博弈的焦点。对于家族企业，控股家族为了维护自身的利益，往往有动机超额控制董事席位，以此来增强自身在董事会中的话语权。现有研究表明，控股家族超额控制董事席位能够强化其控制权，使得家族更有能力影响董事会的经营决策，进而影响家族企业的治理水平（Villalonga and Amit，2009；陈德球等，2013b；刘星等，2020）。企业价值作为公司治理水平的具体体现，通常与家族控制权机制密切相关（Villalonga and Amit，2009）。为此，本章从家族控制权理论出发，深入探讨家族董事席位超额控制与企业价值之间的关系。关于家族控制权理论，比利亚隆加和阿米特（Villalonga and Amit，2010）、陈德球等（2013b）认为存在以下两类：基于控制权私人收益视角的寻租观假设和基于竞争优势视角的效率观假设。在寻租观假设下，控股家族具有较强的动机通过转移、掏空公司资源来追求私人收益，因为他们可以获取全部收益，但不需要承担所有的经济后果（Lin et al.，2012），从而导致中小股东的财富受到损失。当家族董事席位超额控制程度较高时，控股家族的利益侵占动机更强，此时掏空行为更为明显，可能会扭曲家族企业的投资决策，造成企业价值受到损害。相反，在效率观假设下，家族控制权体现了家族与企业的相互嵌入，使得企业成为家族财富的一部分，象征了整个家族身份和传统；在此情形下，家族的财富、声誉与企业密切相关，家族的延续与企业的持续发展紧密相连（Villalonga and Amit，2010，陈德球等，2013b），因而控股家族在投资决策中会致力于企业的长期价值（Anderson and Reeb，2003a）。当家族董事席位超额控制程度较高时，控制家族更有动力和能力做出长期有益的决策，其长期价值投资导向更易实现，进而有利于提升企业价值。可见，在寻租观假设和效率观假设下，家族董事席位超额控制对企业价值存在不同的影响路径，并对投资决策与企业价值之间的关系也存在差异化的影响。那么，家族董事席位超额控制、投资决策及其两者的交互关系究竟会对企业价值产生积极的影响还是消极的影响？现有文献对此没有给出合理的理论解释和经验证据。

为此，本章以 2008～2018 年我国 A 股上市家族企业作为研究对象，深入探讨家族董事席位超额控制对企业价值的影响机制及效应。研究发现，家族董事席位超额控制行为及程度与企业价值显著正相关，即体现了效率观假设；长期投资强度与企业价值显著正相关，非效率投资水平与企业价值显著负相关。同时，家族董事席位超额控制不仅会强化长期投资强度对企业价值的正向影响，也会弱化短期投资强度对企业价值的负向影响，还会增强投资效率对企业价值的提升效应。进一步研究发现，长期投资强度对企业价值的正向影响主要源于资本支出强度的增加，而无论是过度投资还是投资不足均会对企业价值产生负向影响；并且，家族董事席位超额控制会增强资本支出强度对企业价值的正向效应；此外，家族董事席位超额控制不仅能够减弱过度投资对企业价值产生的负面影响，也可以抑制投资不足给企业价值带来的消极影响。最后，控制潜在的内生性问题、剔除董事长权威和独立董事的影响、重新度量投资决策变量及缩小家族企业样本范围后，本章的结论仍然成立。

与以往的研究相比，本章的贡献主要体现在以下几方面：（1）现有文献虽然考察了家族董事席位超额控制对企业价值的影响（Villalonga and Amit，2009；Amit et al.，2015），但并没有同时从家族控制权的寻租观假设和效率观假设展开探讨；并且，比利亚隆加和阿米特（Villalonga and Amit，2009）是基于美国家族企业展开的研究，而阿米特等（Amit et al.，2015）仅考察了 2007 年我国 A 股上市家族企业中家族董事席位超额控制对企业价值的影响，这些研究并不能很好地反映经济转型升级背景下我国家族企业中家族董事席位超额控制与企业价值之间的关系。因此，本章从寻租观假设和效率观假设出发，以处在经济转型升级期的中国家族企业为研究对象，深入探讨家族董事席位超额控制对企业价值的影响，不仅丰富了家族董事席位超额控制经济后果的相关研究，也有助于深入理解家族企业公司价值的影响因素。（2）本章分别讨论了投资结构、投资效率与企业价值之间的关系，不仅有助于认识家族企业投资决策所产生的价值效应，而且也丰富了投资决策经济后果的相关研究。（3）本章探究了家族董事席位超额控制对企业价值的影响路径，发现家族董事席位超额控制会通过影响企业投资决策来影响企业价值，这就为家族企业如何提高公司价值提供了有益的理论参考。

本章后续部分的安排如下：第二部分为理论分析与研究假设，第三部分为研究设计，第四部分为实证检验结果与分析，第五部分为稳健性检验，第六部分为本章小结。

6.2　理论分析与研究假设

董事会作为企业的最高决策机构，其决策结果直接体现了公司未来的发展目标，进而会影响企业价值。对于家族企业，控股家族为了控制公司的经营决策，倾向于争夺董事会议案的投票权，以利于将家族意愿上升为董事会的决策。因此，在家族企业董事席位的分配过程中，控股家族会通过超额控制董事席位来强化控制权，以便能够按照自身意愿进行资源配置。事实上，超额家族董事席位作为控制权的增强机制，通常会影响家族企业的治理效率（Villalonga and Amit，2009；Amit et al.，2015；陈德球等，2011，2012，2013b；刘星等，2020），由此可能带来企业价值的差异。根据比利亚隆加和阿米特（Villalonga and Amit，2010）、陈德球等

（2013b）的研究，家族控制权存在寻租观和效率观两类假设。在寻租观假设下，控股家族获取控制权私人收益的动机较强，可以通过提高家族董事席位超额控制程度来掏空上市公司，而掏空行为会损害企业价值（Jiang et al.，2010）；相反，在效率观假设下，控股家族会致力于家族企业的长远发展目标，当家族董事席位超额控制程度较高时，其更有动力和能力做出长期有益的经营决策，从而有利于提升公司的企业价值。据上可知，家族董事席位超额控制对企业价值存在不同的影响路径，接下来本章将对此展开详细的理论分析。

在寻租观假设下，控股家族具有较强的利益侵占动机，在经营决策中倾向于追求私人收益（Villalonga and Amit，2010），往往存在较强的掏空意愿。此时，控股家族会通过投资于那些不盈利但有利于自己的项目来侵占中小股东的利益，这会导致企业偏离最优投资决策，使得公司的经营绩效下滑。当家族董事席位超额控制程度较高时，控股家族更有动机来追求私人收益，此时掏空意愿往往较强，由此会损害企业的长期经营效率，进而带来企业价值的折损（La porta et al.，1999；Claessens et al.，2000）。为了更好地支持这一观点，本章从以下几个方面展开理论分析。

首先，家族董事席位超额控制会扭曲企业的资源配置模式，可能导致中小股东"用脚投票"，进而损害了家族企业的公司价值。在寻租观假设下，控股家族的掏空和其他道德风险行为较为明显，将从事更多具有寻租性质的非生产性活动（Shleifer and Vishny，1997；Johnson et al.，2000；陈德球等，2013b），由此可能扭曲公司的资源配置模式，带来企业价值的下降。这是因为，非生产性的经营活动通常不利于企业的长期发展，难以提升中小股东的价值，可能会引发中小股东"用脚投票"，导致股价下跌，从而造成公司市值的下滑（Cheung et al.，2006）。当家族董事席位超额控制程度较高时，控股家族的利益侵占动机更强（Villalonga and Amit，2009；陈德球等，2012），其更有可能从事非生产性的经营活动，将导致企业资源配置模式更易发生扭曲，由此使得中小股东"用脚投票"的可能性更高，进而造成企业价值的损耗。

其次，家族董事席位超额控制程度越高，董事会和高管的重大决策越有可能受到控股家族的操纵，企业的长期价值投资导向可能越难以实现。

事实上，控股股东为了获取私有收益，必须与管理层合谋完成（Burkart et al.，2003），而家族董事席位超额控制将极大地增强控股家族对董事会和高管层的控制力，使其侵占上市公司的资源更为容易，进而导致家族企业偏离长期价值投资导向。这说明，控股家族提高董事席位超额控制程度会降低董事会的独立性，使其沦为家族侵占中小股东利益和"掏空"上市公司的一个工具（陈德球等，2013a），进而造成公司的企业价值下降。

最后，控股股东为了获取控制权的私人收益，通常偏好于模糊信息，这会提高公司的信息生产成本，导致股票价格中的信息含量降低（Jin and Meyers，2006），从而造成企业的市场价值较低。当家族董事席位超额控制程度较高时，控股家族更有动机和能力降低信息透明度，使得公司的信息生产成本更高，此时股票价格中的信息含量更低，将不利于提升公司的企业价值。与此同时，家族董事席位超额控制程度越高的时候，控股家族越易构筑起信息壁垒，在经营决策中越有可能实施掏空行为，由此也会降低股票价格中的信息含量，从而导致企业价值受到损耗。

综上所述，在寻租观假设下，控股家族具有较强的利益侵占动机，倾向于通过掏空或者转移企业的资源来谋取控制权私人收益，而提高家族董事席位超额控制程度则会使其掏空行为更为严重，进而带来企业价值的折损。根据以上分析，本章提出如下假设：

假设6-1a：在其他条件相同的情况下，家族董事席位超额控制行为及程度与企业价值负相关。

但是，在效率观假设下，家族与企业的相互嵌入使得企业成为家族财富的一部分，因而家族与企业的利益就被天然地绑定。在此情形下，控股家族除了追求企业的经济利润外，也对家族声誉、企业声誉与持续经营格外关注（Villalonga and Amit，2010；陈德球等，2013b），在经营决策中会致力于家族企业的长期发展目标，旨在实现全体股东价值最大化。当家族董事席位超额控制程度较高时，控股家族更有能力将其长期价值投资导向上升为董事会的决策，从而有利于提升家族上市公司的企业价值。为了更好地阐释该观点，本章将从以下几个方面展开详细的理论分析。

首先，家族企业作为家族与企业的结合体（Chua et al.，1999），不再是随意买卖的资产，而是象征了家族的财富和地位（Ellul et al.，2009）。

此时，控股家族提升企业生存价值的动机较强，在经营决策中会更加注重家族企业的长期目标（陈德球等，2013b），在服务自身的同时也会积极地服务中小股东（谢会丽等，2019），从而有利于提高企业的市场价值。同时，控股家族为了增强企业的生存价值，通常更愿意投资那些现金流稳定且净现值为正的项目，以此来推动家族企业的持续成长。当家族董事席位超额控制程度较高时，控股家族更有动力和能力从事上述的长期投资活动，由此使得家族企业的生存价值更高且成长性更强，进而能够提升公司的企业价值。

其次，实际控制人选择的角色会直接影响企业的决策行为及经济绩效（谢会丽等，2019），进而影响公司的企业价值。在效率观假设下，家族企业实际控制人的利益侵占较弱，与中小股东属于合作关系，通常扮演着管家的角色（Davis et al.，1997）。事实上，我国大部分家族企业仍由创始人控制（刘白璐和吕长江，2016），而家族与企业的相互嵌入使得家族企业具有明显的竞争优势（Villalonga and Amit，2010），由此建立起来的情感纽带将促使实际控制人具有非常强烈的归属感和创业激情，会把企业的收益视为自己财富的一部分，进而在经营决策中起到了管家作用（Davis et al.，1997；谢会丽等，2019）；此时，实际控制人有内在动机将家族企业发展壮大，会通过制定有利于企业长远发展的经营策略来提升公司的长期价值（Anderson and Reeb，2003b）。当家族董事席位超额控制程度较高时，实际控制人的管家行为更有可能上升为董事会的决策，将有利于其实现长期价值投资导向，进而能够提升家族企业的市场价值。

再次，由于存在信息不对称的问题，当企业信息透明度较低时，外部投资者会认为控股股东具有利益侵占动机（Anderson et al.，2009），可能会大幅抛售此类公司的股票，导致股价下跌，这与控股家族的长期经营视野相悖。基于此，控股家族更有可能主动提高公司的信息透明度，以增强诸如非家族股东这类外部投资者的支持与信任。事实上，非家族股东的信任与支持能够激发控股股东追求那些具有长期价值的投资项目（谢会丽等，2019），由此能够降低外部股东"用脚投票"的可能性，从而有利于提升家族企业的市场价值。当家族董事席位超额控制程度较高时，控股家族更有能力提高公司的信息透明度，此时更易获得非家族股东的信任与支持，将更有动力推动董事会做出具有长期价值的投资决策，因而可以提升公司的企业价值。

最后，在效率观假设下，家族股东比其他股东更有耐心，更愿意考虑那些具有长期价值的投资项目（Anderson and Reeb，2003a），将有助于提升家族企业的市场价值，由此能够增加家族的社会情感财富水平（陈德球等，2013b）。例如，持续保持家族控制（Voordeckers et al.，2007）、家族企业的代际传承意愿（陈德球和钟昀珈，2011）。因此，控股家族为了保持较高水平的社会情感财富，实现家业延续与持续控制的愿望，往往会遵循长期价值投资导向，不太可能做出有损其他股东利益的经营决策。当家族董事席位超额控制程度较高时，控股家族更有能力通过投资那些具有长期价值的项目来推动家业延续，从而有利于提升公司的企业价值。

综上可知，在效率观假设下，控股家族在经营决策中会致力于企业的长期价值，旨在实现全体股东价值最大化，这将有利于稳定或者提升家族企业的股价。当家族董事席位超额控制程度较高时，控股家族更有能力影响董事会的决策，将有利于实现其长期价值投资导向，进而能够提升家族上市公司的企业价值。基于以上分析，本章提出如下假设：

假设6-1b：在其他条件相同的情况下，家族董事席位超额控制行为及程度与企业价值正相关。

从上述理论分析可知，家族董事席位超额控制会影响公司的企业价值，而企业价值又是投资决策最为直接的经济后果，那么投资决策又将如何影响企业价值？这是本部分要分析的主要问题。本书把企业投资决策划分为投资结构与投资效率两个维度，接下来本章就这两者与企业价值之间的关系展开详细的理论分析。

首先，就企业投资结构而言，家族企业在投资决策中面临着长期与短期的抉择，而不同的选择可能会对企业价值产生差异化的影响。当家族企业的长期投资强度较高时，意味着控股家族将其经营的企业看作是自己的长期事业，会以长远的眼光进行经营决策，往往更加注重公司的长期经营目标（陈德球和钟昀珈，2011），从而有助于提升企业的市场价值。同时，家族企业的长期投资强度越高，表明控股家族持续经营的意愿越强，更希望将家族财富传承下去，由此能够促使其以长期导向为经营目标，这也有利于企业价值的提升。特别地，控股家族对企业持续经营的承诺潜在地拓宽了其长期投资视野（Chen et al.，2008），通常会把握更多的优质投资机会，能够为企业创造更好的成长空间，进而可以实现企业价值与自身回报最大化的目标。更为重要的是，家族企业提高长期投资强度形成了对中小股东的担保，更易获得中小股东的信任与支持（谢会丽等，2019），将会向资本市场释放出"好消息"，有助于提升公司的股价，由此可以增加企业的市场价值。然而，当家族企业短期投资强度较高时，表明控股家族可能更加关注企业的短期经营目标，往往具有较强的利益侵占动机，这会加剧控股家族与中小股东之间的利益冲突，进而导致企业价值的折损。并且，企业的短期投资强度越高，说明控股家族越有可能进行短期套利性投资，而这类投资大都具有掏空性质，因而会损害公司的企业价值（Jiang et al.，2010）。此外，从资本市场的角度来看，家族企业的短期投资行为会引发中小股东的不满，可能导致其"用脚投票"，带来公司股价下跌，尤其是企业的短期投资强度较高时，中小股东更有可能"用脚投票"，更易导致股价大幅下跌，从而造成企业价值的折损。

其次，就家族企业投资效率而言，由于非效率投资行为会导致企业偏离最优投资决策，使得公司的资本配置效率降低，进而导致企业价值受到损耗（郭剑花和杜兴强，2011）。实际上，家族企业的非效率投资水平越高（即投资效率低下），意味着企业内部的代理冲突越严重，企业价值就越易受到的损害（Jensen and Meckling，1976；王谨乐和史永东，2016）。具体而言，家族企业的非效率投资水平越高，通常意味着企业的经营业绩越差，将越易引发中小股东的不满，越有可能导致中小股东"用脚投票"，从而引发公司股价的下跌（Cheung et al.，2006；郑国坚等，2014）。同时，从债权人的视角来看，由于银行需要对借款人的事前和事后进行密切监督，不太可能为企业提供最优的银行借款合约（Sufi，2007；Ivashina，2009）。当家族企业的非效率投资水平较高时，控股家族更难以获得银行的信任，这会促使银行通过提高利率及缩短借款期限来降低自身所面临的风险，造成债务融资成本增加，进而损害了企业价值。相反，家族企业的投资效率较高时，说明控股家族能够较好地把握那些优质的投资机会，并会做出最优投资决策，能够有效地缓解代理冲突，从而有利于增加企业的长期价值。与此同时，家族企业的投资效率越高，说明公司的经营业绩越好，中小股东"用脚投票"的可能性就越低，将有助于稳定和提升股价，进而能够提高公司的企业价值。此外，家族企业投资效率越高，还可以向银行等金融机构传递出积极信号，有助于降低债务融资成本，因而能够提升公司的企业价值。

综上所述，家族企业提高长期投资强度有助于提升企业价值，而增加短期投资强度则会损害企业价值，并且家族企业的投资效率越高，公司的企业价值越高。基于上述分析，本章提出如下假设：

假设6-2：在其他条件相同的情况下，家族企业的长期投资强度越高，公司的企业价值越高，而企业的短期投资强度越高，公司的企业价值则越低。

假设6-3：在其他条件相同的情况下，家族企业的投资效率越高，公司的企业价值越高。

根据上述分析可知，投资决策会影响企业价值，而第4章和第5章的理论分析与实证结果表明，家族董事席位超额控制会影响企业的投资决策，并且上文理论分析也表明家族董事席位超额控制会直接影响企业价值。这说明，投资决策可能是家族董事席位超额控制影响企业价值的作用机制。鉴于此，本部分接下来将分析家族董事席位超额控制对投资决策与企业价值之间关系的影响。由于家族控制权存在寻租观假设和效率观假设两类观点（Villalonga and Amit，2010，陈德球等，2013b），而超额家族董事席位又是控制权的强化机制（Villalonga and Amit，2009；陈德球等，2013a），这就可能使得家族董事席位超额控制会对投资决策与企业价值之间的关系产生不同影响。

首先，本章将分析家族董事席位超额控制对投资结构与企业价值之间关系的影响。在寻租观假设下，控股家族具有较强的利益侵占动机，倾向于追求企业的短期目标（陈德球等，2013b），在投资决策中可能更加偏好短期性的项目而厌恶长期性的项目。当家族董事席位超额控制程度较高时，控股家族更有动机投资那些周期短、收益快的短期项目，由此可能挤压长期性的投资项目，这就使得家族企业的短期投资强度增加、长期投资强度降低，从而导致企业价值的折损。具体而言，控股家族提高董事席位超额控制程度会导致企业长期投资强度的降低，而长期投资强度的下降通常不利于企业价值的提升，这说明家族董事席位超额控制程度的增加会削弱长期投资强度对企业价值的提升作用。然而，控股家族提高董事席位超额控制程度则有助于增加企业的短期投资强度，而短期投资强度的增加往往会损害企业价值，即提高家族董事席位超额控制程度会强化短期投资强度对企业价值的折损效应。

但是，在效率观假设下，控股家族通常对自身的投资具有长期的视野，属于经典的长期投资者类型（Villalonga and Amit，2010），这种长期的经营视野会促使其有动机将企业传承到下一代（陈德球和钟昀珈，2011），因而需要不断地提高企业的生存价值。因此，当家族董事席位超额控制程度较高时，控股家族更有动力和能力投资那些长期性的项目及减少短期性项目的投资，这将有利于家族企业获得较高的生存价值，进而能够提升公司的企业价值。具体而言，控股家族提高董事席位超额控制程度有助于增加企业的长期投资强度，而长期投资强度的增加则可以提升公司的企业价值，这说明家族董事席位超额控制能够强化长期投资强度对企业价值的正向影响。与此同时，家族董事席位超额控制程度的增加会带来企业短期投资强度的下降，而短期投资强度的降低则有利于提升公司的企业价值，即家族董事席位超额控制提升企业价值的作用路径之一是降低了短期投资强度，从而可以削弱短期投资强度对企业价值产生的损耗效应。

总之，在寻租观假设下，家族董事席位超额控制会削弱长期投资强度对企业价值产生的正向效应，但会强化短期投资给企业价值带来的负向影响。然而，在效率观假设下，家族董事席位超额控制则会产生相反的作用。据此，本章提出如下假设：

假设6-4a：在其他条件相同的情况下，家族董事席位超额控制会削弱长期投资强度与企业价值之间的正相关关系，但会增强短期投资强度与企业价值之间的负相关关系。

假设6-4b：在其他条件相同的情况下，家族董事席位超额控制会增强长期投资强度与企业价值之间的正相关关系，但会削弱短期投资强度与企业价值之间的负相关关系。

其次，本章还将探讨家族董事席位超额控制对投资效率与企业价值之间关系的影响。在寻租观假设下，控股家族倾向于通过非效率投资来侵占中小股东利益（陈德球等，2013b），以实现掏空家族企业的目的，即存在较强的利益侵占动机（Jensen and Meckling，1976）。当家族董事席位超额控制程度较高时，控股家族更有动机和能力通过投资那些不盈利但有利于自己的项目来获取私人收益，可能导致家族企业的投资效率低下，进而造成企业价值的折损。由此可见，家族董事席位超额控制存在负面效应，体现为通过引发家族企业的非效率投资行为来损害公司的企业价值。据此可以推测，家族董事席位超额控制会强化非投资效率对企业价值的折损效应。但是，在效率观假设下，控股家族在投资决策中会致力于家族企业的基业长青，更愿意投资那些长期性的项目（Anderson and Reeb，2003a；Villalonga and Amit，2010），可以提高企业投资决策的有效性，由此能够实现家族与非家族股东价值最大化。当家族董事席位超额控制程度较高时，控股家族更有能力做出长期有益的投资决策，将有助于提升家族企业的投资效率，从而会对企业价值产生积极的影响。基于此，本小节预期家族董事席位超额控制会增强投资效率对企业价值的提升作用。综上所述，本章提出如下假设：

假设 6 - 5a：在其他条件相同的情况下，家族董事席位超额控制会削弱投资效率与企业价值之间的正相关关系。

假设 6 - 5b：在其他条件相同的情况下，家族董事席位超额控制会增强投资效率与企业价值之间的正相关关系。

本章所有假设的框架关系如图 6 - 1 所示。

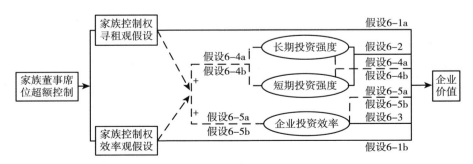

图 6 - 1   逻辑框架

资料来源：作者自制。

6.3　研究设计

6.3.1　样本选择

鉴于新的会计准则于 2007 年开始实施，而大部分上市公司股权分置改革完成于 2008 年，因而本章仍然以 2008～2018 年我国 A 股上市家族企业作为研究样本。根据现有的研究，笔者将家族企业定义为：（1）实际控制人最终可以追溯到某一自然人或者家族，并且是上市家族企业直接或者间接的控股股东（刘白璐和吕长江，2016；刘星等，2020）；（2）实际控制人直接或者间接持有上市家族企业至少 10% 股份（Anderson and Reeb，2003a；Villalonga and Amit，2006；苏启林和朱文，2003）；（3）至少有两位及以上具有亲缘关系的家族成员持有上市家族企业的股份或者担任上市家族企业的高管职务（包括董事长、董事、高级管理人员）（王明琳等，2014；巩键等，2016；刘星等，2020）。通过 CSMAR 数据库中民营上市公司子数据库手工筛选出符合上述定义的家族企业样本。并且，本章对样本进行如下筛选：（1）剔除当年 ST 类公司样本；（2）剔除金融类公司样本；（3）剔除存在缺失值的公司样本。本章最终样本为 7386 个公司—年度观测值，表 6－1 给出了样本分布详情。此外，笔者还对所有的连续变量进行了上下 1% 的 Winsorize 缩尾处理，统计软件为 Stata14.0。

表 6－1　　　　　　　　　　2008～2018 年样本分布详情

年份	2008	2009	2010	2011	2012	2013	2014	2015	2016	2017	2018	合计
样本数	142	206	267	464	629	671	674	798	968	1149	1418	7386
占比	0.0192	0.0279	0.0361	0.0628	0.0852	0.0908	0.0913	0.1080	0.1311	0.1556	0.1920	1.0000

资料来源：作者经 Stata 软件统计结果整理而得。

关于家族控制权比例、董事变更、家族成员、董事会成员中在家族控制链的公司中担任职务的非家族成员及家族一致行动人等关键数据，笔者通过上市家族企业年度报告、招股说明书、上市公告弓、新浪财经网、东方财富网、搜狗搜索、百度百科等手工收集而得，其他财务与公司治理数据来源于 CSMAR 数据库与 WIND 数据库。

6.3.2 变量定义

1. 家族董事席位超额控制

关于家族董事席位超额控制的界定，本章仍然沿用前文的方法，采用虚拟变量家族董事席位超额控制行为（ECFBS_dummy）和连续变量家族董事席位超额控制程度（Excess Control of Family Board Seats，ECFBS）来度量。

2. 企业投资结构

本章仍然以前文的方法来度量企业投资结构，参考雷光勇等（2017）的研究，将企业的投资结构从强度上分为长期投资与短期投资。其中，长期投资强度（Invest_Long）等于资本支出与研发支出之和除以总资产，资本支出为当期构建固定资产、无形资产和其他长期资产支付现金的总额；短期投资强度（Invest_Short）等于交易性金融资产、衍生金融资产、短期投资净额、买入返售金融资产净额、可供出售金融资产净额、持有至到期投资净额、长期应收款净额、投资性房地产净额等金融资产投资总额除以总资产。需要说明的是，对于房地产行业的公司而言，短期投资不能包括其持有的投资性房地产，本章参考宋军和陆旸（2015）的做法，在样本中剔除了本身为房地产行业的公司所持有的投资性房地产数据。

3. 企业投资效率

本章依然采用理查德森（Richardson，2006）模型来计算企业的投资效率。计算过程如下：首先，本章采用回归模型（6-1）进行回归分析，计算样本公司的期望投资水平；其次，取残差的绝对值（Inv_Resid）作为投资效率的代理变量。如果投资回归模型残差大于 0，则划分为过度投资（Over_Inv）；如果残差小于 0，则划分为投资不足（Under_Inv）。本章所使用的投资回归模型如下：

$$\begin{aligned}
Inv_{i,t} = & \beta_0 + \beta_1 Growth_{i,t-1} + \beta_2 Lev_{i,t-1} + \beta_3 Cash_{i,t-1} + \beta_4 Lage_{i,t-1} + \beta_5 Size_{i,t-1} \\
& + \beta_6 Ret_{i,t-1} + \beta_7 Inv_{i,t-1} + \sum Industry + \sum Year + \varepsilon_{i,t}
\end{aligned} \quad (6-1)$$

其中，Inv 为新增投资，等于购建固定资产、无形资产和其他长期资产支付的现金与处置固定资产、无形资产和其他长期资产收回的现金净额之差额除以资产总额；Growth 为营业收入增长率，等于本年度营业收入减去上年度营业收入之差除以上年度营业收入；Lev 为资产负债率，等于总负债除以总资产；Cash 为现金持有水平，等于现金及现金等价物除以总资产；Lage 为上市年限，等于上市年限的自然对数；Size 为公司规模，等于总资产的自然对数；Ret 为股票回报率，等于考虑现金红利再投资的年度股票回报率。同时，本小节在回归模型中加入行业与年度虚拟变量。

4. 企业价值

关于企业价值的度量，现有文献主要以总资产收益率（ROA）、净资产收益率（ROE）及托宾 Q 值（TQ）来衡量（邵帅和吕长江，2015；李英利和谭梦卓，2019）。虽然，单一的 ROA、ROE 或其他财务指标能够反映公司整体的盈利与发展能力，但仅能刻画企业价值的某一方面；并且，相对于股票价格，公司的 ROA 和 ROE 指标更容易被管理层操纵，采用 ROA 或者 ROE 度量企业价值可能存在较大的失真，很难描述出企业价值的整体状况（周兰和刘璇，2016；唐清泉和韩宏稳，2018）。然而，也有研究者认为，采用托宾 Q 值衡量企业价值的前提是能够较为精确地估算公司的市场价值和重置成本，与国外资本市场相比较，我国资本市场还不够完善，股票价格并不能完全地反映公司的市场价值（王晓巍和陈逢博，2014）。但是，国内学者早在 1996 年就指出我国资本市场已经达到弱式有效（吴世农，1996），而我国资本市场又经过二十多年的发展，股价已经能够较为准确地体现公司的市场价值，并且越来越多的学者采用托宾 Q 值来衡量企业价值（Fosu et al.，2016；汪辉，2003；夏立军和方轶强，2005；何瑛和张大伟，2015；李欢等，2014；杨文君等，2016；唐清泉和韩宏稳，2018；梁上坤等，2019）。鉴于此，本章参考上述学者的研究，以托宾 Q 值（TQ）来度量家族企业的企业价值。其中，TQ 的计算方法为：公司的权益市值与负债之和除以总资产账面价值。

6.3.3　模型设定

为了检验假设 6 – 1a 和假设 6 – 1b，建立如下模型：

$$TQ_{i,t+1} = \alpha_0 + \alpha_1 ECFBS\_dummy_{i,t}/ECFBS_{i,t} + Controls_{i,t}$$
$$+ \sum Year + \sum Industry + \varepsilon_{i,t} \qquad (6-2)$$

为了检验假设 6 – 2，建立如下模型：

$$TQ_{i,t+1} = \beta_0 + \beta_1 Invest\_Long_{i,t}/Invest\_Short_{i,t} + Controls_{i,t}$$
$$+ \sum Year + \sum Industry + \varepsilon_{i,t} \qquad (6-3)$$

为了检验假设 6 – 3，建立如下模型：

$$TQ_{i,t+1} = \gamma_0 + \gamma_1 Inv\_Resid_{i,t} + Controls_{i,t} + \sum Year + \sum Industry + \varepsilon_{i,t}$$
$$(6-4)$$

为了检验假设 6 – 4a 和假设 6 – 4b，建立如下模型：

$$TQ_{i,t+1} = \alpha_0 + \alpha_1 ECFBS\_dummy_{i,t}/ECFBS_{i,t} + \alpha_2 Invest\_long_{i,t}/$$
$$Invest\_Short_{i,t} + \alpha_3 ECFBS\_dummy_{i,t}/ECFBS_{i,t} \times Invest\_long_{i,t}/$$
$$Invest\_Short_{i,t} + Controls_{i,t} + \sum Year + \sum Industry + \varepsilon_{i,t} \quad (6-5)$$

为了检验假设 6 – 5a 和假设 6 – 5b，建立如下模型：

$$TQ_{i,t+1} = \alpha_0 + \alpha_1 ECFBS\_dummy_{i,t}/ECFBS_{i,t} + \alpha_2 Inv\_Resid_{i,t}$$
$$+ \alpha_3 ECFBS\_dummy_{i,t}/ECFBS_{i,t} \times Inv\_Resid_{i,t} + Controls_{i,t}$$
$$+ \sum Year + \sum Industry + \varepsilon_{i,t} \qquad (6-6)$$

其中，被解释变量 TQ 为企业价值的代理变量；解释变量 ECFBS_dummy、ECFBS 为家族董事席位超额控制的代理变量，虚拟变量表示是家族董事席位超额控制行为，连续变量代表家族董事席位超额控制程度；Invest_long 为企业长期投资强度的代理变量，Invest_Short 为企业短期投资强度的代理变量；Inv_Resid 为企业投资效率的代理变量。参考已有文献（Fosu et al.，2016；唐清泉和韩宏稳，2018；李英利和谭梦卓，2019；梁上坤等，2019），本章引入以下控制变量：机构持股比例（Inshold）、家族持股比例（Fsh）、股权制衡（Top2_10）、两权分离度（Separation）、公司成长性（Growth）、公司规模（Size）、资产负债率（Lev）、公司年龄（Age）、独立董事比例（Indr）、现金持有水平（Cash）、两职合一（Dual）、家族CEO（FCEO）。同时，本书还控制了年度、行业虚拟变量，并且使用了稳健标准误。为了降低在回归分析过程中可能存在的内生性问题，所有的解释变量和控制变量相对于被解释变量均滞后一期。本章主要变量定义如表 6 – 2 所示。

表 6 – 2　　　　　　　　　　　主要变量定义

变量名称	变量符号	定义
公司价值	TQ	公司的权益市值与负债之和除以总资产账面价值
长期投资规模	Invest_Long	资本支出与研发支出之和占总资产的比重
短期投资规模	Invest_Short	交易性金融资产、衍生金融资产、短期投资净额、买入返售金融资产净额、可供出售金融资产净额、持有至到期投资净额、长期应收款净额和投资性房地产净额等金融资产投资占总资产的比重
投资效率	Inv_Resid	回归模型（6 – 1）残差的绝对值
过度投资	Over_Inv	回归模型（6 – 1）大于 0 的残差
投资不足	Under_Inv	回归模型（6 – 1）小于 0 的残差
家族董事席位超额控制程度	$ECFBS_1$	＝（家族实际委派董事人数 – 家族基于控制权比例实操中适当委派董事人数）÷董事会规模
	$ECFBS_2$	＝（家族实际委派董事人数 – 家族理论上委派董事人数经四舍五入后取整数）÷董事会规模
	$ECFBS_3$	家族委派董事比例与家族控制权之差
家族董事席位超额控制行为	$ECFBS\_dummy_1$	当 $ECFBS_1$ 大于 0 时，$ECFBS\_dummy_1$ 取值为 1，否则取值为 0
	$ECFBS\_dummy_2$	当 $ECFBS_2$ 大于 0 时，$ECFBS\_dummy_2$ 取值为 1，否则取值为 0
	$ECFBS\_dummy_3$	当 $ECFBS_3$ 大于 0 时，$ECFBS\_dummy_3$ 取值为 1，否则取值为 0
机构持股比例	Inshold	前十大股东中机构持股比例的总和
家族持股比例	Fsh	前十大股东中控股家族持股比例的总和
股权制衡	Top2_10	公司第二到十大股东持股比例的总和
两权分离度	Separation	家族控制权和家族所有权之差
公司成长性	Growth	＝（本年度营业收入 – 上年度营业收入）÷上年度营业收入
公司规模	Size	总资产的自然对数
资产负债率	Lev	总负债÷总资产

变量名称	变量符号	定义
公司年龄	Age	当年年份减去公司成立年份之差额的自然对数
独立董事比例	Indr	独立董事人数÷董事会人数
现金持有水平	Cash	现金及现金等价物÷总资产
两职合一	Dual	如果董事长与总经理同一人担任，则取值为1，否则取值为0
家族CEO	FCEO	如果CEO由家族成员担任，取值为1，否则取值0
股票回报率	Ret	考虑现金红利再投资的年度股票回报率
上市日期	Lage	上市年限的自然对数
年度虚拟变量	Year	样本区间为2008～2018年，共设置11个年度虚拟变量
行业虚拟变量	Industry	根据证监会2012年的行业代码分类，共设置18个行业虚拟变量

6.4　实证检验结果与分析

6.4.1　描述性统计与结果分析

1. 企业价值概况与分析

企业价值作为投资决策最为直接的经济后果，通常反映了企业投资的回报情况，也体现了我国资本市场的发展趋势，表6-3列示了我国家族上市公司的企业价值逐年变化趋势。从总体上看，家族企业的企业价值总体上呈现出下降趋势，这与现有的市场经验相符合。具体而言，2008年爆发全球性的金融危机后，使得企业投资大幅萎缩，尤其是家族企业受到的融资约束更大，其投资水平可能下降更快，这将使得投资者不看好企业的发展前景，所以更有可能"用脚投票"，导致资本市场整体投资环境较差，从而带来企业价值的下降。但是，2013～2015年，家族企业的企业价值呈现出上升趋势，这可能是因为从2013年起我国开始实施"三去一降一补"政策，在一定程度上提高了企业投资决策的有效性，带来了企业价值的增加，尤其是2015年我国资本市场迎来了"牛市"，因此当年的企业价值达到了最高峰值。然而，从 2016 年开始，我国家族上市公司的企业价值开始下降，这是因为"牛市"以后，股票市场开始进入"熊市"，使得我国家族企业的企业价值出现下滑。值得注意的是，由图 6 - 2 中曲线变化的趋势可知，从 2018 年末开始，公司价值有一个翘尾式的提高，这可能是 2018 年内央行多次降准降息，企业的融资成本降低，家族企业进行投资的意愿增强，投资者看好企业未来的发展前景，从而带来了企业价值的提升。综上所述，我国家族上市公司的企业价值变化可能会受到外部宏观经济形势的影响，从而导致企业价值呈现出不规则的变化趋势。

表 6 - 3 　　　　　　2009～2019 年企业价值逐年变化趋势

Mean	2009	2010	2011	2012	2013	2014	2015	2016	2017	2018	2019
TQ	2.7769	2.8755	1.8884	1.6574	1.9529	2.2366	3.4134	2.6777	2.1633	1.6050	1.8823

资料来源：作者经 Stata 软件统计结果整理而得。

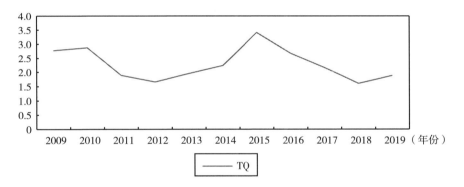

图 6 - 2　2009～2019 年全样本中公司价值逐年变化趋势
资料来源：作者经 Excel 软件整理绘制。

为了更好地观测企业价值在家族董事席位超额控制公司、家族董事席位非超额控制公司的区别，本部分将家族企业的企业价值分组进行均值差异性检验，表 6 - 4 给出了企业价值分组均值差异性检验的结果。可以看到，除 2019 年外，家族董事席位超额控制公司的企业价值均值都高于家族董事席位非超额控制的公司，虽然部分年度的组间均值差异性检验不显著，但从数值上可以看到家族董事席位超额控制公司的企业价值均值更高。因此，上述描述性统计在一定程度上支持了效率观假设，即家族董事席位超额控制有助于提升公司的企业价值，假设 6 - 1b 得到了初步佐证。

表 6 - 4　　　　　　　　　　企业价值分组均值差异性检验

变量	年份	$ECFBS\_dummy_1 = 1$		$ECFBS\_dummy_1 = 0$		t-statistic
		N	Mean	N	Mean	
TQ	2009	30	3.0788	112	2.6960	0.3828
	2010	41	2.9448	165	2.8583	0.0865
	2011	49	1.9184	218	1.8817	0.0367
	2012	72	1.9015	392	1.6126	0.2889 ***
	2013	78	1.9683	551	1.9508	0.0176
	2014	85	2.5025	586	2.1981	0.3044 **
	2015	112	3.8362	652	3.3423	0.4939 ***
	2016	127	3.3570	671	2.5491	0.8079 ***
	2017	155	2.4041	813	2.1174	0.2867 ***
	2018	139	1.6931	904	1.5916	0.1015 *
	2019	112	1.8648	1122	1.8841	-0.0193

注：***、**、*分别表示在 1%、5% 和 10% 的水平上显著；其他两种方法下进行分组均值差异性检验仍然得到类似结果。

资料来源：作者经 Stata 软件统计结果整理而得。

2. 主要变量的描述性统计

表 6 - 5 给出了本章主要变量的描述性统计结果。可以看到，TQ 的最大值为 8.0272，最小值为 0.9188，均值为 2.1636，说明我国上市家族企业的企业价值存在较大的差异。对于家族董事席位超额控制变量而言，$ECFBS\_dummy_1$ 的均值为 0.1373，表明该种度量方法下存在家族董事席位超额控制的公司占比为 13.73%，此时 $ECFBS_1$ 的最大值为 0.2857，说明样本中家族董事席位超额控制程度最高可达 0.2857；$ECFBS\_dummy_2$ 的均值为 0.2070，即采用这种度量方法时存在家族董事席位超额控制的公司占比为 20.70%，并且 $ECFBS_2$ 的最大值为 0.3333，说明家族董事席位超额控制程度高达 0.3333；$ECFBS\_dummy_3$ 的均值为 0.3079，说明在此度量方法下存在家族董事席位超额控制的公司占比为 30.79%，且 $ECFBS_3$ 的最大值为 0.3529，即家族董事席位超额控制程度高达 0.3529。可见，在以上三种不同的度量口径下，存在家族董事席位超额控制公司的比例均在10% 以上，这说明该现象在我国家族企业中具有普遍性。就投资决策变量而

言，Invest_Long 的均值为 0.0559，Invest_Short 的均值为 0.0322，Inv_Resid 的均值为 0.0266，与前面的描述性统计结果基本一致。从其他公司治理变量和财务变量的描述性统计结果来看，机构持股比例 Inshold 的均值为 0.0662，即机构投资者持有的股份为 6.62%；家族持股比例 Fsh 的均值为 0.4494，说明控股家族为了保持对企业的持续控制，往往会持有较高比例的股份；两权分离度 Separation 的均值为 0.0516，表明家族企业的两权分离度较低，因而控股家族的利益侵占动机较弱；公司规模 Size 的均值为 21.8478，资产负债率 Lev 的均值为 0.3810，这与以往的研究相一致；现金持有水平 Cash 的均值为 0.1675，说明家族企业为了降低经营风险，可能会持有较多的现金；FCEO 的均值为 0.5073，表明家族企业中家族成员担任 CEO 的比例为 50.73%。

表 6-5　主要变量的描述性统计

变量	N	mean	sd	min	p25	p50	p75	max
TQ	7386	2.1636	1.2695	0.9188	1.3334	1.7402	2.5269	8.0272
ECFBS_dummy$_1$	7386	0.1373	0.3442	0	0	0	0	1.0000
ECFBS$_1$	7386	−0.0712	0.1530	−0.5714	−0.1429	0	0	0.2857
ECFBS_dummy$_2$	7386	0.2070	0.4052	0	0	0	0	1.0000
ECFBS$_2$	7386	−0.0971	0.1932	−0.5714	−0.2222	−0.1111	0	0.3333
ECFBS_dummy$_3$	7386	0.3079	0.4616	0	0	0	1.0000	1.0000
ECFBS$_3$	7386	−0.0960	0.1905	−0.5580	−0.2293	−0.0971	0.0331	0.3529
Invest_Long	7386	0.0559	0.0497	0.0003	0.0187	0.0424	0.0780	0.2366
Invest_Short	7386	0.0322	0.0644	0	0	0.0051	0.0322	0.3684
Inv_Resid	7386	0.0266	0.0272	0	0.0087	0.0187	0.0346	0.2338
Inshold	7386	0.0662	0.0714	0	0.0110	0.0424	0.1000	0.5192
Fsh	7386	0.4494	0.1556	0.1551	0.3242	0.4459	0.5658	0.8309
Top2_10	7386	0.2650	0.1211	0.0148	0.1751	0.2594	0.3486	0.5581
Separation	7386	0.0516	0.0760	0	0	0.0031	0.0891	0.2887
Growth	7386	0.2557	0.5569	−0.6312	0.0195	0.1572	0.3385	4.6664
Size	7386	21.8478	1.0319	19.2368	21.0975	21.7343	22.4806	24.8432
Lev	7386	0.3810	0.1932	0.0436	0.2225	0.3705	0.5198	0.9738
Age	7386	2.7074	0.4003	1.3863	2.4849	2.7726	2.9957	3.4657

续表

变量	N	mean	sd	min	p25	p50	p75	max
Indr	7386	0.3764	0.0528	0.3333	0.3333	0.3333	0.4286	0.5714
Cash	7386	0.1675	0.1317	0.0079	0.0764	0.1279	0.2166	0.7211
Dual	7386	0.3692	0.4826	0	0	0	1.0000	1.0000
FCEO	7386	0.5073	0.5000	0	0	1.0000	1.0000	1.0000

资料来源：作者经 Stata 软件统计结果整理而得。

表 6 - 6 列示了主要变量分组均值差异性检验的结果。可以看到，与不存在家族董事席位超额控制的公司相比，企业价值 TQ 的均值在家族董事席位超额控制的公司显著更高，这说明家族董事席位超额控制有利于提升公司的企业价值，初步支持了假设 6 - 1b。从投资决策变量来看，长期投资强度 Invest_Long 的均值在家族董事席位超额控制的公司中显著更高，即存在家族董事席位超额控制的公司更愿意增加长期投资强度；短期投资强度 Invest_Short 的均值在家族董事席位超额控制的公司中显著更低，表明家族董事席位超额控制能够降低企业的短期投资强度；非效率投资 Inv_Resid 的均值在家族董事席位超额控制的公司中显著更低，即家族董事席位超额控制有助于减少企业的非效率投资。从其他控制变量的均值差异性检验结果来看，机构持股比例 Inshold 的均值在家族董事席位超额控制的公司中显著更高，表明机构投资者更看好这类企业，愿意持有更多的股份；两权分离度 Separation 的均值在家族董事席位超额控制的公司更高；Lev 的均值在家族董事席位超额控制的公司中更高，说明这类公司更有可能利用财务杠杆来拓展其发展空间；Dual 的均值在家族董事席位超额控制的公司中更低，说明家族董事席位超额控制的公司更愿意降低代理冲突；FCEO 的均值在家族董事席位超额控制的公司中较低，即家族董事席位超额控制的公司更愿意聘请职业经理人，这也有助于缓解代理冲突。

表 6 - 6　　　　　　　主要变量分组均值差异性检验

变量	ECFBS_dummy$_1$ = 1				ECFBS_dummy$_1$ = 0				t-statistic
	N	Mean	P50	sd	N	Mean	P50	sd	
TQ	1014	2.4105	1.9378	1.4667	6372	2.1243	1.7169	1.2307	0.2862 ***
Invest_Long	1014	0.0621	0.0494	0.0549	6372	0.0550	0.0414	0.0488	0.0071 ***

续表

变量	ECFBS_dummy$_1$ = 1				ECFBS_dummy$_1$ = 0				t-statistic
	N	Mean	P50	sd	N	Mean	P50	sd	
Invest_Short	1014	0.0288	0.0048	0.0560	6372	0.0328	0.0052	0.0657	− 0.0039 **
Inv_Resid	1014	0.0221	0.0153	0.0241	6372	0.0273	0.0194	0.0275	− 0.0052 ***
Inshold	1014	0.0789	0.0539	0.0812	6372	0.0642	0.0405	0.0695	0.0147 ***
Fsh	1014	0.3039	0.2889	0.1015	6372	0.4726	0.4738	0.1501	− 0.1687 ***
Top2_10	1014	0.2254	0.2106	0.1115	6372	0.2713	0.2667	0.1214	− 0.0458 ***
Separation	1014	0.0692	0.0432	0.0766	6372	0.0488	0.0002	0.0755	0.0204 ***
Growth	1014	0.2049	0.1312	0.4858	6372	0.2638	0.1608	0.5670	− 0.0588 ***
Size	1014	22.0226	22.0125	1.0144	6372	21.8200	21.6966	1.0320	0.2026 ***
Lev	1014	0.4277	0.4296	0.1879	6372	0.3736	0.3587	0.1931	0.0541 ***
Age	1014	2.8150	2.8332	0.3587	6372	2.6902	2.7726	0.4040	0.1248 ***
Indr	1014	0.3638	0.3333	0.0477	6372	0.3784	0.3636	0.0532	− 0.0145 ***
Cash	1014	0.1481	0.1200	0.1112	6372	0.1706	0.1296	0.1344	− 0.0225 ***
Dual	1014	0.2633	0	0.4406	6372	0.3861	0	0.4869	− 0.1228 ***
FCEO	1014	0.3442	0	0.4753	6372	0.5333	1.0000	0.4989	− 0.1891 ***

注：*** 、** 、* 分别表示在1%、5%和10%的水平上显著；其他两种方法下进行分组均值差异性检验仍然得到类似结果。

资料来源：作者经 Stata 软件统计结果整理而得。

6.4.2　实证结果与分析

1. 家族董事席位超额控制与企业价值

为了检验家族董事席位超额控制对企业价值的影响，本章依据模型
（6 - 2）进行面板数据回归，表 6 - 7 汇报了检验结果。第（1）列中
ECFBS_dummy$_1$ 对 TQ 的回归系数为 0.4622，第（2）列中 ECFBS$_1$ 对 TQ 的
回归系数为 0.6672，均在 1% 的水平上显著，说明家族董事席位超额控制会
对企业价值产生显著的正向影响，假设 6 - 1b 得到验证，即支持了效率观假
设；第（3）列中 ECFBS_dummy$_2$ 对 TQ 的回归系数为 0.2136，在 1% 的水平
上显著，第（4）列中 ECFBS$_2$ 对 TQ 的回归系数为 0.3074，在 5% 的水平上
显著，该回归结果同样支持假设 6 - 1b；第（5）列中 ECFBS_dummy$_3$ 对 TQ

的回归系数为 0.0918，在 5% 的水平上显著，第（6）列中 ECFBS$_3$ 对 TQ 的回归系数为 0.4504，在 1% 的水平上显著，假设 6 - 1b 依然成立。可见，在三种不同度量的方法下，家族董事席位超额控制行为及程度与企业价值之间的关系具有一致性[①]。究其可能的原因，随着家族董事席位超额控制程度的提高，控股家族更有能力通过影响董事会议案来参与公司的经营决策，此时家族参与经营管理的程度更深，会投入更多的人力资本和专用性资产，由此使得家族与企业的利益融为一体，这将有助于实现家族企业的长期发展目标，从而提升了企业价值。

表 6 - 7　　　　　　　　　　家族董事席位超额控制与企业价值

变量	TQ					
	（1）	（2）	（3）	（4）	（5）	（6）
ECFBS_dummy$_1$	0.4622 *** （7.58）					
ECFBS$_1$		0.6672 *** （3.54）				
ECFBS_dummy$_2$			0.2136 *** （4.27）			
ECFBS$_2$				0.3074 ** （1.99）		
ECFBS_dummy$_3$					0.0918 ** （2.32）	
ECFBS$_3$						0.4504 *** （2.65）
Inshold	2.5042 *** （9.48）	2.5505 *** （9.66）	2.5462 *** （9.69）	2.5614 *** （9.68）	2.5777 *** （9.78）	2.5496 *** （9.63）
Fsh	- 0.3285 （- 1.24）	- 0.3430 （- 1.21）	- 0.5166 * （- 1.93）	- 0.5153 * （- 1.79）	- 0.6318 ** （- 2.31）	- 0.3939 （- 1.34）

① 需要说明的是，由于家族持股比例可能会对家族董事比例产生较大影响，本章借鉴赵宜一和吕长江（2017）的做法，建立如下回归模型：$Fbd_{i,t} = \alpha_0 + \alpha_1 Fsh_{i,t} + \Sigma Industry + \Sigma Year + \varepsilon_{i,t}$，其中，Fbd 为家族董事比例、Fsh 为家族持股比例，以回归残差来度量家族董事席位超额控制程度，依然划分为连续变量和虚拟变量，重复模型 6 - 2 的检验，研究结论仍然保持不变。

续表

变量	TQ					
	（1）	（2）	（3）	（4）	（5）	（6）
Top2_10	0.1902	0.1229	0.1316	0.1086	0.1082	0.1186
	（0.77）	（0.49）	（0.53）	（0.43）	（0.43）	（0.47）
Separation	0.3583	0.2292	0.2735	0.2213	0.2243	0.2349
	（0.83）	（0.52）	（0.62）	（0.50）	（0.51）	（0.53）
Growth	0.0107	0.0108	0.0095	0.0097	0.0082	0.0110
	（0.51）	（0.51）	（0.45）	（0.46）	（0.39）	（0.52）
Size	−0.5948***	−0.5992***	−0.5973***	−0.5957***	−0.5958***	−0.5981***
	（−10.95）	（−10.90）	（−10.89）	（−10.75）	（−10.75）	（−10.83）
Lev	0.6567***	0.6642***	0.6707***	0.6662***	0.6719***	0.6656***
	（3.92）	（3.95）	（3.98）	（3.95）	（3.97）	（3.94）
Age	0.3302*	0.2925	0.3315*	0.3131	0.3301*	0.3063
	（1.74）	（1.54）	（1.74）	（1.64）	（1.73）	（1.61）
Indr	0.4571	0.4762	0.5126	0.5235	0.5411	0.5161
	（1.10）	（1.17）	（1.24）	（1.27）	（1.31）	（1.26）
Cash	0.1428	0.1613	0.1471	0.1508	0.1450	0.1548
	（0.91）	（1.02）	（0.93）	（0.95）	（0.92）	（0.98）
Dual	−0.0333	−0.0233	−0.0269	−0.0269	−0.0272	−0.0239
	（−0.71）	（−0.50）	（−0.58）	（−0.58）	（−0.58）	（−0.51）
FCEO	−0.0328	−0.0340	−0.0300	−0.0301	−0.0305	−0.0331
	（−0.65）	（−0.68）	（−0.60）	（−0.60）	（−0.61）	（−0.66）
Constant	13.9196***	14.1947***	14.0757***	14.1435***	14.1140***	14.1584***
	（10.76）	（10.92）	（10.87）	（10.81）	（10.77）	（10.86）
Year	Control	Control	Control	Control	Control	Control
Industry	Control	Control	Control	Control	Control	Control
N	7386	7386	7386	7386	7386	7386
R²	0.3801	0.3700	0.3709	0.3683	0.3684	0.3690

注：***、**、*分别表示在1%、5%和10%的水平上显著，括号内为 t 值。

从其他控制变量来看，Inshold 对 TQ 的回归系数全部显著为正，表明机构持股比例越高，家族企业的公司价值越高，这说明外部治理对公司价值具有促进作用。Fsh 对 TQ 的回归系数虽然部分不显著，但仍然与公司价值之间保持负相关关系，这表明家族持股比例会对企业价值产生负向影响，即一股独大会削弱家族控制所带来的竞争优势。为此，控股家族为了提升企业的经营绩效，可能会从董事会层面嵌入更多的控制权，以抵消家族持股比例增加所带来的负面效应，因而提高家族董事席位超额控制程度就具有一定的合理性。Size 对 TQ 的回归系数显著为负，这说明家族企业规模越大，由于其组织结构更复杂，可能使得内部资源协调困难，进而不利于提升企业价值。Lev 对 TQ 的回归系数全部显著为正，意味着家族企业资产负债率越高的时候，控股家族更有可能利用财务杠杆来提升公司的企业价值。

2. 企业投资决策与企业价值

为了检验家族企业投资决策对企业价值的影响，本章依据模型（6－3）、模型（6－4）进行面板数据回归，检验结果如表6－8所示。第（1）列中 Invest_Long 对 TQ 的回归系数为 1. 1175，在 1% 的水平上显著，第（2）列中 Invest_Short 对 TQ 的回归系数为 － 0. 3127，但不显著，假设 6－2 仅得到部分验证。虽然，假设 6－2 只得到了部分支持，但这一结果依然说明家族企业增加长期投资强度有利于提升企业价值。第（3）列中 Inv_Resid 对 TQ 的回归系数为 － 0. 7405，在 1% 的水平上显著，说明家族企业减少非效率投资能够提升公司的企业价值，与假设 6－3 的预期一致。综上，家族企业增加长期投资强度和减少非效率投资均可以提升公司的企业价值。

表6－8　　　　　　　　　企业投资决策与公司价值

变量	TQ		
	（1）	（2）	（3）
Invest_Long	1. 1175 *** （4. 15）		
Invest_Short		－ 0. 3127 （ － 1. 21）	
Inv_Resid			－ 0. 7405 *** （ － 3. 40）

续表

变量	TQ		
	（1）	（2）	（3）
Inshold	2. 6237 ***	2. 5985 ***	2. 6123 ***
	（12. 56）	（9. 91）	（9. 94）
Fsh	− 0. 6922 ***	− 0. 7550 ***	− 0. 7378 ***
	（− 3. 76）	（− 2. 82）	（− 2. 76）
Top2_10	0. 1364	0. 0988	0. 1155
	（0. 75）	（0. 39）	（0. 45）
Separation	0. 1603	0. 1788	0. 1899
	（0. 43）	（0. 40）	（0. 43）
Growth	0. 0076	0. 0061	0. 0111
	（0. 39）	（0. 29）	（0. 52）
Size	− 0. 5858 ***	− 0. 5915 ***	− 0. 5936 ***
	（− 17. 27）	（− 10. 70）	（− 10. 64）
Lev	0. 6055 ***	0. 6099 ***	0. 6048 ***
	（5. 05）	（3. 83）	（3. 84）
Age	0. 2872 **	0. 3373 *	0. 3118
	（1. 99）	（1. 76）	（1. 61）
Indr	0. 5579	0. 5644	0. 5646
	（1. 57）	（1. 38）	（1. 38）
Cash	− 0. 0286	− 0. 0286	− 0. 0274
	（− 0. 62）	（− 0. 62）	（− 0. 59）
Dual	− 0. 0207	− 0. 0249	− 0. 0239
	（− 0. 43）	（− 0. 50）	（− 0. 48）
FCEO	14. 2178 ***	14. 1159 ***	14. 2737 ***
	（16. 72）	（10. 69）	（10. 72）
Constant	2. 6237 ***	2. 5985 ***	2. 6123 ***
	（12. 56）	（9. 91）	（9. 94）
Year	Control	Control	Control
Industry	Control	Control	Control
N	7386	7386	7386
R^2	0. 3694	0. 3677	0. 3689

注：***、**、*分别表示在1%、5%和10%的水平上显著，括号内为t值。

3. 家族董事席位超额控制、企业投资结构与企业价值

为了考察家族董事席位超额控制对企业投资结构与企业价值之间关系的影响，本章依据模型（6－5）进行面板数据回归，检验结果如表6－9和表6－10所示。表6－9报告了家族董事席位超额控制对长期投资强度与企业价值之间关系影响。第（1）列中交乘项 $ECFBS\_dummy_1 \times Invest\_Long$ 对 TQ 的回归系数为 1.2827，在 10% 的水平上显著，第（2）列中交乘项 $ECFBS_1 \times Invest\_Long$ 对 TQ 的回归系数为 1.0551，在 5% 的水平上显著；第（3）列中交乘 $ECFBS\_dummy_2 \times Invest\_Long$ 对 TQ 的回归系数为 0.9715，第（4）列中交乘项 $ECFBS_2 \times Invest\_Long$ 对 TQ 的回归系数为 0.8830，均在 10% 的水平上显著；第（5）列中交乘项 $ECFBS\_dummy_3 \times Invest\_Long$ 对 TQ 的回归系数为 0.8612，在 10% 的水平上显著，第（6）列中交乘项 $ECFBS_3 \times Invest\_Long$ 对 TQ 的回归系数为 1.1225，在 5% 的水平上显著。以上回归结果说明，长期投资强度与企业价值之间的正相关关系在家族董事席位超额控制程度较高的公司中更为显著。

表 6 – 9　　家族董事席位超额控制、长期投资强度与企业价值

变量	TQ					
	（1）	（2）	（3）	（4）	（5）	（6）
Invest_Long	0.9471 ***	0.9739 ***	0.8011 ***	0.9332 ***	0.8127 **	0.9031 ***
	(3.39)	(3.49)	(2.61)	(3.26)	(2.23)	(3.13)
$ECFBS\_dummy_1$	0.5306 ***					
	(9.67)					
$ECFBS_1$		0.5362 ***				
		(3.37)				
$ECFBS\_dummy_2$			0.2580 ***			
			(5.26)			
$ECFBS_2$				0.1985		
				(1.48)		
$ECFBS\_dummy_3$					0.1336 ***	
					(3.03)	

续表

变量	TQ					
	（1）	（2）	（3）	（4）	（5）	（6）
$ECFBS_3$						0.3236**
						(2.26)
$ECFBS\_dummy_1 \times$ Invest_Long	1.2827*					
	(1.87)					
$ECFBS_1 \times$ Invest_Long		1.0551**				
		(2.03)				
$ECFBS\_dummy_2 \times$ Invest_Long			0.9715*			
			(1.73)			
$ECFBS_2 \times$ Invest_Long				0.8830*		
				(1.81)		
$ECFBS\_dummy_3 \times$ Invest_Long					0.8612*	
					(1.77)	
$ECFBS_3 \times$ Invest_Long						1.1225**
						(1.96)
Inshold	2.5515***	2.5647***	2.5928***	2.5784***	2.6101***	2.5646***
	(12.25)	(12.28)	(12.35)	(12.32)	(12.48)	(12.26)
Fsh	-0.3546*	-0.2481	-0.5492***	-0.4174**	-0.5754***	-0.2863
	(-1.88)	(-1.21)	(-2.86)	(-1.99)	(-3.00)	(-1.34)
Top2_10	0.1846	0.1571	0.1221	0.1392	0.1421	0.1505
	(1.02)	(0.87)	(0.67)	(0.77)	(0.78)	(0.83)
Separation	0.4434	0.2083	0.3458	0.1944	0.1917	0.2090
	(1.18)	(0.55)	(0.91)	(0.52)	(0.51)	(0.56)
Growth	0.0113	0.0114	0.0096	0.0103	0.0075	0.0117
	(0.56)	(0.58)	(0.48)	(0.52)	(0.38)	(0.59)
Size	-0.5898***	-0.5930***	-0.5915***	-0.5908***	-0.5894***	-0.5934***
	(-17.28)	(-17.49)	(-17.18)	(-17.40)	(-17.34)	(-17.48)
Lev	0.6338***	0.6323***	0.6488***	0.6372***	0.6647***	0.6346***
	(5.01)	(4.98)	(5.08)	(5.01)	(5.22)	(4.99)
Age	0.3006**	0.2274	0.3052**	0.2519*	0.3096**	0.2446*
	(2.07)	(1.57)	(2.09)	(1.74)	(2.14)	(1.69)

续表

变量	TQ					
	（1）	（2）	（3）	（4）	（5）	（6）
Indr	0.4344 (1.23)	0.4639 (1.30)	0.4789 (1.34)	0.5113 (1.43)	0.5307 (1.49)	0.5015 (1.41)
Cash	0.1209 (0.96)	0.1145 (0.90)	0.1301 (1.02)	0.1044 (0.82)	0.1282 (1.01)	0.1085 (0.86)
Dual	−0.0351 (−0.76)	−0.0236 (−0.51)	−0.0272 (−0.59)	−0.0269 (−0.58)	−0.0244 (−0.53)	−0.0241 (−0.52)
FCEO	−0.0232 (−0.48)	−0.0284 (−0.59)	−0.0220 (−0.45)	−0.0242 (−0.50)	−0.0282 (−0.58)	−0.0270 (−0.56)
Constant	13.8064 *** (13.41)	14.3118 *** (16.85)	13.9253 *** (13.41)	14.2667 *** (16.77)	14.1067 *** (16.58)	14.2822 *** (16.80)
Year	Control	Control	Control	Control	Control	Control
Industry	Control	Control	Control	Control	Control	Control
N	7386	7386	7386	7386	7386	7386
R^2	0.3887	0.3723	0.3786	0.3705	0.3698	0.3712

注：***、**、* 分别表示在1%、5%和10%的水平上显著，括号内为 t 值。

表 6 – 10 家族董事席位超额控制、短期投资强度与企业价值

变量	TQ					
	（1）	（2）	（3）	（4）	（5）	（6）
Invest_Short	−0.0475 (−0.17)	−0.5872 ** (−2.27)	−0.0558 (−0.22)	−0.6928 *** (−2.70)	−0.1294 (−0.47)	−0.6655 *** (−2.58)
ECFBS_dummy$_1$	0.5138 *** (7.53)					
ECFBS$_1$		0.7954 *** (4.00)				
ECFBS_dummy$_2$			0.2655 *** (4.83)			
ECFBS$_2$				0.4740 *** (2.93)		
ECFBS_dummy$_3$					0.1370 *** (3.18)	

续表

变量	TQ					
	(1)	(2)	(3)	(4)	(5)	(6)
ECFBS$_3$						0.5960 ***
						(3.34)
ECFBS_dummy$_1$ × Invest_Short	1.4752 ***					
	(3.12)					
ECFBS$_1$ × Invest_Short		4.1482 ***				
		(2.91)				
ECFBS_dummy$_2$ × Invest_Short			1.5436 ***			
			(3.77)			
ECFBS$_2$ × Invest_Short				5.0690 ***		
				(4.20)		
ECFBS_dummy$_3$ × Invest_Short					1.2897 ***	
					(4.15)	
ECFBS$_3$ × Invest_Short						4.4473 ***
						(3.74)
Inshold	2.4921 ***	2.5432 ***	2.5420 ***	2.5458 ***	2.5783 ***	2.5368 ***
	(9.46)	(9.65)	(9.71)	(9.66)	(9.82)	(9.61)
Fsh	−0.3250	−0.3543	−0.4923 *	−0.5122 *	−0.6076 **	−0.3963
	(−1.23)	(−1.25)	(−1.84)	(−1.78)	(−2.22)	(−1.35)
Top2_10	0.1831	0.1010	0.1172	0.0879	0.0934	0.0953
	(0.74)	(0.40)	(0.47)	(0.35)	(0.37)	(0.38)
Separation	0.3682	0.2111	0.2724	0.2007	0.2051	0.2212
	(0.86)	(0.48)	(0.62)	(0.46)	(0.47)	(0.50)
Growth	0.0116	0.0115	0.0108	0.0117	0.0097	0.0126
	(0.56)	(0.55)	(0.51)	(0.55)	(0.46)	(0.60)
Size	−0.5965 ***	−0.6029 ***	−0.5978 ***	−0.6017 ***	−0.5980 ***	−0.6031 ***
	(−11.03)	(−10.95)	(−10.96)	(−10.87)	(−10.83)	(−10.92)
Lev	0.6427 ***	0.6483 ***	0.6425 ***	0.6400 ***	0.6420 ***	0.6421 ***
	(3.79)	(3.81)	(3.76)	(3.75)	(3.74)	(3.76)
Age	0.3292 *	0.2801	0.3284 *	0.2851	0.3169 *	0.2823
	(1.74)	(1.49)	(1.73)	(1.51)	(1.67)	(1.50)

续表

变量	TQ					
	（1）	（2）	（3）	（4）	（5）	（6）
Indr	0.4609	0.4947	0.5696	0.5750	0.5898	0.5546
	(1.12)	(1.21)	(1.38)	(1.41)	(1.44)	(1.36)
Cash	0.1319	0.1657	0.1353	0.1648	0.1360	0.1659
	(0.83)	(1.04)	(0.85)	(1.03)	(0.85)	(1.04)
Dual	−0.0368	−0.0238	−0.0312	−0.0296	−0.0279	−0.0256
	(−0.79)	(−0.51)	(−0.67)	(−0.64)	(−0.60)	(−0.55)
FCEO	−0.0283	−0.0317	−0.0239	−0.0226	−0.0255	−0.0278
	(−0.57)	(−0.64)	(−0.48)	(−0.45)	(−0.51)	(−0.56)
Constant	13.9500***	14.2895***	14.0645***	14.3006***	14.0831***	14.2920***
	(10.80)	(10.97)	(10.87)	(10.96)	(10.78)	(10.96)
Year	Control	Control	Control	Control	Control	Control
Industry	Control	Control	Control	Control	Control	Control
N	7386	7386	7386	7386	7386	7386
R^2	0.3812	0.3712	0.3724	0.3710	0.3698	0.3710

注：***、**、*分别表示在1%、5%和10%的水平上显著，括号内为 t 值。

同时，表 6 - 10 列示了家族董事席位超额控制对短期投资强度与企业价值之间关系影响的结果。第（1）列中交乘项 $ECFBS\_dummy_1 \times Invest\_Short$ 对 TQ 的回归系数为 1.4752，第（2）列中交乘项 $ECFBS_1 \times Invest\_Short$ 对 TQ 的回归系数为 4.1482，均在 1% 的水平上显著；第（3）列中交乘 $ECFBS\_dummy_2 \times Invest\_Short$ 对 TQ 的回归系数为 1.5436，第（4）列中交乘项 $ECFBS_2 \times Invest\_Short$ 对 TQ 的回归系数为 5.0690，均在 1% 的水平上显著；第（5）列中交乘项 $ECFBS\_dummy_3 \times Invest\_Short$ 对 TQ 的回归系数为 1.2897，第（6）列中交乘项 $ECFBS_3 \times Invest\_Short$ 对 TQ 的回归系数为 4.4473，均在 1% 的水平上显著。上述检验结果表明，家族董事席位超额控制程度越高，短期投资强度对企业价值的负向影响越弱。

综上所述，家族董事席位超额控制不仅会强化长期投资强度对企业价值的正向影响，也会削弱短期投资强度对企业价值的负向影响，假设 6 - 4b 得到了支持。

4. 家族董事席位超额控制、企业投资效率与企业价值

为了考察家族董事席位超额控制对投资效率与企业价值之间关系的影响，本章依据模型（6-6）进行面板数据回归，表 6-11 报告了检验结果。第（1）列中交乘项 ECFBS_dummy$_1$ × Inv_Resid 对 TQ 的回归系数为 -2.1346，第（2）列中交乘项 ECFBS$_1$ × Inv_Resid 对 TQ 的回归系数为 -4.6920，均在 10% 的水平上显著；第（3）列中交乘项 ECFBS_dummy$_2$ × Inv_Resid 对 TQ 的回归系数为 -2.0991，在 5% 的水平上显著，第（4）列中交乘项 ECFBS$_2$ × Inv_Resid 对 TQ 的回归系数为 -4.2449，在 10% 的水平上显著；第（5）列中交乘项 ECFBS_dummy$_3$ × Inv_Resid 对 TQ 的回归系数为 -1.0415，虽然不显著，但两者仍然保持了正相关关系，第（6）列中交乘项 ECFBS$_3$ × Inv_Resid 对 TQ 的回归系数为 -4.4364，在 5% 的水平上显著。上述回归结构表明，家族董事席位超额控制会强化投资效率与企业价值之间的正相关关系，假设 6-5b 得到了验证。

表 6-11　　　　家族董事席位超额控制、企业投资效率与企业价值

变量	TQ					
	（1）	（2）	（3）	（4）	（5）	（6）
Inv_Resid	-0.7689 *** (-3.66)	-0.0515 (-0.10)	-0.8370 * (-1.72)	-0.0238 (-0.05)	-0.6875 (-1.34)	-0.0466 (-0.09)
ECFBS_dummy$_1$	0.4180 *** (8.24)					
ECFBS$_1$		0.5385 *** (3.32)				
ECFBS_dummy$_2$			0.1641 *** (3.55)			
ECFBS$_2$				0.2297 * (1.71)		
ECFBS_dummy$_3$					0.0699 * (1.65)	
ECFBS$_3$						0.3329 ** (2.37)

续表

变量	TQ					
	（1）	（2）	（3）	（4）	（5）	（6）
$ECFBS\_dummy_1 \times$ Inv_Resid	−2.1346 * (−1.75)					
$ECFBS_1 \times$ Inv_Resid		−4.6920 * (−1.68)				
$ECFBS\_dummy_2 \times$ Inv_Resid			−2.0991 ** (−2.02)			
$ECFBS_2 \times$ Inv_Resid				−4.2449 * (−1.94)		
$ECFBS\_dummy_3 \times$ Inv_Resid					−1.0415 (−1.12)	
$ECFBS_3 \times$ Inv_Resid						−4.4364 ** (−1.99)
Inshold	2.4868 *** (11.98)	2.5458 *** (12.18)	2.5398 *** (12.16)	2.5505 *** (12.18)	2.5496 *** (12.17)	2.5412 *** (12.14)
Fsh	−0.3633 * (−1.95)	−0.3388 * (−1.65)	−0.4995 *** (−2.64)	−0.4817 ** (−2.31)	−0.6827 *** (−3.57)	−0.3854 * (−1.82)
Top2_10	0.2268 (1.27)	0.1196 (0.66)	0.1297 (0.72)	0.1057 (0.58)	0.1360 (0.75)	0.1122 (0.62)
Separation	0.2809 (0.75)	0.2163 (0.58)	0.2556 (0.68)	0.2065 (0.55)	0.1737 (0.46)	0.2182 (0.58)
Growth	0.0143 (0.73)	0.0135 (0.68)	0.0119 (0.60)	0.0127 (0.64)	0.0093 (0.47)	0.0141 (0.71)
Size	−0.5717 *** (−17.12)	−0.5990 *** (−17.65)	−0.5966 *** (−17.60)	−0.5955 *** (−17.53)	−0.5717 *** (−16.93)	−0.5976 *** (−17.59)
Lev	0.5824 *** (4.63)	0.6583 *** (5.18)	0.6648 *** (5.24)	0.6582 *** (5.18)	0.6108 *** (4.80)	0.6569 *** (5.17)
Age	0.2850 ** (2.00)	0.2774 * (1.92)	0.3159 ** (2.19)	0.2928 ** (2.02)	0.2973 ** (2.06)	0.2878 ** (1.99)
Indr	0.4349 (1.24)	0.4750 (1.33)	0.5157 (1.45)	0.5224 (1.46)	0.5210 (1.46)	0.5216 (1.46)

续表

变量	TQ					
	（1）	（2）	（3）	（4）	（5）	（6）
Cash	0.1552 (1.24)	0.1531 (1.21)	0.1391 (1.10)	0.1430 (1.13)	0.1744 (1.38)	0.1452 (1.15)
Dual	−0.0338 (−0.74)	−0.0225 (−0.49)	−0.0278 (−0.60)	−0.0259 (−0.56)	−0.0314 (−0.68)	−0.0233 (−0.50)
FCEO	−0.0413 (−0.87)	−0.0351 (−0.73)	−0.0297 (−0.62)	−0.0315 (−0.65)	−0.0407 (−0.84)	−0.0342 (−0.71)
Constant	13.5024*** (18.07)	14.2619*** (16.75)	14.1481*** (16.63)	14.2088*** (16.67)	13.6611*** (18.10)	14.2202*** (16.69)
Year	Control	Control	Control	Control	Control	Control
Industry	Control	Control	Control	Control	Control	Control
N	7386	7386	7386	7386	7386	7386
R^2	0.3750	0.3704	0.3714	0.3690	0.3617	0.3695

注：***、**、*分别表示在1%、5%和10%的水平上显著，括号内为t值。

6.4.3　进一步研究

1. 投资决策与企业价值之间关系的进一步探讨

前文发现，长期投资强度与企业价值显著正相关，而长期投资强度又由资本支出强度与研发支出强度两部分构成。其中，资本支出强度（Invest_Cap）等于构建固定资产、无形资产和其他长期资产支付现金的总额除以总资产，研发支出强度（Invest_R&D）等于研发支出总额除以总资产。为了进一步探讨资本支出强度和研发支出强度对企业价值的影响，本小节构建如下模型：

$$TQ_{i,t+1} = \beta_0 + \beta_1 Invest\_Cap_{i,t}/Invest\_R\&D_{i,t} + Controls_{i,t}$$
$$+ \sum Year + \sum Industry + \varepsilon_{i,t} \qquad (6-7)$$

同样，上述研究发现，企业非效率投资与企业价值显著负相关，而非效率投资又包括过度投资（Over_Inv）和投资不足（Under_Inv）两部分。为了进一步考察过度投资和投资不足对企业价值的影响，建立以下模型：

$$TQ_{i,t+1} = \beta_0 + \beta_1 Over\_Inv_{i,t}/Under\_Inv_{i,t} + Controls_{i,t}$$
$$+ \sum Year + \sum Industry + \varepsilon_{i,t} \qquad (6-8)$$

表 6 - 12 分别报告了模型（6 - 7）和模型（6 - 8）的回归结果。第（1）列中 Invest_Cap 对 TQ 的回归系数为 1.0685，在 1% 的水平上显著，第（2）列中 Invest_R&D 对 TQ 的回归系数为 2.5599，但不显著。这说明长期投资强度对企业价值的显著影响主要源于资本支出强度的增加，而没有证据表明研发支出强度会显著地影响企业价值。第（3）列中 Over_Inv 对 TQ 的回归系数为 - 2.1272，在 10% 的水平上显著，第（4）中 Under_Inv 对 TQ 的回归系数为 2.1211，在 5% 的水平上显著，表明过度投资、投资不足都与企业价值显著负相关。因此，无论是过度投资还是投资不足均会对企业价值产生的负面影响。

表 6 - 12　　　　　　企业投资决策与企业价值之间关系进一步分析

变量	TQ			
	(1)	(2)	(3)	(4)
Invest_Cap	1.0685 *** (2.77)			
Invest_R&D		2.5599 (0.94)		
Over_Inv			- 2.1272 * (- 1.73)	
Under_Inv				2.1211 ** (2.13)
Inshold	2.6195 *** (10.00)	2.5877 *** (9.83)	2.3486 *** (6.80)	2.7602 *** (8.32)
Fsh	- 0.7050 *** (- 2.68)	- 0.7620 *** (- 2.83)	- 1.0290 *** (- 2.88)	- 0.4138 (- 1.55)
Top2_10	0.1273 (0.50)	0.0915 (0.36)	0.1484 (0.45)	0.6781 ** (2.48)

续表

变量	TQ			
	（1）	（2）	（3）	（4）
Separation	0.1725 （0.39）	0.1762 （0.39）	1.4002 ** （2.03）	0.2886 （0.52）
Growth	0.0078 （0.36）	0.0071 （0.33）	0.0248 （0.77）	0.0750 ** （2.29）
Size	− 0.5883 *** （− 10.57）	− 0.5895 *** （− 10.54）	− 0.5031 *** （− 7.47）	− 0.6649 *** （− 13.29）
Lev	0.6439 *** （3.82）	0.6560 *** （3.86）	0.0233 （0.10）	0.7740 *** （3.97）
Age	0.2937 （1.51）	0.3313 * （1.72）	0.2402 （0.87）	0.5678 *** （2.70）
Indr	0.5662 （1.38）	0.5392 （1.32）	0.8016 （1.17）	0.0931 （0.18）
Cash	0.1066 （0.67）	0.1425 （0.90）	− 0.7648 *** （− 2.97）	− 0.2777 （− 1.55）
Dual	− 0.0309 （− 0.66）	− 0.0295 （− 0.63）	0.0445 （0.53）	0.0379 （0.54）
FCEO	− 0.0204 （− 0.41）	− 0.0238 （− 0.48）	− 0.0708 （− 0.82）	− 0.1316 * （− 1.83）
Constant	14.2200 *** （10.68）	14.0768 *** （10.66）	13.1359 *** （7.42）	14.7107 *** （11.70）
Year	Control	Control	Control	Control
Industry	Control	Control	Control	Control
N	7386	7386	2992	4394
R^2	0.3693	0.3679	0.3604	0.3952

注：***、**、*分别表示在1%、5%和10%的水平上显著。

2. 家族董事席位超额控制在投资决策中的治理效应进一步探讨

在前文中，本章采用了三种方法来度量家族董事席位超额控制变量，并且得到了一致性的回归结果，在本章节中将采用最为严格的度量口径（ECFBS_dummy$_1$ 和 ECFBS$_1$，允许最适当委派人数的上浮或者下浮）来展开进一步分析。根据上文的研究结论，家族董事席位超额控制会对投资决策与企业价值之间的关系产生积极的影响。那么，家族董事席位超额控制究竟会对那些投资决策与企业价值之间的关系产生治理作用？这将是本部分要讨论与解决的问题。

首先，前文研究发现，只有家族企业的长期投资强度才会影响其企业价值，并且家族董事席位超额控制会强化长期投资强度与企业价值之间的正相关关系。而企业的长期投资强度又由资本支出强度与研发支出强度两部分构成，其中资本支出强度（Invest_Cap）等于构建固定资产、无形资产和其他长期资产支付的现金总额除以总资产，研发支出强度（Invest_R&D）等于研发支出总额除以总资产。那么，家族董事席位超额控制究竟会强化资本支出强度与企业价值之间的关系，还是会强化研发支出强度与企业价值之间的关系，或者是同时强化两者与企业价值之间的关系。为了回答上述问题，笔者建立如下模型：

$$
\begin{aligned}
TQ_{i,t+1} = {} & \alpha_0 + \alpha_1 ECFBS\_dummy_{i,t}/ECFBS_{i,t} \\
& + \alpha_2 Invest\_Cap_{i,t}/Invest\_R\&D_{i,t} \\
& + \alpha_3 ECFBS\_dummy_{i,t}/ECFBS_{i,t} \\
& \times Invest\_Cap_{i,t}/Invest\_R\&D_{i,t} \\
& + Controls_{i,t} + \sum Year + \sum Industry + \varepsilon_{i,t} \qquad (6-9)
\end{aligned}
$$

模型（6-9）的回归结果如表 6-13 所示。第（1）列中交乘项 ECFBS_dummy$_1$ × Invest_Cap 对 TQ 的回归系数为 1.1479，在 10% 的水平上显著，第（2）列中交乘项 ECFBS$_1$ × Invest_Cap 对 TQ 的回归系数为 3.1738，在 5% 的水平上显著；第（3）列中交乘项 ECFBS_dummy$_1$ × Invest_R&D 对 TQ 的回归系数为 3.6567，第（4）列中交乘项 ECFBS$_1$ × Invest_R&D 对 TQ 的回归系数为 19.5641，均不显著。上述回归结果表明，家族董事席位超额控制只会增强资本支出强度与企业价值之间的正向关系，而没有证据显示家族董事席位超额控制会显著地影响研发支出强度与企业价值之间的关系。

表6-13 家族董事席位超额控制在长期投资偏好中的治理效应进一步探讨

变量	TQ			
	（1）	（2）	（3）	（4）
Invest_Cap	0.9394 *** （3.32）	0.8238 *** （2.77）		
Invest_R&D			0.7493 （0.33）	2.9177 （1.13）
$ECFBS\_dummy_1$	0.5167 *** （9.57）		0.4696 *** （7.57）	
$ECFBS_1$		0.2418 * （1.86）		0.6998 *** （3.68）
$ECFBS\_dummy_1 \times$ Invest_Cap	1.1479 * （1.65）			
$ECFBS_1 \times$ Invest_Cap		3.1738 ** （2.19）		
$ECFBS\_dummy_1 \times$ Invest_R&D			3.6567 （0.55）	
$ECFBS_1 \times$ Invest_R&D				19.5641 （0.58）
Inshold	2.5423 *** （12.27）	2.5700 *** （12.28）	2.4954 *** （9.36）	2.5361 *** （9.60）
Fsh	-0.2628 （-1.41）	-0.4063 * （-1.95）	-0.3255 （-1.23）	-0.3314 （-1.17）
Top2_10	0.2292 （1.28）	0.1465 （0.81）	0.1907 （0.77）	0.1160 （0.46）
Separation	0.3252 （0.87）	0.1918 （0.51）	0.3527 （0.80）	0.2043 （0.46）
Growth	0.0112 （0.57）	0.0109 （0.55）	0.0107 （0.51）	0.0110 （0.52）
Size	-0.5908 *** （-17.58）	-0.5936 *** （-17.49）	-0.5930 *** （-10.82）	-0.5947 *** （-10.78）
Lev	0.6415 *** （5.09）	0.6400 *** （5.04）	0.6553 *** （3.90）	0.6588 *** （3.89）

变量	TQ			
	(1)	(2)	(3)	(4)
Age	0. 3019 **	0. 2484 *	0. 3251 *	0. 2811
	(2. 11)	(1. 71)	(1. 71)	(1. 47)
Indr	0. 4681	0. 5125	0. 4410	0. 4627
	(1. 33)	(1. 44)	(1. 07)	(1. 14)
Cash	0. 1102	0. 1147	0. 1460	0. 1656
	(0. 88)	(0. 90)	(0. 93)	(1. 05)
Dual	− 0. 0331	− 0. 0254	− 0. 0328	− 0. 0208
	(− 0. 72)	(− 0. 55)	(− 0. 70)	(− 0. 45)
FCEO	− 0. 0292	− 0. 0276	− 0. 0327	− 0. 0351
	(− 0. 61)	(− 0. 57)	(− 0. 65)	(− 0. 70)
Constant	13. 9788 ***	14. 3231 ***	13. 8982 ***	14. 1318 ***
	(16. 58)	(16. 83)	(10. 69)	(10. 85)
Year	Control	Control	Control	Control
Industry	Control	Control	Control	Control
N	7386	7386	7386	7386
R^2	0. 3820	0. 3707	0. 3802	0. 3705

注：***、**、*分别表示在1%、5%和10%的水平上显著，括号内为t值。

其次，前文同样发现，非效率投资会损害家族企业的企业价值，并且家族董事席位超额控制能够削弱非效率投资对企业价值的负面影响。而非效率投资又包括过度投资（Over_Inv）和投资不足（Under_Inv）两部分，那么家族董事席位超额控制究竟会削弱过度投资与企业价值之间的负相关关系，还是会削弱投资不足与企业价值之间的负相关关系，或者是同时削弱两者与企业价值之间的负相关关系。为了回答该问题，笔者建立如下模型：

$$TQ_{i,t+1} = \alpha_0 + \alpha_1 ECFBS\_dummy_{i,t}/ECFBS_{i,t} + \alpha_2 Over\_Inv_{i,t}$$
$$/Under\_Inv_{i,t} + \alpha_3 ECFBS\_dummy_{i,t}/ECFBS_{i,t}$$
$$\times Over\_Inv_{i,t}/Under\_Inv_{i,t} + Controls_{i,t}$$
$$+ \sum Year + \sum Industry + \varepsilon_{i,t} \qquad (6-10)$$

表 6 - 14 列示了模型（6 - 10）的检验结果。第（1）列中交乘项 $ECFBS\_dummy_1 \times Over\_Inv$ 对 TQ 的回归系数为 - 2.6067，第（2）列中交乘项 $ECFBS_1 \times Over\_Inv$ 对 TQ 的回归系数为 - 1.5944，均在 10% 的水平上显著；第（3）列中交乘项 $ECFBS\_dummy_1 \times Under\_Inv$ 对 TQ 的回归系数为 4.7726，在 10% 的水平上显著，第（4）列中交乘项 $ECFBS_1 \times Under\_Inv$ 对 TQ 的回归系数为 10.7693，在 5% 的水平上显著。以上回归结果说明，家族董事席位超额控制更有利于通过抑制过度投资与缓解投资不足来提升企业价值。

表 6 - 14　　　　家族董事席位超额控制在非效率投资中的治理效应进一步探讨

变量	TQ			
	（1）	（2）	（3）	（4）
Over_Inv	- 0.3135 (- 0.49)	- 0.5646 (- 0.98)		
Under_Inv			0.7367 (0.75)	2.0241 ** (1.99)
$ECFBS\_dummy_1$	0.3502 *** (3.58)		0.4737 *** (6.34)	
$ECFBS_1$		0.8685 ** (2.44)		0.3214 * (1.80)
$ECFBS\_dummy_1 \times$ Over_Inv	- 2.6067 * (- 1.74)			
$ECFBS_1 \times$ Over_Inv		- 1.5944 * (- 1.69)		
$ECFBS\_dummy_1 \times$ Under_Inv			4.7726 * (1.85)	
$ECFBS_1 \times$ Under_Inv				10.7693 ** (2.07)
Inshold	2.4561 *** (6.63)	2.3980 *** (6.45)	2.2682 *** (7.36)	2.2806 *** (7.28)
Fsh	- 0.9330 ** (- 2.14)	- 0.7101 (- 1.47)	- 0.2814 (- 1.10)	- 0.4537 (- 1.58)
Top2_10	- 0.6200 (- 1.56)	- 0.5592 (- 1.38)	0.7067 *** (2.78)	0.5843 ** (2.26)

续表

变量	TQ			
	(1)	(2)	(3)	(4)
Separation	1. 2467 * (1. 86)	0. 9974 (1. 49)	−0. 0973 (−0. 19)	−0. 1836 (−0. 35)
Growth	0. 0044 (0. 15)	0. 0154 (0. 58)	0. 0052 (0. 17)	0. 0030 (0. 10)
Size	−0. 5284 *** (−6. 51)	−0. 5209 *** (−6. 43)	−0. 6797 *** (−14. 62)	−0. 6821 *** (−14. 47)
Lev	0. 2969 (1. 17)	0. 3769 (1. 47)	0. 8002 *** (4. 42)	0. 7912 *** (4. 31)
Age	0. 2423 (0. 69)	0. 1946 (0. 57)	0. 3842 ** (1. 96)	0. 3290 * (1. 66)
Indr	0. 7731 (1. 09)	0. 7355 (0. 99)	0. 0718 (0. 15)	0. 2368 (0. 49)
Cash	−0. 2900 (−0. 95)	−0. 2313 (−0. 76)	0. 0777 (0. 47)	0. 0798 (0. 47)
Dual	0. 0313 (0. 39)	0. 0333 (0. 42)	−0. 0239 (−0. 37)	−0. 0044 (−0. 07)
FCEO	0. 0949 (1. 14)	0. 0759 (0. 91)	−0. 1001 (−1. 50)	−0. 1019 (−1. 50)
Constant	13. 0287 *** (6. 39)	13. 2450 *** (6. 58)	15. 7005 *** (13. 44)	15. 9932 *** (13. 51)
Year	Control	Control	Control	Control
Industry	Control	Control	Control	Control
N	2992	2992	4394	4394
R^2	0. 3899	0. 3696	0. 4145	0. 3984

注: *** 、 ** 、 * 分别表示在1%、5%和10%的水平上显著,括号内为 t 值。

6. 5　稳健性检验

在主检验中,本章对家族董事席位超额控制变量采用了不同的度量方法，并且得到了一致性的实证检验结果，说明考虑自变量的度量误差后，主要研究结论具有稳健性。因此，本章在稳健性检验中不再重复家族董事席位超额控制变量的上述更替方法，主要进行其他方面的稳健性检验，后续涉及家族董事席位超额控制变量时，仍然采用前文最为严格的度量口径（ECFBS_dummy$_1$ 和 ECFBS$_1$，允许最适当委派人数的上浮或者下浮）来展开检验。

6.5.1　内生性问题

家族董事席位超额控制对企业价值的影响可能存在潜在的内生性问题。首先，企业价值的高低可能会影响家族委派董事的人数，进而影响家族董事席位超额控制行为及程度；其次，本章的研究结论还可能会受到一些没有在模型中加以控制的遗漏变量的影响，即遗漏变量引起的内生性问题。为了尽可能地解决上述内生性问题，本部分利用工具变量法和双重差分法来尝试控制反向因果和一些遗漏变量对本章实证检验结果的影响。

1. 工具变量法

参考陈德球等（2013b）、刘星等（2020）的研究，本小节采用同年度同行业其他公司家族董事席位超额控制程度的均值（ECFBS$_1$_mean）作为工具变量，因为同年度同行业其他公司家族董事席位超额控制程度的均值与家族董事席位超额控制变量高度相关，但不大可能直接影响企业价值。因此，该工具变量从理论上既满足相关性的要求，也符合外生性的要求。表 6 - 15 给出了工具变量的回归结果，从第一阶段的结果来看，第（1）列中 ECFBS$_1$_mean 对 ECFBS_dummy$_1$ 的回归系数为 0.8437，第（2）列中 ECFBS$_1$_mean 对 ECFBS$_1$ 的回归系数为 0.7369，均在 1% 的水平上显著，说明 ECFBS$_1$_mean 符合工具变量的相关特征。从第二阶段回归结果来看，第（3）列中 ECFBS_dummy$_1$ 对 TQ 的回归系数为 0.7302，第（4）列中 ECFBS$_1$ 对 TQ 的回归系数为 0.8360，均在 5% 的水平上显著，表明家族董事席位超额控制行为及程度与企业价值显著正相关，假设 6 - 1b 仍然得到支持。可见，采用工具变量法控制内生性问题后，本章的主要研究结论保持不变。

表6-15 工具变量回归结果

变量	第一阶段		第二阶段	
	ECFBS_dummy$_1$	ECFBS$_1$	TQ	
	(1)	(2)	(3)	(4)
ECFBS$_1$_mean	0.8437 ***	0.7369 ***		
	(5.78)	(6.26)		
ECFBS_dummy$_1$			0.7302 **	
			(2.39)	
ECFBS$_1$				0.8360 **
				(2.38)
Inshold	0.1780 ***	0.0725 ***	2.4805 ***	2.5499 ***
	(2.81)	(3.19)	(11.31)	(11.95)
Fsh	-0.9434 ***	-0.8179 ***	-0.0989	-0.1041
	(-17.05)	(-41.21)	(-0.33)	(-0.35)
Top2_10	-0.1896 ***	-0.0580 ***	0.1913	0.1014
	(-3.44)	(-2.94)	(1.00)	(0.55)
Separation	-0.3897 ***	-0.1036 **	0.5439	0.3459
	(-3.42)	(-2.53)	(1.35)	(0.90)
Growth	-0.0070	-0.0070 ***	0.0113	0.0120
	(-1.16)	(-3.22)	(0.56)	(0.59)
Size	0.0028	0.0163 ***	-0.5941 ***	-0.6057 ***
	(0.26)	(4.37)	(-17.30)	(-17.19)
Lev	0.0139	0.0180	0.6472 ***	0.6724 ***
	(0.36)	(1.30)	(5.09)	(5.26)
Age	0.0156	0.0709 ***	0.3394 **	0.2915 *
	(0.36)	(4.50)	(2.34)	(1.96)
Indr	0.2123 **	0.0035	0.3728	0.5249
	(1.97)	(0.09)	(1.03)	(1.47)
Cash	-0.0018	-0.0311 **	0.1500	0.1746
	(-0.05)	(-2.26)	(1.19)	(1.37)

续表

变量	第一阶段		第二阶段	
	ECFBS_dummy$_1$	ECFBS$_1$	TQ	
	（1）	（2）	（3）	（4）
Dual	−0.0089	−0.0121**	−0.0351	−0.0185
	（−0.64）	（−2.40）	（−0.76）	（−0.40）
FCEO	0.0136	0.0168***	−0.0354	−0.0395
	（0.93）	（3.19）	（−0.73）	（−0.81）
Constant	0.1515	0.2573**	13.4428***	13.7685***
	（0.49）	（2.31）	（13.17）	（13.20）
Year	Control	Control	Control	Control
Industry	Control	Control	Control	Control
N	7386	7386	7386	7386

注：***、**、*分别表示在1%、5%和10%的水平上显著，括号内为 t 值。

2. 双重差分模型（DID）检验

为了更好地解决潜在的内生性问题，本部分考虑利用董事变更作为冲击事件，并参考戴亦一等（2016）的思路，采用双重差分模型（DID）来克服潜在的内生性问题。为此，本章建立如下双重差分模型来检验家族董事席位超额控制与企业价值之间的关系。

$$TQ_{i,t+1} = \gamma_0 + \gamma_1 Treat_{i,t} + \gamma_2 Change_{i,t} + \gamma_3 Treat_{i,t} \times Change_{i,t}$$
$$+ Controls_{i,t} + \sum Year + \sum industry + \varepsilon_{i,t} \qquad (6-11)$$

其中，Treat 为虚拟变量，当样本为处理组时取值为 1，否则取值为 0。本章以董事变前后两年作为研究窗口，第一情况将董事变更前后家族董事席位均为超额控制作为控制组，将董事变更前家族董事席位为超额控制，董事变更后家族董事席位变为非超额控制作为处理组。第二种情况将董事变更前后家族董事席位均为非超额控制作为控制组，将董事变更前家族董事席位为非超额控制，董事变更后家族董事席位变为超额控制作为处理组。Change 作为虚拟变量，如果样本期间内家族企业发生董事变更，将变更以后的年份 Change 取值为 1，变更以前的年份 Change 取值为 0。

表 6 - 16 给出了 DID 检验的回归结果①。第（1）列为上述第一种情况检验结果，第（1）列中交乘项 Treat × change 的回归系数为 - 0.8105，在 10% 的水平上显著，说明因董事变更家族董事席位由超额控制变为非超额控制会导致企业价值下降。第（2）列为上述第二种情况的检验结果，第（2）列中交乘项 Treat × change 的回归系数为 0.5130，在 1% 的水平上显著，表明因董事变更家族董事席位由非超额控制变为超额控制提升了企业价值。DID 检验结果再次证实家族董事席位超额控制会对企业价值产生显著的正向影响，因此本章的研究结论具有稳健性。

表 6 - 16 双重差分模型（DID）检验结果

变量	TQ	
	（1）	（2）
Treat	0.2828 * (1.78)	- 0.0516 (- 0.57)
change	- 0.0309 (- 0.19)	0.2129 *** (3.40)
Treat × change	- 0.8105 * (- 1.93)	0.5130 *** (3.37)
Inshold	3.6258 *** (4.96)	2.8535 *** (6.70)
Fsh	0.0068 (1.20)	- 0.0018 (- 0.67)
Top2_10	- 0.1508 (- 0.26)	- 0.5288 * (- 1.92)
Separation	- 1.5464 * (- 1.80)	1.4591 *** (3.52)
Growth	0.1845 *** (2.61)	0.0623 (1.64)
Size	- 0.7014 *** (- 8.31)	- 0.5847 *** (- 11.32)
Lev	0.5901 (1.08)	- 0.0650 (- 0.26)
Age	- 0.0153 (- 0.07)	0.1150 (1.33)

① 笔者在开展 DID 检验之前进行了平衡趋势检验，检验结果符合平衡趋势假设。

续表

变量	TQ	
	(1)	(2)
Indr	1.4433	0.0574
	(1.04)	(0.11)
Cash	1.5312 *	0.6431 **
	(1.90)	(2.43)
Dual	−0.1070	0.0817
	(−0.81)	(1.07)
FCEO	−0.0774	−0.0472
	(−0.56)	(−0.65)
Constant	17.4057 ***	14.6740 ***
	(10.14)	(12.64)
Year	Control	Control
Industry	Control	Control
N	381	2313
R^2	0.5487	0.3845

注：***、**、*分别表示在1%、5%和10%的水平上显著，括号内为 t 值。

6.5.2　剔除董事长权威的影响

董事长的权威在企业投资决策中具有重要的作用，而企业价值又是投资决策最为直接的经济后果，因此董事长的权威可能会影响企业价值，从而导致前文的研究结论不够稳健。为了增强研究结论的可靠性，本章对样本进行如下处理：首先识别出样本中董事长是否是由家族成员担任，其次再将董事长不是由家族成员担任的那部分样本剔除①，以保持参与回归的样本中董事长特征具有一致性。在此基础上，重复模型（6-2）、模型（6-5）、模型（6-6）的检验，表6-17报告了剔除董事长权威影响后的检验结果。第（1）列中 ECFBS_dummy$_1$ 对 TQ 的回归系数为0.5090，第（2）列中 ECFBS$_1$ 对 TQ 的回归系数为0.7270，均在1%的水平上显著，说明家族董事席位超额控制行为及程度与企业价值显著正相关，假设6-1b

———————

① 根据本章的数据统计，参加回归的样本中家族成员担任董事长的比例为80.60%。

依然成立。第（3）列中交乘项 $ECFBS\_dummy_1 \times Invest\_Long$ 对 TQ 的回归系数为 0.9802，在 10% 的水平上显著，第（4）列中交乘项 $ECFBS_1 \times Invest\_Long$ 对 TQ 的回归系数为 1.3365，在 5% 的水平上显著；第（5）列中交乘项 $ECFBS\_dummy_1 \times Invest\_Short$ 对 TQ 的回归系数为 1.6122，在 1% 的水平上显著，第（6）列中交乘项 $ECFBS_1 \times Invest\_Short$ 对 TQ 的回归系数为 2.8911，在 10% 的水平上显著。可见，家族董事席位超额控制不仅会增强长期投资强度对企业价值的正向影响，也会削弱短期投资强度对企业价值的负向影响，假设 6 - 4b 仍然得到支持。第（7）列中交乘项 $ECFBS\_dummy_1 \times Inv\_Resid$ 对 TQ 的回归系数为 - 1.9881，在 5% 的水平上显著，第（8）列中交乘项 $ECFBS_1 \times Inv\_Resid$ 对 TQ 的回归系数为 - 2.8958，在 10% 的水平上显著，表明家族董事席位超额控制会强化企业投资效率对公司价值的正向影响。因此，剔除董事长权威影响后，本章的主要研究结论依然保持不变。

表 6 - 17　　　　　　　　　剔除董事长权威影响后的检验结果

变量	TQ							
	(1)	(2)	(3)	(4)	(5)	(6)	(7)	(8)
$ECFBS\_dummy_1$	0.5090 *** (7.03)		0.5639 *** (10.30)		0.5525 *** (6.92)		0.5082 *** (7.07)	
$ECFBS_1$		0.7270 *** (3.31)		0.5578 *** (2.99)		0.7961 *** (4.64)		0.7071 *** (3.30)
$Invest\_Long$			0.7004 ** (1.98)	0.3598 (1.04)				
$Invest\_Short$					- 0.3797 (- 1.17)	- 0.8755 *** (- 2.83)		
Inv_Resid							- 0.7520 (- 1.50)	- 0.7785 (- 1.53)
$ECFBS\_dummy_1 \times$ $Invest\_Long$			0.9802 * (1.71)					
$ECFBS_1 \times$ $Invest\_Long$				1.3365 ** (2.27)				
$ECFBS\_dummy_1 \times$ $Invest\_Short$					1.6122 *** (2.80)			
$ECFBS_1 \times$ $Invest\_Short$						2.8911 * (1.83)		
$ECFBS\_dummy_1 \times$ Inv_Resid							- 1.9881 ** (- 1.98)	

续表

变量	TQ							
	(1)	(2)	(3)	(4)	(5)	(6)	(7)	(8)
ECFBS$_1$ × Inv_Resid								− 2.8958 * (− 1.74)
Inshold	2.7593 *** (11.62)	2.7925 *** (11.70)	2.7402 *** (9.23)	2.8106 *** (11.79)	2.7557 *** (9.18)	2.8450 *** (8.86)	2.7294 *** (9.10)	2.7919 *** (9.25)
Fsh	− 0.0031 (− 1.31)	− 0.1361 (− 0.54)	− 0.2480 (− 0.84)	− 0.1999 (− 0.80)	− 0.2241 (− 0.76)	− 0.3841 (− 1.23)	− 0.2545 (− 0.86)	− 0.2067 (− 0.66)
Top2_10	− 0.0534 (− 0.25)	− 0.1244 (− 0.59)	− 0.0847 (− 0.32)	− 0.1520 (− 0.72)	− 0.0623 (− 0.24)	− 0.2232 (− 0.80)	− 0.0699 (− 0.27)	− 0.1321 (− 0.49)
Separation	0.0117 (0.02)	0.1684 (0.35)	0.2668 (0.47)	0.2140 (0.44)	0.1803 (0.31)	0.2913 (0.62)	0.2178 (0.37)	0.1823 (0.31)
Growth	0.0412 * (1.74)	0.0423 * (1.79)	0.0420 * (1.75)	0.0427 * (1.81)	0.0441 * (1.83)	0.1055 ** (2.49)	0.0413 * (1.71)	0.0420 * (1.71)
Size	− 0.5391 *** (− 12.98)	− 0.5534 *** (− 13.40)	− 0.5513 *** (− 9.03)	− 0.5565 *** (− 13.48)	− 0.5521 *** (− 8.97)	− 0.5379 *** (− 9.21)	− 0.5513 *** (− 8.98)	− 0.5573 *** (− 9.17)
Lev	0.5775 *** (3.86)	0.5819 *** (3.88)	0.5799 *** (2.80)	0.5788 *** (3.86)	0.5911 *** (2.90)	0.5124 ** (2.52)	0.5968 *** (2.91)	0.6023 *** (2.92)
Age	0.3647 ** (2.26)	0.2867 * (1.79)	0.3968 * (1.86)	0.3344 ** (2.09)	0.3727 * (1.75)	0.1891 (0.84)	0.3813 * (1.79)	0.3256 (1.53)
Indr	0.3927 (0.99)	0.3650 (0.92)	0.3412 (0.74)	0.4123 (1.04)	0.3144 (0.68)	0.3555 (0.71)	0.3276 (0.71)	0.3770 (0.83)
Cash	− 0.0777 (− 0.54)	− 0.0661 (− 0.46)	− 0.0935 (− 0.54)	− 0.0642 (− 0.44)	− 0.0642 (− 0.38)	− 0.0493 (− 0.26)	− 0.0644 (− 0.38)	− 0.0361 (− 0.21)
Dual	− 0.0704 (− 1.04)	− 0.0371 (− 0.55)	− 0.0506 (− 0.68)	− 0.0313 (− 0.46)	− 0.0569 (− 0.76)	− 0.0457 (− 0.62)	− 0.0561 (− 0.75)	− 0.0390 (− 0.53)
FCEO	0.0124 (0.19)	− 0.0052 (− 0.08)	− 0.0002 (− 0)	− 0.0112 (− 0.17)	0.0055 (0.08)	0.0071 (0.10)	0.0043 (0.06)	− 0.0058 (− 0.08)
Constant	13.1608 *** (12.82)	13.5675 *** (12.59)	13.0937 *** (9.35)	13.4096 *** (12.42)	13.2534 *** (9.37)	13.6174 *** (10.16)	13.1558 *** (9.35)	13.5079 *** (9.79)
Year	Control	Control	Control	Control	Control	Control	Control	Control
Industry	Control	Control	Control	Control	Control	Control	Control	Control
N	5953	5953	5953	5953	5953	5953	5953	5953
R^2	0.3924	0.3736	0.3844	0.3736	0.3841	0.3763	0.3831	0.3725

注：*** 、** 、* 分别表示在1%、5%和10%的水平上显著，括号内为 t 值。

6.5.3 剔除独立董事的影响

为了剔除独立董事的影响，本章采用的方法与第4章相同，重新度量家族董事席位超额控制行为及程度。在此基础上，本部分仍然按照前文的标准构建虚拟变量家族董事席位超额控制行为（ECFBS_dummy$_4$）及连续变量家族董事席位超额控制程度（ECFBS$_4$），当家族董事席位超额控制程度大于 0 时，ECFBS_dummy$_4$ 取值为 1，否则取值为 0。

剔除独立董事的影响后，笔者再次利用模型（6 - 2）、模型（6 - 5）、模型（6 - 6）进行检验，回归结果如表 6 - 18 所示。第（1）列中 ECFBS_dummy$_4$ 对 TQ 的回归系数为 0.0758，在 10% 的水平上显著，第（2）列中 ECFBS$_4$ 对 TQ 的回归系数为 0.4043，在 1% 的水平上显著，说明家族董事席位超额控制行为及程度与企业价值显著正相关，假设 6 - 1b 依然得到验证。第（3）列中交乘项 ECFBS_dummy$_4$ × Invest_Long 对 TQ 的回归系数为 0.3209，在 10% 的水平上显著，第（4）列中交乘项 ECFBS$_4$ × Invest_Long 对 TQ 的回归系数为 0.2444，在 5% 的水平上显著；第（5）列中交乘项 ECFBS_dummy$_4$ × Invest_Short 对 TQ 的回归系数为 1.3416，第（6）列中交乘项 ECFBS$_4$ × Invest_Short 对 TQ 的回归系数为 3.0839，均在 1% 的水平上显著。这说明，家族董事席位超额控制不仅会增强长期投资强度对企业价值的正向影响，也会削弱短期投资强度对企业价值的负向影响，假设 6 - 4b 仍然得到支持。第（7）列中交乘项 ECFBS_dummy$_4$ × Inv_Resid 对 TQ 的回归系数为 - 0.3862，在 10% 的水平上显著，第（8）列中交乘项 ECFBS$_4$ × Inv_Resid 对 TQ 的回归系数为 - 2.1609，在 1% 的水平上显著，表明家族董事席位超额控制会强化投资效率对企业价值的正向影响，假设 6 - 5b 依然成立。可见，剔除独立董事影响后，本章的主要研究结论保持不变。

表 6 - 18　　　　　　　　　　剔除独立董事影响后的检验结果

变量	TQ							
	(1)	(2)	(3)	(4)	(5)	(6)	(7)	(8)
ECFBS_dummy$_4$	0.0758 * (1.91)		0.0260 (0.61)		0.1181 *** (2.80)		0.0343 (0.86)	
ECFBS$_4$		0.4043 *** (3.15)		0.2623 ** (2.26)		0.5079 *** (3.71)		0.1986 * (1.88)
Invest_Long			1.3625 *** (4.41)	1.2717 *** (4.47)				
Invest_Short					- 0.2417 (- 0.71)	- 0.0167 (- 0.06)		

续表

变量	TQ							
	(1)	(2)	(3)	(4)	(5)	(6)	(7)	(8)
Inv_Resid							−0.9581 * (−1.81)	−1.2444 ** (−2.54)
ECFBS_dummy$_4$ × Invest_Long			0.3209 * (1.82)					
ECFBS$_4$ × Invest_Long				0.2444 ** (1.97)				
ECFBS_dummy$_4$ × Invest_Short					1.3416 *** (3.48)			
ECFBS$_4$ × Invest_Short						3.0839 *** (7.31)		
ECFBS_dummy$_4$ × Inv_Resid							−0.3862 * (−1.92)	
ECFBS$_4$ × Inv_Resid								−2.1609 *** (−3.90)
Inshold	2.5789 *** (9.78)	2.5456 *** (9.60)	2.6057 *** (12.47)	2.5640 *** (12.27)	2.5776 *** (9.81)	2.5302 *** (9.53)	2.5752 *** (12.31)	2.5364 *** (12.14)
Fsh	−0.6974 *** (−2.60)	−0.5593 ** (−2.10)	−0.6219 *** (−3.33)	−0.4879 ** (−2.57)	−0.6634 ** (−2.48)	−0.5396 ** (−2.03)	−0.6961 *** (−3.73)	−0.5506 *** (−2.91)
Top2_10	0.0975 (0.38)	0.1094 (0.43)	0.1321 (0.73)	0.1491 (0.82)	0.0735 (0.29)	0.0994 (0.39)	0.0930 (0.51)	0.0969 (0.54)
Separation	0.2324 (0.52)	0.2719 (0.61)	0.2066 (0.55)	0.2408 (0.64)	0.1852 (0.42)	0.2472 (0.56)	0.2277 (0.60)	0.2379 (0.63)
Growth	0.0087 (0.41)	0.0116 (0.55)	0.0099 (0.50)	0.0125 (0.63)	0.0106 (0.50)	0.0133 (0.63)	0.0116 (0.59)	0.0167 (0.84)
Size	−0.5958 *** (−10.74)	−0.5982 *** (−10.85)	−0.5919 *** (−17.42)	−0.5943 *** (−17.52)	−0.5975 *** (−10.81)	−0.5924 *** (−10.94)	−0.5961 *** (−17.54)	−0.5961 *** (−17.58)
Lev	0.6678 *** (3.96)	0.6682 *** (3.97)	0.6411 *** (5.04)	0.6431 *** (5.07)	0.6412 *** (3.75)	0.6425 *** (3.77)	0.6623 *** (5.21)	0.6562 *** (5.17)
Age	0.3228 * (1.70)	0.2982 (1.57)	0.2635 * (1.82)	0.2443 * (1.69)	0.3188 * (1.68)	0.2979 (1.57)	0.3028 ** (2.09)	0.2644 * (1.83)
Indr	0.5091 (1.23)	0.2658 (0.62)	0.5121 (1.44)	0.2721 (0.75)	0.5028 (1.22)	0.3115 (0.73)	0.5292 (1.48)	0.3144 (0.87)
Cash	0.1485 (0.94)	0.1500 (0.95)	0.1009 (0.80)	0.1048 (0.83)	0.1483 (0.93)	0.1469 (0.91)	0.1389 (1.10)	0.1331 (1.05)
Dual	−0.0296 (−0.63)	−0.0250 (−0.54)	−0.0303 (−0.66)	−0.0245 (−0.53)	−0.0299 (−0.64)	−0.0274 (−0.59)	−0.0318 (−0.69)	−0.0286 (−0.62)

变量	TQ							
	(1)	(2)	(3)	(4)	(5)	(6)	(7)	(8)
FCEO	−0.0270 (−0.54)	−0.0337 (−0.67)	−0.0225 (−0.47)	−0.0295 (−0.61)	−0.0222 (−0.45)	−0.0287 (−0.57)	−0.0262 (−0.54)	−0.0320 (−0.66)
Constant	14.1635 *** (10.81)	14.2807 *** (10.92)	14.3283 *** (16.82)	14.4234 *** (16.95)	14.2062 *** (10.82)	14.3400 *** (10.95)	14.2684 *** (16.72)	14.3680 *** (16.87)
Year	Control	Control	Control	Control	Control	Control	Control	Control
Industry	Control	Control	Control	Control	Control	Control	Control	Control
N	7386	7386	7386	7386	7386	7386	7386	7386
R^2	0.3682	0.3697	0.3703	0.3719	0.3695	0.3711	0.3687	0.3715

注：*** 、** 、* 分别表示在1%、5%和10%的水平上显著，括号内为t值。

6.5.4　重新度量投资决策变量

关于投资决策变量的度量，前文采用了相对指标来度量长期投资强度和短期投资强度，并以理查德森（Richardson，2006）模型来计算投资效率。在稳健性检验中，本章分别取长期投资强度和短期投资强度的自然对数来刻画企业投资结构，同时利用陈等（Chen et al.，2011a）投资模型来计算的投资效率，重新代入模型（6 − 3）、模型（6 − 4）、模型（6 − 5）、模型（6 − 6）进行检验。其中，陈等（Chen et al.，2011a）投资效率模型如下：

$$Inv_{i,t} = \beta_0 + \beta_1 Growth_{i,t-1} + \beta_2 NEG_{i,t-1} + \beta_3 Growth \times NEG_{i,t-1} + \varepsilon_{i,t}$$

$$(6 - 12)$$

在模型（6 − 12）中，Inv 为新增投资，等于购建固定资产、无形资产和其他长期资产支付的现金与处置固定资产、无形资产和其他长期资产收回的现金净额之差除以资产总额；Growth 为营业收入增长率，等于本年度营业收入减去上年度营业收入之差除以上年度营业收入；当营业收入增长率小于 0 时，NEG 取值为 1，否则取值为 0。在此基础上，本章对模型 6 − 12进行分年度、分行业回归，仍然以残差的绝对值作为投资效率的代理变量。

表 6 − 19 报告了重新度量投资决策变量后的检验结果。第（1）列中Invest_Long 对 TQ 的回归系数为 0.0371，在 1% 的水平上显著，第（2）列

中 Invest_Short 对 TQ 的回归系数为 -0.0009，但不显著，即长期投资强度与企业价值显著正相关，而短期投资强度与企业价值没有显著的关系，假设 6-2 还是只得到部分验证。第（3）列中交乘项 ECFBS_dummy$_1$ × Invest_Long 对 TQ 的回归系数为 1.2827，在 10% 的水平上显著，第（4）列中交乘项 ECFBS$_1$ × Invest_Long 对 TQ 的回归系数为 0.0185，在 5% 的水平上显著；第（5）列中交乘项 ECFBS_dummy$_1$ × Invest_Short 对 TQ 的回归系数为 1.4752，第（6）列中交乘项 ECFBS$_1$ × Invest_Short 对 TQ 的回归系数为 3.6076，均在 1% 的水平上显著。可见，家族董事席位超额控制不仅会增强长期投资强度对企业价值的正向影响，也会削弱短期投资强度对企业价值的负向影响，仍然支持假设 6-4b。第（7）列中 Inv_Resid 对 TQ 的回归系数为 -0.7867，在 1% 的水平上显著，说明非效率投资的增加会降低家族企业的企业价值，假设 6-3 依然得到支持。第（8）列中 ECFBS_dummy$_1$ × Inv_Resid 对 TQ 的回归系数为 -3.6341，在 1% 的水平上显著，第（9）列中 ECFBS$_1$ × Inv_Resid 对 TQ 的回归系数为 -4.2481，在 5% 的水平上显著，表明家族董事席位超额控制会强化投资效率对企业价值的正向影响，仍然支持假设 6-5b。上述回归结果表明，重新度量投资决策变量后，本章的主要研究结论依然与前文保持一致。

表 6-19　　　　　　　　　重新度量投资决策变量后的检验结果

变量	TQ								
	(1)	(2)	(3)	(4)	(5)	(6)	(7)	(8)	(9)
ECFBS_dummy$_1$			0.5306 *** (9.67)		0.5138 *** (7.53)			0.3572 *** (6.66)	
ECFBS$_1$				0.4672 *** (3.76)		0.6676 *** (4.01)			0.4139 *** (3.11)
Invest_Long	0.0371 *** (2.85)		0.9471 *** (3.39)	0.7930 *** (2.59)					
Invest_Short		-0.0009 (-0.41)			-0.0475 (-0.17)	-0.8380 *** (-3.05)			
Inv_Resid							-0.7867 *** (-2.76)	-0.2420 (-0.60)	-0.9202 * (-1.77)
ECFBS_dummy$_1$ × Invest_Long			1.2827 * (1.87)						
ECFBS$_1$ × Invest_Long				0.0185 ** (2.08)					

续表

变量	TQ								
	(1)	(2)	(3)	(4)	(5)	(6)	(7)	(8)	(9)
$ECFBS\_dummy_1 \times$ Invest_Short					1.4752 *** (3.12)				
$ECFBS_1 \times$ Invest_Short						3.6076 *** (3.37)			
$ECFBS\_dummy_1 \times$ Inv_Resid								−3.6341 *** (−3.25)	
$ECFBS_1 \times$ Inv_Resid									−4.2481 ** (−2.24)
Inshold	2.6088 *** (12.47)	2.5923 *** (12.39)	2.5515 *** (12.25)	2.5587 *** (12.24)	2.4921 *** (9.46)	2.5421 *** (9.65)	2.5843 *** (12.33)	2.4792 *** (11.96)	2.5319 *** (12.11)
Fsh	−0.7236 *** (−3.93)	−0.7721 *** (−4.20)	−0.3546 * (−1.88)	−0.2093 (−1.00)	−0.3250 (−1.23)	−0.3091 (−1.06)	−0.7894 *** (−4.29)	−0.3133 * (−1.68)	−0.3136 (−1.51)
Top2_10	0.1014 (0.56)	0.0879 (0.48)	0.1846 (1.02)	0.1557 (0.86)	0.1831 (0.74)	0.1032 (0.41)	0.1433 (0.79)	0.1867 (1.04)	0.1212 (0.67)
Separation	0.1910 (0.51)	0.1965 (0.52)	0.4434 (1.18)	0.2226 (0.59)	0.3682 (0.86)	0.2170 (0.49)	0.1302 (0.35)	0.3443 (0.92)	0.2169 (0.58)
Growth	0.0069 (0.35)	0.0070 (0.35)	0.0113 (0.56)	0.0118 (0.60)	0.0116 (0.56)	0.0128 (0.61)	0.0069 (0.35)	0.0091 (0.47)	0.0105 (0.53)
Size	−0.5478 *** (−14.64)	−0.5909 *** (−17.29)	−0.5898 *** (−17.28)	−0.5954 *** (−17.54)	−0.5965 *** (−11.03)	−0.6057 *** (−11.00)	−0.5625 *** (−16.63)	−0.5912 *** (−17.55)	−0.5997 *** (−17.63)
Lev	0.6477 *** (5.09)	0.6629 *** (5.21)	0.6338 *** (5.01)	0.6371 *** (5.01)	0.6427 *** (3.79)	0.6514 *** (3.82)	0.5850 *** (4.59)	0.6527 *** (5.19)	0.6650 *** (5.24)
Age	0.3109 ** (2.15)	0.3381 ** (2.33)	0.3006 ** (2.07)	0.1879 (1.27)	0.3292 * (1.74)	0.2816 (1.51)	0.2766 * (1.92)	0.3232 ** (2.26)	0.2914 ** (2.02)
Indr	0.5549 (1.56)	0.5581 (1.56)	0.4344 (1.23)	0.5397 (1.52)	0.4609 (1.12)	0.5848 (1.43)	0.5300 (1.49)	0.4443 (1.26)	0.5577 (1.57)
Cash	0.1309 (1.03)	0.1403 (1.11)	0.1209 (0.96)	0.1129 (0.89)	0.1319 (0.83)	0.1655 (1.04)	0.1595 (1.26)	0.1358 (1.08)	0.1547 (1.22)
Dual	−0.0336 (−0.73)	−0.0316 (−0.68)	−0.0351 (−0.76)	−0.0232 (−0.50)	−0.0368 (−0.79)	−0.0231 (−0.50)	−0.0340 (−0.74)	−0.0330 (−0.72)	−0.0230 (−0.50)
FCEO	−0.0201 (−0.42)	−0.0238 (−0.49)	−0.0232 (−0.48)	−0.0295 (−0.61)	−0.0283 (−0.57)	−0.0323 (−0.65)	−0.0322 (−0.67)	−0.0314 (−0.66)	−0.0355 (−0.74)
Constant	13.9038 *** (10.81)	14.0869 *** (10.92)	13.8064 *** (13.41)	14.4410 *** (16.95)	13.9500 *** (10.80)	14.3235 *** (11.01)	13.6418 *** (18.09)	13.8643 *** (16.40)	14.1631 *** (16.61)
Year	Control	Control	Control	Control	Control	Control	Control	Control	Control
Industry	Control	Control	Control	Control	Control	Control	Control	Control	Control
N	7386	7386	7386	7386	7386	7386	7386	7386	7386
R^2	0.3685	0.3676	0.3887	0.3723	0.3812	0.3715	0.3615	0.3813	0.3706

注：*** 、** 、* 分别表示在 1%、5% 和 10% 的水平上显著，括号内为 t 值。

6.5.5 缩小家族企业样本范围

借鉴刘白璐和吕长江（2016）的研究，本章分别剔除实际控制人持股比例小于15%和20%的样本，重复模型（6-2）、模型（6-3）、模型（6-4）、模型（6-5）、模型（6-6）的回归分析，验验结果如表6-20和表6-21所示。表6-20列示了剔除实际控制人持股比例小于15%样本后的检验结果。第（1）列中 ECFBS_dummy$_1$ 对 TQ 的回归系数为0.4467，第（2）列中 ECFBS$_1$ 对 TQ 的回归系数为0.5831，均在1%的水平上显著，即家族董事席位超额控制行为及程度与企业价值显著正相关，假设6-1b依然成立。第（3）列中 Invest_Long 对 TQ 的回归系数为0.8747，在1%的水平上显著，第（4）列中 Invest_Short 对 TQ 的回归系数为-0.2371，但不显著，说明长期投资强度对企业价值具有显著的提升作用，而短期投资强度对企业价值则没有显著的影响，假设6-2仍然只得到部分支持。第（5）列中 Inv_Resid 对 TQ 的回归系数为-0.6561，在1%的水平上显著，说明非效率投资会降低家族企业的企业价值，假设6-3依然成立。第（6）列中交乘项 ECFBS_dummy$_1$ × Invest_Long 对 TQ 的回归系数为1.2620，第（7）列中交乘项 ECFBS$_1$ × Invest_Long 对 TQ 的回归系数为1.1941，均在5%的水平上显著；第（8）列中交乘项 ECFBS_dummy$_1$ × Invest_Short 对 TQ 的回归系数为1.3180，在1%的水平上显著，第（9）列中交乘项 ECFBS$_1$ × Invest_Short 对 TQ 的回归系数为3.7027，在5%的水平上显著。可见，家族董事席位超额控制不仅会强化长期投资强度对企业价值的正向影响，也会弱化短期投资强度对企业价值的负向影响，仍然支持假设6-4b。第（10）列中 ECFBS_dummy$_1$ × Inv_Resid 对 TQ 的回归系数为-1.0281，在10%的水平上显著，第（11）列中 ECFBS$_1$ × Inv_Resid 对 TQ 的回归系数为-3.5009，在5%的水平上显著，表明家族董事席位超额控制会强化投资效率对企业价值的正向影响，仍然支持假设6-5b。表6-21报告了剔除实际控制人持股比例小于20%样本后的检验结果，其回归结果与表6-20的回归结果具有一致性。综上所述，剔除实际控制人持股比例小于15%和20%的样本后，本章的研究结论依然保持不变。

表6-20　剔除实际控制人持股比例小于15%样本后的检验结果

变量	TQ (1)	(2)	(3)	(4)	(5)	(6)	(7)	(8)	(9)	(10)	(11)
ECFBS_dummy$_1$	0.4467*** (7.18)					0.5308*** (6.85)		0.4922*** (7.08)		0.4684*** (10.33)	
ECFBS$_1$		0.5831*** (3.16)					0.4326*** (2.71)		0.6937*** (3.60)		0.5811*** (4.05)
Invest_Long			0.8747*** (2.76)			0.7968*** (2.57)	0.7254*** (2.59)				
Invest_Short				-0.2371 (-0.87)				-0.0286 (-0.10)	-0.5446* (-1.91)		
Inv_Resid					-0.6561*** (-3.17)					-0.4111 (-0.91)	-0.4728 (-1.05)
ECFBS_dummy$_1$ × Invest_Long						1.2620*** (2.50)					
ECFBS$_1$ × Invest_Long							1.1941** (2.30)				
ECFBS_dummy$_1$ × Invest_Short								1.3180*** (2.63)			
ECFBS$_1$ × Invest_Short									3.7027** (2.49)		

续表

变量		(1)	(2)	(3)	(4)	(5)	(6)	(7)	(8)	(9)	(10)	(11)
								TQ				
ECFBS_dummy₁ × Inv_Resid											-1.0281* (-1.66)	
ECFBS₁ × Inv_Resid												-3.5009** (-2.04)
Inshold		2.5377*** (9.38)	2.5809*** (9.56)	2.6360*** (9.80)	2.6145*** (9.72)	2.6297*** (9.76)	2.5736*** (9.54)	2.5906*** (12.34)	2.5195*** (9.32)	2.5665*** (9.51)	2.5604*** (12.27)	2.5776*** (12.27)
Fsh		-0.2091 (-0.83)	-0.2570 (-0.92)	-0.5775** (-2.30)	-0.6272** (-2.49)	-0.6100** (-2.42)	-0.1381 (-0.55)	-0.1770 (-0.86)	-0.2158 (-0.85)	-0.2804 (-1.00)	-0.1970 (-1.05)	-0.2535 (-1.23)
Top2_10		0.1898 (0.76)	0.1298 (0.50)	0.1348 (0.52)	0.1040 (0.40)	0.1181 (0.46)	0.2183 (0.88)	0.1560 (0.86)	0.1851 (0.74)	0.1136 (0.44)	0.1989 (1.10)	0.1386 (0.76)
Separation		0.2859 (0.67)	0.1518 (0.35)	0.0974 (0.22)	0.1113 (0.25)	0.1184 (0.27)	0.2585 (0.60)	0.1398 (0.37)	0.2936 (0.69)	0.1335 (0.31)	0.2886 (0.77)	0.1577 (0.42)
Growth		0.0123 (0.58)	0.0127 (0.59)	0.0098 (0.45)	0.0088 (0.41)	0.0129 (0.60)	0.0139 (0.65)	0.0130 (0.66)	0.0128 (0.61)	0.0129 (0.60)	0.0133 (0.68)	0.0152 (0.77)
Size		-0.5806*** (-10.90)	-0.5845*** (-10.90)	-0.5744*** (-10.54)	-0.5792*** (-10.70)	-0.5807*** (-10.68)	-0.5764*** (-10.80)	-0.5795*** (-17.06)	-0.5833*** (-10.99)	-0.5895*** (-10.94)	-0.5819*** (-17.27)	-0.5855*** (-17.23)
Lev		0.6293*** (3.69)	0.6366*** (3.71)	0.6200*** (3.60)	0.6296*** (3.62)	0.6204*** (3.62)	0.6192*** (3.64)	0.6084*** (4.78)	0.6246*** (3.62)	0.6299*** (3.64)	0.6274*** (4.96)	0.6247*** (4.90)

续表

变量	TQ										
	(1)	(2)	(3)	(4)	(5)	(6)	(7)	(8)	(9)	(10)	(11)
Age	0.3067 (1.61)	0.2729 (1.43)	0.2746 (1.41)	0.3155 (1.64)	0.2930 (1.51)	0.2750 (1.44)	0.2145 (1.48)	0.3085 (1.63)	0.2668 (1.41)	0.3039** (2.13)	0.2629* (1.83)
Indr	0.5414 (1.29)	0.5691 (1.38)	0.6388 (1.54)	0.6418 (1.55)	0.6453 (1.55)	0.5357 (1.28)	0.5563 (1.56)	0.5279 (1.26)	0.5671 (1.38)	0.5395 (1.52)	0.5734 (1.60)
Cash	0.1143 (0.74)	0.1297 (0.83)	0.0824 (0.52)	0.0979 (0.61)	0.0915 (0.58)	0.0925 (0.59)	0.0902 (0.71)	0.1064 (0.67)	0.1334 (0.84)	0.1112 (0.89)	0.1107 (0.88)
Dual	-0.0258 (-0.55)	-0.0165 (-0.36)	-0.0224 (-0.48)	-0.0226 (-0.49)	-0.0211 (-0.46)	-0.0245 (-0.52)	-0.0175 (-0.38)	-0.0292 (-0.63)	-0.0175 (-0.38)	-0.0257 (-0.56)	-0.0151 (-0.33)
FCEO	-0.0370 (-0.73)	-0.0379 (-0.75)	-0.0262 (-0.52)	-0.0295 (-0.59)	-0.0289 (-0.58)	-0.0338 (-0.67)	-0.0326 (-0.68)	-0.0322 (-0.64)	-0.0347 (-0.69)	-0.0371 (-0.77)	-0.0381 (-0.79)
Constant	13.6037*** (10.76)	13.8648*** (10.96)	13.8732*** (10.76)	13.7921*** (10.78)	13.9235*** (-10.83)	13.6416*** (10.75)	13.9731*** (16.45)	13.6583*** (10.80)	13.9837*** (11.02)	13.6626*** (16.18)	13.9457*** (16.39)
Year	Control	Control	Control	Control	Control	Control	Control	Control	Control	Control	Control
Industry	Control	Control	Control	Control	Control	Control	Control	Control	Control	Control	Control
N	7301	7301	7301	7301	7301	7301	7301	7301	7301	7301	7301
R^2	0.3808	0.3711	0.3705	0.3694	0.3705	0.3827	0.3729	0.3816	0.3721	0.3813	0.3718

注：***、**、* 分别表示在1%、5%和10%的水平上显著，括号内为 t 值。

表6-21 剔除实际控制人持股比例小于20%样本后的检验结果

变量	TQ										
	(1)	(2)	(3)	(4)	(5)	(6)	(7)	(8)	(9)	(10)	(11)
ECFBS_dummy₁	0.4629*** (6.84)					0.5319*** (8.95)		0.5080*** (6.77)		0.4901*** (10.20)	
ECFBS₁		0.4827** (2.57)					0.3390** (2.06)		0.5970*** (3.05)		0.4803** (2.56)
Invest_Long			0.9011*** (2.78)			0.7698*** (2.69)	0.7397** (2.56)				
Invest_Short				-0.2387 (-0.83)				-0.0606 (-0.21)	-0.6047** (-1.97)		
Inv_Resid					-0.6413*** (-3.04)					-0.4362 (-0.95)	-0.4765 (-1.03)
ECFBS_dummy₁ × Invest_Long						1.2592* (1.71)					
ECFBS₁ × Invest_Long							1.1455** (2.14)				
ECFBS_dummy₁ × Invest_Short								1.3354** (2.39)			
ECFBS₁ × Invest_Short									3.8621** (2.46)		

续表

变量	TQ										
	(1)	(2)	(3)	(4)	(5)	(6)	(7)	(8)	(9)	(10)	(11)
ECFBS_dummy₁ × Inv_Resid										-1.2438* (-1.89)	
ECFBS₁ × Inv_Resid											-3.6448** (-2.05)
Inshold	2.5669*** (9.15)	2.6125*** (9.31)	2.6646*** (9.52)	2.6410*** (9.43)	2.6554*** (9.47)	2.6282*** (12.17)	2.6259*** (12.11)	2.5577*** (9.14)	2.6040*** (9.29)	2.5912*** (12.04)	2.6094*** (9.28)
Fsh	-0.2468 (-0.93)	-0.3431 (-1.18)	-0.5937** (-2.26)	-0.6485** (-2.45)	-0.6297** (-2.38)	-0.2693 (-1.38)	-0.2592 (-1.21)	-0.2503 (-0.95)	-0.3639 (-1.24)	-0.2329 (-1.21)	-0.3390 (-1.16)
Top2_10	0.2241 (0.87)	0.1530 (0.58)	0.1625 (0.62)	0.1283 (0.49)	0.1432 (0.54)	0.2059 (1.10)	0.1826 (0.97)	0.2200 (0.86)	0.1373 (0.52)	0.2363 (1.27)	0.1620 (0.61)
Separation	0.3058 (0.68)	0.1737 (0.38)	0.1250 (0.27)	0.1451 (0.32)	0.1441 (0.32)	0.4120 (1.06)	0.1557 (0.40)	0.3226 (0.73)	0.1664 (0.37)	0.3042 (0.79)	0.1788 (0.39)
Growth	0.0168 (0.77)	0.0170 (0.77)	0.0145 (0.65)	0.0136 (0.61)	0.0177 (0.80)	0.0137 (0.68)	0.0174 (0.86)	0.0172 (0.80)	0.0173 (0.79)	0.0180 (0.90)	0.0196 (0.90)
Size	-0.6013*** (-10.93)	-0.6058*** (-10.91)	-0.5964*** (-10.57)	-0.6015*** (-10.75)	-0.6030*** (-10.73)	-0.5967*** (-16.91)	-0.6000*** (-17.07)	-0.6039*** (-11.01)	-0.6112*** (-10.95)	-0.6038*** (-17.33)	-0.6066*** (-10.91)
Lev	0.6596*** (3.66)	0.6693*** (3.68)	0.6538*** (3.59)	0.6614*** (3.59)	0.6541*** (3.61)	0.6575*** (5.00)	0.6405*** (4.86)	0.6498*** (3.56)	0.6585*** (3.59)	0.6619*** (5.07)	0.6558*** (3.64)

续表

变量		(1)	(2)	(3)	(4)	(5)	(6)	(7)	(8)	(9)	(10)	(11)
							TQ					
Age		0.3238*	0.2896	0.2827	0.3252	0.3025	0.2861*	0.2324	0.3258*	0.2838	0.3195**	0.2797
		(1.65)	(1.47)	(1.41)	(1.64)	(1.51)	(1.95)	(1.59)	(1.67)	(1.45)	(2.21)	(1.41)
Indr		0.6982*	0.7635*	0.8263**	0.8288**	0.8321**	0.6592*	0.7501**	0.6819	0.7574*	0.7011*	0.7672*
		(1.65)	(1.84)	(1.97)	(1.98)	(1.98)	(1.81)	(2.04)	(1.61)	(1.82)	(1.93)	(1.84)
Cash		0.1902	0.2011	0.1554	0.1715	0.1660	0.1796	0.1601	0.1791	0.2019	0.1883	0.1811
		(1.19)	(1.25)	(0.96)	(1.05)	(1.02)	(1.40)	(1.24)	(1.10)	(1.24)	(1.48)	(1.13)
Dual		-0.0479	-0.0420	-0.0483	-0.0482	-0.0469	-0.0540	-0.0435	-0.0499	-0.0417	-0.0474	-0.0405
		(-0.99)	(-0.87)	(-0.99)	(-0.99)	(-0.97)	(-1.13)	(-0.91)	(-1.03)	(-0.86)	(-1.00)	(-0.83)
FCEO		-0.0302	-0.0298	-0.0185	-0.0223	-0.0219	-0.0177	-0.0244	-0.0268	-0.0278	-0.0303	-0.0303
		(-0.58)	(-0.57)	(-0.35)	(-0.43)	(-0.42)	(-0.35)	(-0.49)	(-0.51)	(-0.53)	(-0.61)	(-0.58)
Constant		13.8977***	14.1862***	14.2002***	14.1261***	14.2539***	13.6846***	14.2715***	13.9494***	14.3109***	13.9793***	14.2633***
		(10.70)	(10.88)	(10.69)	(10.72)	(10.77)	(13.12)	(16.41)	(10.74)	(10.94)	(16.17)	(10.87)
Year		Control	Control	Control	Control	Control	Control	Control	Control	Control	Control	Control
Industry		Control	Control	Control	Control	Control	Control	Control	Control	Control	Control	Control
N		6956	6956	6956	6956	6956	6956	6956	6956	6956	6956	6956
R²		0.3810	0.3705	0.3705	0.3694	0.3704	0.3902	0.3724	0.3817	0.3715	0.3816	0.3713

注：***、**、*分别表示在1%、5%和10%的水平上显著，括号内为t值。

6.6 本章小结

本章以 2008 ~ 2018 年我国沪深 A 股上市家族企业为研究样本，基于家族控制权理论，并结合委托代理理论、信息不对称理论、管家理论、社会情感财富理论，深入考察了家族董事席位超额控制对企业价值的影响机制及效应。在此基础上，本章进一步探讨了家族董事席位超额控制、投资决策与企业价值三者之间的关系。

研究发现，家族董事席位超额控制行为及程度与企业价值显著正相关，即支持了效率观假设；长期投资强度与企业价值显著正相关，而短期投资强度则与企业价值没有显著的关系，且非效率投资会损害公司的企业价值；与此同时，家族董事席位超额控制不仅会强化长期投资强度对企业价值的正向影响，也会弱化短期投资强度对企业价值的负向影响，还会降低非效率投资对企业价值的折损效应。进一步研究发现，长期投资强度对企业价值的正向影响主要源于资本支出强度的增加，而无论是过度投资还是投资不足均会导致企业价值的损耗；并且，家族董事席位超额控制只会增强资本支出强度对企业价值的正向影响；此外，家族董事席位超额控制不仅会弱化过度投资对企业价值产生的负面效应，也可以缓解投资不足给企业价值带来的消极影响。最后，控制潜在的内生性问题、剔除董事长权威和独立董事的影响、重新度量企业投资决策变量及缩小家族企业样本范围后，本章的结论仍然成立。上述研究结论不仅为家族企业完善董事会决策机制提供了一定的理论参考，还有助于深入理解上市家族公司企业价值的影响因素。

第7章

研究结论、管理启示与研究展望

本章对前述的研究进行了总结：一是对本书主要研究问题的检验结论进行了归纳与总结，并得到了相应的管理启示；二是指出了本书存在的不足之处；三是对未来可能的研究问题进行了展望。

7.1 研究结论

关于家族董事席位超额控制的相关研究国内外并不多见，已有研究主要考察了家族控制权寻租观假设下家族董事席位超额控制所产生的一系列经济后果，而少有学者关注家族控制权效率观假设下家族董事席位超额控制所发挥的治理作用。通过梳理文献，笔者仅发现陈德球等（2013b，2014）同时基于寻租观假设和效率观假设，探讨了家族董事席位超额控制对银行信贷合约、商业信用资本配置效率的影响。可见，现有文献对家族控制权的"效率理论"讨论还不够充分与全面，更没有同时从寻租观假设和效率观假设来探究家族董事席位超额控制对企业投资结构、投资效率及企业价值的影响。为此，本书以2008～2018年我国A股上市家族企业作为研究样本，深入讨论了家族董事席位超额控制对企业投资决策及企业价值的影响，并进一步分析了家族董事席位超额控制对投资决策与企业价值之间关系的影响。主要研究结论如下：

第一，本书首先通过检验家族董事席位超额控制与企业投资结构之间的关系，发现家族董事席位超额控制行为及程度与企业长期投资强度显著正相关、与企业短期投资强度显著负相关，即支持了效率观假设。这说明，提高家族董事席位超额控制程度有助于推动家族企业的长远发展。其次，本书发现无论地区制度效率高低，家族董事席位超额控制行为及程度均与企业的长期投资强度显著正相关，但仅当地区制度效率较高时，控股家族提高董事席位超额控制程度才能够显著地降低企业的短期投资强度，而没有证据表明两权分离度会影响家族董事席位超额控制与企业投资结构之间的关系。再次，本书还发现，当家族企业处于创始人控制或者成长期时，家族董事席位超额控制不仅对长期投资强度的正向影响更显著，还对短期投资强度的负向影响更明显，而家族企业处于成熟期时，仅家族董事席位超额控制行为会对长期投资强度产生正向影响；该结论表明家族企业只有处于创始人控制或者成长期时，提高家族董事席位超额控制程度才有利于实现企业的长远发展目标。最后，本书对家族企业的长期投资偏好展开了进一步探讨，发现家族董事席位超额控制对企业长期投资强度的正向影响主要源于资本支出强度的增加，而非研发投资强度的提升。这表明，家族董事席位超额控制程度较高的公司更倾向于通过增加资本支出强度来提升企业的长期投资强度。上述主要研究结论经过工具变量法、双重差分检验、控制遗漏变量及其他稳健性检验后依然成立。

第二，本书通过分析家族董事席位超额控制与企业投资效率之间的关系，发现家族董事席位超额控制行为及程度与企业投资效率显著正相关，即支持了效率观假设。这表明，在效率观假设下，控股家族超额控制董事席位具有治理作用，可以推动董事会制定更为有效的投资决策，有利于缓解代理冲突，进而提升了家族企业的投资效率。进一步分析发现，当地区法制环境较差、存在两权分离度、创始人控制企业、信息透明度较低时，家族董事席位超额控制行为及程度与企业投资效率之间的正相关性更显著。该研究结论说明，家族董事席位超额控制所产生的治理效应只有在一定的条件下才能够体现出来，这就为深入理解家族董事席位配置模式提供了更多的视角。此外，笔者还发现，家族董事席位超额控制对企业投资效率的提升作用主要体现为抑制过度投资，并且在一定程度上也可以缓解投资不足。以上主要研究结论经过工具变量法、双重差分检验、控制遗漏变量及其他稳健性检验后仍然保持不变。

第三，本书探讨了家族董事席位超额控制对企业价值的影响机制及效应，并进一步探讨了家族董事席位超额控制、企业投资决策与企业价值三者之间的关系。笔者发现，家族董事席位超额控制行为及程度与企业价值显著正相关，即支持了效率观假设。同时，长期投资强度与企业价值显著正相关，而短期投资强度则与企业价值没有显著的关系，并且非效率投资会带来企业价值的折损。此外，家族董事席位超额控制不仅会强化长期投资强度对企业价值的正向影响，也会弱化短期投资强度对企业价值的负向影响，还会增强投资效率对企业价值的提升效应。上述检验结果经过工具变量法、双重差分检验及其他稳健性检验后依然成立。以上研究结论说明，家族董事席位超额控制对企业价值的提升作用主要是通过提高企业投资决策的有效性来实现。

第四，本书还发现，长期投资强度对企业价值的提升作用主要源于资本支出强度的增加，但没有证据表明研发支出强度会显著地影响企业价值，而无论是过度投资还是投资不足均会导致企业价值的损耗；同时，家族董事席位超额控制会强化资本支出强度对企业价值的正向影响；此外，家族董事席位超额控制不仅会减弱过度投资对企业价值的负向影响，还可以降低投资不足给企业价值带来的消极影响。

结合上述研究结论，可以较为清楚地观测到，家族董事席位超额控制提升企业价值的路径主要有三条：增加资本支出强度、减少过度投资与投资不足，这一发现不仅从理论上找到了家族董事席位超额控制影响企业价值的重要路径，也有助于完善我国家族企业的董事会决策机制。

7.2　管理启示

基于上述的研究结论，本书得到以下几个方面的管理启示：

第一，家族企业提高家族董事席位超额控制程度能够提升企业的长期投资强度，并且有助于降低短期投资强度。这说明，控股家族提高董事席位超额控制程度有利于推动家族企业的长期发展，体现为在经营决策中更愿意考虑那些具有长期价值的投资项目及减少短期项目的投资。因此，在家族企业董事会治理层面，控股家族可以通过超额委派董事来优化企业的投资决策，以便企业的投资结构更加符合公司的长远发展目标，并且中小股东对家族超额委派董事的行为也应该理性看待。同时，本书发现超额家族董事席位在产权保护较好的地区更有可能降低短期投资强度，因而在产权保护较好的地区控股家族可以通过强化董事会层面的控制权来减少企业的短期投机交易行为；就非创始人控制的家族企业而言，由于提高家族董事席位超额控制程度难以推动企业的长期发展，这类企业应该寻找新的治理手段，如引入高管股权激励，激励中小股东积极参与企业的经营决策等。此外，本书还发现超额家族董事席位仅能提升企业的资本支出强度，而对风险较高的研发投资没有显著的影响。这说明，家族企业更加偏好资本支出投资而厌恶风险较高的研发投资活动，这与陈德球和钟昀珈（2011）的观点相一致。然而，研发投资对于企业的未来发展至关重要，更是企业保持核心竞争力的重要途径，因而家族企业应该重视研发投资。

第二，家族企业提高家族董事席位超额控制程度可以提升企业的投资效率。这说明，控股家族超额控制董事席位有利于提高企业投资决策的有效性，是一种有效的治理手段。因此，控股家族可以通过强化董事会层面的控制权来优化企业的投资决策，以降低家族企业的非效率投资水平。同时，本书还发现，只有地区法制环境较差、存在两权分离度、创始人控制企业、信息透明度较低时，家族董事席位超额控制才能够提升企业的投资效率。因此，要认识到，家族董事席位超额控制的治理作用只有在一定的条件下才能够体现出来，这就为家族企业如何完善董事会决策机制提供了有益的参考。特别需要指出的是，在上述不同的治理情境中，家族董事席位超额控制发挥的仅是补充性治理作用，并没有起到替代性治理效应，所以控股家族超额控制董事席位发挥的治理作用并不能完全替代其他治理机制。此外，家族董事席位超额控制主要在抑制过度投资方面发挥了治理作用。因此，如果家族企业存在较为严重的过度投资问题时，提高家族董事席位超额控制程度可能是一种有效的治理手段。

第三，家族企业提高家族董事席位超额控制程度可以提升企业价值，主要是通过提高投资决策的有效性来实现。并且，家族企业只有增加长期投资强度才能够提升企业价值，而降低短期投资强度则不会影响企业价值；同时，非效率投资会带来企业价值的折损。这说明，家族企业只有投资那些具有长期价值的项目才能提升公司的价值。鉴于此，在投资决策中，控股家族应该致力于那些具有长期价值的投资项目，并主动放弃一些具有投机或者套利性质的短期项目，以此来提高投资决策的有效性，进而提升公司的企业价值。此外，由于家族董事席位超额控制不仅会强化长期投资强度对企业价值的正向影响，也会弱化短期投资强度对企业价值的负向影响。因此，当家族企业长期投资强度较低或者短期投资强度较高时，控股家族可以通过提高董事席位超额控制程度来增加长期投资强度或者减少短期投资强度，以此来提升公司的企业价值。最后，如果家族企业因非效率投资较高而损害了企业价值，控股家族可以通过提高董事席位超额控制程度来降低非效率投资对企业价值的损害。

第四，在家族企业中，资本支出强度增加才能提升企业价值，而提高研发支出强度则对企业价值没有影响，且无论是过度投资还是投资不足均会导致企业价值的损耗。这说明，企业的资本支出强度、过度投资及投资不足水平才是决定企业价值高低的重要因素，因而家族企业应该增加资本支出强度，并减少过度投资与投资不足，以便提升公司的企业价值。同时，由于家族董事席位超额控制具有治理效应，如果家族企业的资本支出强度较低，或者过度投资与投资不足较为严重，控股家族应该强化董事会层面的控制权，以便通过增加资本支出强度、抑制过度投资或缓解投资不足来提升公司的企业价值。

7.3 研究局限与未来展望

虽然，本书对家族董事席位超额控制与企业投资决策及企业价值之间的关系展开了较为深入的探讨，但仍然存在不足之处以及有待未来解决的问题，现概括如下：

第一，关于家族董事席位超额控制的度量问题。本书借鉴比利亚隆加和阿米特（Villalonga and Amit，2009）、陈德球等（2013b）、郑志刚等（2019）、刘星等（2020）的方法，采用了三种不同方法来刻画家族董事席位超额控制程度，以便尽可能地消除变量存在的度量误差。然而，在这三种方法下，家族理论上委派的董事人数都存在小数的问题，尽管本书采取了向上、向下取整数及四舍五入的处理方法，但仍有可能存在变量的度量偏差问题。这说明，现有研究对家族董事席位超额控制的度量方法仍然存在改进的空间。因此，如何更加精确地度量家族董事席位超额控制，有待在未来的研究中展开探索。

第二，关于工具变量的问题。本书借鉴陈德球等（2013b）、刘星等（2020）的研究，以同年度同行业其他公司家族董事席位超额控制程度的均值作为工具变量，这种做法虽然得到了广泛的认可，但是可能并不是最有效的工具变量。事实上，家族企业实际控制人子女个数可能是一个较为有效的工具变量，因为实际控制人子女的个数与家族董事席位超额控制变量直接相关，但不太可能直接影响企业投资决策及企业价值。然而，实际控制人子女的个数在年报或者其他相关资料中并没有详细披露，受到数据可获得性的限制，本书在选择工具变量时只好"退而求其次"，采用同年度同行业其他公司家族董事席位超额控制程度的均值作为工具变量。因此，如果年报或者其他资料在未来开始公开披露实际控制人子女数量，后续研究者可以尝试采用实际控制人子女数这一工具变量来展开探讨。

第三，关于企业投资决策的度量问题。首先，就企业投资结构而言，本书遵循雷光勇等（2017）、杨畅等（2014）的划分方式，将投资结构分为长期投资与短期投资。这种划分方法更多是基于财务会计的视角，但其有效性是否适用于我国制度背景下的家族企业治理结构有待后续研究者展开更为深入的讨论。此外，徐展等（2019）以房地产行业为研究对象，将非房地产企业的投资结构分为金融投资和经营投资。这类划分方法未考虑房地产行业，其是否有效和适用也有待未来验证。徐光伟等（2020）在探讨宏观经济政策不确定性与企业投资结构之间关系时，将投资结构划分为实体投资与虚拟投资。这种分类方法是基于宏观经济背景，在微观企业的财务决策中是否适用也有待后续进一步验证。其次，关于企业投资效率，本书在第5章的主检验中采用了最为常见的理查德森（Richardson，2006）

投资模型来计算投资效率，在稳健性检验中以陈等（Chen et al.，2011a）投资模型、投资—投资机会敏感度模型（Stein，2003；Chen et al.，2011b）来重新度量了投资效率，均得到了一致的结论。那么，如果采用更多的方法来度量投资效率，本书第5章的研究结论是否还稳健？这就需要在未来的研究中展开更多地讨论。

第四，本书基于寻租观假设和效率观假设，讨论了家族董事席位超额控制对企业投资决策及企业价值的影响，发现在本书中"效率理论"占据了主导效应，即提高家族董事席位超额控制程度能够优化投资决策，进而有利于提升企业价值。那么，家族企业在其他经济决策中，是"寻租理论"占据主导地位还是"效率理论"占据主导地位？是否也与本书的研究结论保持一致？要回答上述问题，则需要后续研究者对家族董事席位超额控制与企业其他经济决策之间的关系展开探讨。

参 考 文 献

一、中文部分

[1] 爱迪思. 企业生命周期 [M]. 北京：中国社会科学出版社, 1997.

[2] 曹越, 胡新玉, 陈文瑞, 鲁昱. 客户关系型交易, 高管薪酬业绩敏感性与非效率投资 [J]. 管理评论, 2020：32 (8)：166 – 178.

[3] 陈德球, 李思飞, 雷光勇. 政府治理, 控制权结构与投资决策——基于家族上市公司的经验证据 [J]. 金融研究, 2012, 3：124 – 138.

[4] 陈德球, 梁媛, 胡晴. 社会信任, 家族控制权异质性与商业信用资本配置效率 [J]. 当代经济科学, 2014, 36 (5)：18 – 28.

[5] 陈德球, 魏刚, 肖泽忠. 法律制度效率, 金融深化与家族控制权偏好 [J]. 经济研究, 2013a, 48 (10)：55 – 68.

[6] 陈德球, 肖泽忠, 董志勇. 家族控制权结构与银行信贷合约：寻租还是效率? [J]. 管理世界, 2013b, 9：130 – 143.

[7] 陈德球, 叶陈刚, 李楠. 控制权配置, 代理冲突与审计供求——来自中国家族上市公司的经验证据 [J]. 审计研究, 2011, 5：57 – 64.

[8] 陈德球, 钟昀珈. 制度效率, 家族化途径与家族投资偏好 [J]. 财经研究, 2011, 37 (12)：107 – 117.

[9] 陈凌, 王昊. 家族涉入, 政治联系与制度环境——以中国民营企业为例 [J]. 管理世界, 2013, 10：130 – 141.

[10] 陈凌, 吴炳德. 市场化水平, 教育程度和家族企业研发投资 [J]. 科研管理, 2014, 35 (7)：44 – 50.

[11] 陈玉罡, 石芳. 反收购条款, 并购概率与公司价值 [J]. 会计研究, 2014, 2：34 – 40.

[12] 池国华, 杨金, 郭菁晶. 内部控制 EVA 考核对非效率投资的综合治理效应研究 [J]. 会计研究, 2016, 10：63 – 69.

［13］代吉林，李新春，李胜文．家族企业 R&D 投入决定机制研究——基于家族所有权和控制权视角［J］．科学学与科学技术管理，2012，33（12）：118 – 126.

［14］戴亦一，肖金利，潘越．"乡音"能否降低公司代理成本？——基于方言视角的研究［J］．经济研究，2016，51（12）：147 – 160.

［15］窦炜，马莉莉，刘星．控制权配置，权利制衡与公司非效率投资行为［J］．管理评论，2016，28（12）：101 – 115.

［16］方红星，金玉娜．公司治理，内部控制与非效率投资：理论分析与经验证据［J］．会计研究，2013，7：63 – 69.

［17］冯旭南，李心愉，陈工孟．家族控制、治理环境和公司价值［J］．金融研究，2011，3：149 – 164.

［18］高雷，何少华，黄志忠．公司治理与掏空［J］．经济学（季刊），2006，5（1）：1157 – 1178.

［19］巩键，陈凌，王健茜，王昊．从众还是独具一格？——中国家族企业战略趋同的实证研究［J］．管理世界，2016，11：110 – 124.

［20］郭剑花，杜兴强．政治联系，预算软约束与政府补助的配置效率——基于中国民营上市公司的经验研究［J］．金融研究，2011，2：114 – 128.

［21］郝颖，辛清泉，刘星．地区差异，企业投资与经济增长质量［J］．经济研究，2014，3：101 – 114.

［22］何瑛，张大伟．管理者特质，负债融资与企业价值［J］．会计研究，2015，8：65 – 72.

［23］贺小刚，连燕玲．家族权威与企业价值：基于家族上市公司的实证研究［J］．经济研究，2009，44（4）：90 – 102.

［24］胡旭阳，吴一平．创始人政治身份与家族企业控制权的代际锁定［J］．中国工业经济，2017，5：152 – 171.

［25］黄福广，彭涛，田利辉．风险资本对创业企业投资行为的影响［J］．金融研究，2013，8：180 – 192.

［26］黄苹．R&D 投资结构增长效应及最优基础研究强度［J］．科研管理，2013，34（8）：53 – 57.

[27] 贾璐熙，朱叶，陈达飞. 公司名称，投资者认知与公司价值——基于公司名称评价指标体系的行为金融学研究 [J]. 金融研究，2016，5：173-190.

[28] 贾璐熙，朱叶，周强龙. 大股东表决权结构、身份类型与公司价值——基于"掏空"行为的视角 [J]. 世界经济文汇，2014，5：31-51.

[29] 贾倩，孔祥，孙铮. 政策不确定性与企业投资行为——基于省级地方官员变更的实证检验 [J]. 财经研究，2013，39（2）：81-91.

[30] 姜付秀，郑晓佳，蔡文婧. 控股家族的"垂帘听政"与公司财务决策 [J]. 管理世界，2017，3：125-145.

[31] 金天，余鹏翼. 股权结构，多元化经营与公司价值：国内上市公司的证据检验 [J]. 南开管理评论，2005，8（6）：80-84.

[32] 金智，宋顺林，阳雪. 女性董事在公司投资中的角色 [J]. 会计研究，2015，5：80-86.

[33] 景秀丽，王霄. 上市家族企业区域投资结构变迁的跨层研究——基于制度逻辑的框架 [J]. 管理世界，2015，6：178-179.

[34] 雷光勇，曹雅丽，齐云飞. 风险资本，制度效率与企业投资偏好 [J]. 会计研究，2017，8：48-54.

[35] 李欢，郑杲娉，徐永新. 家族企业"去家族化"与公司价值——来自我国上市公司的经验证据 [J]. 金融研究，2014，11：127-141.

[36] 李新春，韩剑，李炜文. 传承还是另创领地？——家族企业二代继承的权威合法性建构 [J]. 管理世界，2015，6：110-124.

[37] 李新春，马骏，何轩，袁媛. 家族治理的现代转型：家族涉入与治理制度的共生演进 [J]. 南开管理评论，2018，21（2）：160-171.

[38] 李新春，张鹏翔，叶文平. 家族企业跨代资源整合与组合创业 [J]. 管理科学学报，2016，19（11）：1-17.

[39] 李鑫，于辉. 零售商运营视角下投贷联动最优投资结构模型 [J]. 中国管理科学，2020，28（4）：73-85.

[40] 李英利，谭梦卓. 会计信息透明度与企业价值——基于生命周期理论的再检验 [J]. 会计研究，2019，10：27-33.

[41] 连燕玲，贺小刚，张远飞. 家族权威配置机理与功效——来自

我国家族上市公司的经验证据 [J]. 管理世界, 2011, 11: 105 – 117.

[42] 梁上坤, 张宇, 王彦超. 内部薪酬差距与公司价值——基于生命周期理论的新探索 [J]. 金融研究, 2019, 4: 188 – 206.

[43] 刘白璐, 吕长江. 中国家族企业家族所有权配置效应研究 [J]. 经济研究, 2016, 11: 140 – 152.

[44] 刘汉民, 齐宇, 解晓晴. 股权和控制权配置: 从对等到非对等的逻辑——基于央属混合所有制上市公司的实证研究 [J]. 经济研究, 2018, 53 (5): 175 – 189.

[45] 刘金东, 管星华. 不动产抵扣是否影响了 "脱实向虚" ——一个投资结构的视角 [J]. 财经研究, 2019, 45 (11): 112 – 125.

[46] 刘孟晖, 高友才. 现金股利的异常派现、代理成本与公司价值——来自中国上市公司的经验证据 [J]. 南开管理评论, 2015, 18 (1): 152 – 160.

[47] 刘倩. 投资效率, 长期增长与投资结构调整政策 [J]. 上海经济研究, 2018, 5: 42 – 50.

[48] 刘星, 窦炜. 基于控制权私有收益的企业非效率投资行为研究 [J]. 中国管理科学, 2009, 17 (5): 156 – 165.

[49] 刘星, 刘理, 窦炜. 融资约束, 代理冲突与中国上市公司非效率投资行为研究 [J]. 管理工程学报, 2014, 28 (3): 64 – 73.

[50] 刘星, 苏春, 邵欢. 家族董事席位配置偏好会影响企业的投资效率吗 [J]. 南开管理评论, 2020, 23 (4): 131 – 141.

[51] 刘艳霞, 祁怀锦. 管理者自信会影响投资效率吗——兼论融资融券制度的公司外部治理效应 [J]. 会计研究, 2019, 4: 43 – 49

[52] 卢剑峰, 张晓飞. CEO 权力, 投资决策与民营企业价值 [J]. 山西财经大学学报, 2016, 38 (10): 102 – 112.

[53] 吕朝凤, 朱丹丹. 市场化改革如何影响长期经济增长? ——基于市场潜力视角的分析 [J]. 管理世界, 2016, 2: 32 – 44.

[54] 吕怀立, 李婉丽. 多个大股东是否具有合谋动机——基于家族企业非效率投资视角 [J]. 管理评论, 2015, 27 (11): 107 – 117.

[55] 罗琰, 张杰, 刘晓星. 资产流动性, 资本结构与企业投资行为

实证研究 [J]. 南京财经大学学报，2015，3：43 - 48.

[56] 马红，王元月，刘丹丹. 虚拟经济发展虚拟经济与实体经济的协调、发展对企业投资行为的影响研究 [J]. 中国管理科学，2016，24（S1）：431 - 438.

[57] 孟焰，赖建阳. 董事来源异质性对风险承担的影响研究 [J]. 会计研究，2019，7：35 - 42.

[58] 潘越，汤旭东，宁博，杨玲玲. 连锁股东与企业投资效率：治理协同还是竞争合谋 [J]. 中国工业经济，2020，2：136 - 154.

[59] 邱冬阳，彭青青，赵盼. 创新驱动发展战略下固定资产投资结构与经济增长的关系研究 [J]. 改革，2020，3：85 - 97.

[60] 饶品贵，岳衡，姜国华. 经济政策不确定性与企业投资行为研究 [J]. 世界经济，2017，40（2）：27 - 51.

[61] 任广乾，冯瑞瑞，田野. 混合所有制，非效率投资抑制与国有企业价值 [J]. 中国软科学，2020，4：174 - 183.

[62] 阮素梅，杨善林，张莉. 公司治理与资本结构对上市公司价值创造能力综合影响的实证研究 [J]. 中国管理科学，2015，23（5）：168 - 176.

[63] 邵帅，吕长江. 实际控制人直接持股可以提升公司价值吗？——来自中国民营上市公司的证据 [J]. 管理世界，2015，5：134 - 146.

[64] 邵毅平，虞凤凤. 内部资本市场、关联交易与公司价值研究——基于我国上市公司的实证分析 [J]. 中国工业经济，2012，4：102 - 114.

[65] 沈维涛，幸晓雨. CEO早期生活经历与企业投资行为——基于CEO早期经历三年困难时期的研究 [J]. 经济管理，2014，36（12）：72 - 82.

[66] 宋军，陆旸. 非货币金融资产和经营收益率的U形关系——来自我国上市非金融公司的金融化证据 [J]. 金融研究，2015，6：111 - 127.

[67] 苏启林，朱文. 上市公司家族控制与企业价值 [J]. 经济研究，2003，8：36 - 45.

[68] 孙毅，杨丽芳. 资产专用性、公司治理与公司价值：基于控制

性股东视角 [J]. 广东财经大学学报，2015，30（4）：93－102.

[69] 唐清泉，韩宏稳. 关联并购与公司价值：会计稳健性的治理作用 [J]. 南开管理评论，2018，21（3）：23－34.

[70] 佟爱琴，洪棉棉. 产权性质，负债融资与公司投资行为 [J]. 南京审计学院学报，2015，12（2）：73－80.

[71] 汪辉. 上市公司债务融资，公司治理与市场价值 [J]. 经济研究，2003，8：28－35.

[72] 王爱群，阮磊，王艺霖. 基于面板数据的内控质量、产权属性与公司价值研究 [J]. 会计研究，2015，7：63－70.

[73] 王丹，李丹，李欢. 客户集中度与企业投资效率 [J]. 会计研究，2020，1：110－125.

[74] 王谨乐，史永东. 机构投资者，代理成本与公司价值——基于随机前沿模型及门槛回归的实证分析 [J]. 中国管理科学，2016，24（7）：155－162.

[75] 王克敏，姬美光，李薇. 公司信息透明度与大股东资金占用研究 [J]. 南开管理评论，2009，12（4）：83－91.

[76] 王明琳，徐萌娜，王河森. 利他行为能够降低代理成本吗？——基于家族企业中亲缘利他行为的实证研究 [J]. 经济研究，2014，49（3）：144－157.

[77] 王小鲁，樊纲，余静文. 中国分省份市场化指数报告（2018）[M]. 北京：社会科学文献出版社，2019.

[78] 王晓亮，田昆儒，蒋勇. 金融生态环境与政府投融资平台企业投资效率研究 [J]. 会计研究，2019，6：13－19.

[79] 王晓巍，陈逢博. 创业板上市公司股权结构与企业价值 [J]. 管理科学，2014，27（6）：40－52.

[80] 王宇伟，周耿，吴瞳，范从来. 央行的言辞沟通、实际行动与企业投资行为 [J]. 中国工业经济，2019，5：118－135.

[81] 王玉春，姚凯丽. 职业经理人引入对公司非效率投资的影响——基于上市家族企业的数据 [J]. 南京审计大学学报，2017，14（1）：57－66.

[82] 王仲兵，王攀娜. 放松卖空管制与企业投资效率——来自中国

资本市场的经验证据 [J]. 会计研究, 2018, 9: 80 - 87.

[83] 魏锋, 刘星. 融资约束, 不确定性对公司投资行为的影响 [J]. 经济科学, 2004, 2: 35 - 43.

[84] 吴超鹏, 薛南枝, 张琦, 吴世农. 家族主义文化, "去家族化" 治理改革与公司绩效 [J]. 经济研究, 2019, 2: 182 - 198.

[85] 吴成颂, 刘远, 周潇. 控制权配置对企业投资行为的影响研究——基于企业家注重声誉的视角 [J]. 经济与管理, 2013, 27 (8): 44 - 48.

[86] 吴炯. 家族企业剩余控制权传承的地位, 时机与路径——基于海鑫, 谢瑞麟和方太的多案例研究 [J]. 中国工业经济, 2016, 4: 110 - 126.

[87] 吴世农. 我国证券市场效率的分析 [J]. 经济研究, 1996, 4: 13 - 19.

[88] 吴延兵. 中国式分权下的偏向性投资 [J]. 经济研究, 2017, 52 (6): 137 - 152.

[89] 吴应军. 代理问题与投资行为——基于中国上市家族企业的研究 [J]. 世界经济文汇, 2016, 2: 24 - 43.

[90] 武立东, 江津, 王凯. 董事会成员地位差异, 环境不确定性与企业投资行为 [J]. 管理科学, 2016, 29 (2): 52 - 65.

[91] 夏立军, 方轶强. 政府控制, 治理环境与公司价值——来自中国证券市场的经验证据 [J]. 经济研究, 2005, 5: 40 - 51.

[92] 夏芸, 徐欣. IPO 超募融资, 产权与企业投资行为——来自中国证券市场的研究 [J]. 山西财经大学学报, 2013, 35 (2): 35 - 43.

[93] 谢会丽, 肖作平, 王丹青, 蒋巍. 民营企业创始控制对 R&D 投资的影响——基于管家理论的实证分析 [J]. 南开管理评论, 2019, 22 (4): 114 - 122.

[94] 谢佩洪, 汪春霞. 管理层权力, 企业生命周期与投资效率——基于中国制造业上市公司的经验研究 [J]. 南开管理评论, 2017, 20 (1): 57 - 66.

[95] 谢志华, 张庆龙, 袁蓉丽. 董事会结构与决策效率 [J]. 会计

研究，2011，1：31 – 37.

[96] 辛清泉，林斌，王彦超. 政府控制，经理薪酬与资本投资 [J]. 经济研究，2007，8：110 – 122.

[97] 徐光伟，刘星. 基于内生视角的高管薪酬激励与公司资本投资研究 [J]. 上海经济研究，2014，5：56 – 65.

[98] 徐光伟，孙铮，刘星. 经济政策不确定性对企业投资结构偏向的影响——基于中国 EPU 指数的经验证据 [J]. 管理评论，2020，32 (1)：246 – 261.

[99] 徐细雄，刘星. 创始人权威，控制权配置与家族企业治理转型——基于国美电器 "控制权之争" 的案例研究 [J]. 中国工业经济，2012，2：139 – 148.

[100] 徐晓东，张天西. 公司治理、自由现金流与非效率投资 [J]. 财经研究，2009，35 (10)：47 – 58.

[101] 徐展，孟庆斌，盛思思. 房价波动，资金重配与企业投资结构调整 [J]. 财经研究，2019，45 (12)：111 – 123.

[102] 许静静，吕长江. 家族企业高管性质与盈余质量——来自中国上市公司的证据. [J]. 管理世界，2011，1：112 – 120.

[103] 许静静. 家族企业形成方式，控制权结构与高管来源 [J]. 系统管理学报，2016，25 (5)：881 – 887.

[104] 许年行，谢蓉蓉，吴世农. 中国式家族企业管理：治理模式，领导模式与公司绩效 [J]. 经济研究，2019，12：165 – 181.

[105] 严若森，张志健. 家族超额控制对企业投资效率的影响研究——基于社会情感财富的分析视角 [J]. 武汉大学学报（哲学社会科学版），2016，69 (2)：55 – 63.

[106] 杨畅，刘斌，闫文凯. 契约环境影响企业的投资行为吗——来自中国上市公司的经验证据 [J]. 金融研究，2014，11：79 – 93.

[107] 杨春学. 利他主义经济学的追求 [J]. 经济研究，2001，4：82 – 90.

[108] 杨德明，赵璨. 超额雇员，媒体曝光率与公司价值——基于《劳动合同法》视角的研究 [J]. 会计研究，2016，4：49 – 54.

［109］杨记军，逯东，杨丹．国有企业的政府控制权转让研究［J］．经济研究，2010，2：69－82.

［110］杨文君，何捷，陆正飞．家族企业股权制衡度与企业价值的门槛效应分析［J］．会计研究，2016，11：38－45.

［111］杨学儒，朱沆，李军，郭萍．治理家族与家业长青——香港华人家族企业的比较案例研究［J］．广东外语外贸大学学报，2013，24（1）：5－10.

［112］杨志强，石本仁．高管公平性偏好，私人控制权收益与公司价值——来自A股上市公司行业基准的经验证据［J］．财经研究，2014，40（3）：125－135.

［113］姚立杰，陈雪颖，周颖，陈小军．管理层能力与投资效率［J］．会计研究，2020，4：100－118.

［114］叶建华．公司不确定性，非效率投资与资产定价［J］．科研管理，2017，38（10）：119－127.

［115］叶玲，王亚星．管理者过度自信，企业投资与企业绩效——基于我国A股上市公司的实证检验［J］．山西财经大学学报，2013，35（1）：116－124.

［116］叶松勤，徐经长．大股东控制与机构投资者的治理效应——基于投资效率视角的实证分析［J］．证券市场导报，2013，5：35－42.

［117］易阳，宋顺林，谢新敏，谭劲松．创始人专用性资产，堑壕效应与公司控制权配置——基于雷士照明的案例分析［J］．会计研究，2016，1：63－70.

［118］袁振超，饶品贵．会计信息可比性与投资效率［J］．会计研究，2018，6：39－46.

［119］袁知柱，张小曼．会计信息可比性与企业投资效率［J］．管理评论，2020，32（4）：206－218.

［120］曾爱民，张纯，魏志华．金融危机冲击，财务柔性储备与企业投资行为——来自中国上市公司的经验证据［J］．管理世界，2013，4：107－120.

［121］张超，刘星．内部控制缺陷信息披露与企业投资效率——基于

中国上市公司的经验研究 [J]. 南开管理评论, 2015, 18 (5): 136 – 150.

[122] 张前程, 杨德才. 货币政策, 投资者情绪与企业投资行为 [J]. 中央财经大学学报, 2015, 12: 57 – 68.

[123] 张莹, 王雷. 税收激励, 投资结构偏向与企业价值 [J]. 财贸研究, 2016, 27 (5): 136 – 146.

[124] 张远飞, 贺小刚, 连燕玲. "富则思安" 吗——基于中国民营上市公司的实证分析 [J]. 管理世界, 2013, 7: 130 – 144.

[125] 张兆国, 曾牧, 刘永丽. 政治关系, 债务融资与企业投资行为——来自我国上市公司的经验证据 [J]. 中国软科学, 2011, 5: 106 – 121.

[126] 赵昌文, 唐英凯, 周静, 邹晖. 家族企业独立董事与企业价值——对中国上市公司独立董事制度合理性的检验 [J]. 管理世界, 2008, 8: 119 – 126.

[127] 赵静, 陈晓. 货币政策, 制度环境与企业投资结构 [J]. 科研管理, 2016, 37 (9): 123 – 135.

[128] 赵宜一, 吕长江. 家族成员在董事会中的角色研究——基于家族非执行董事的视角 [J]. 管理世界, 2017, 9: 155 – 165.

[129] 郑杲娉, 薛健, 陈晓. 兼任高管与公司价值: 来自中国的经验证据 [J]. 会计研究, 2014, 11: 24 – 29.

[130] 郑国坚, 林东杰, 林斌. 大股东股权质押, 占款与企业价值 [J]. 管理科学学报, 2014, 17 (9): 72 – 87.

[131] 郑建明, 刘琳, 刘一凡. 政治关联的结构特征, 多元化驱动与公司价值 [J]. 金融研究, 2014, 2: 167 – 179.

[132] 郑志刚, 胡晓霁, 黄继承. 超额委派董事, 大股东机会主义与董事投票行为 [J]. 中国工业经济, 2019, 10: 155 – 174.

[133] 支晓强, 童盼. 盈余管理、控制权转移与独立董事变更——兼论独立董事治理作用的发挥 [J]. 管理世界, 2005, 11: 137 – 144.

[134] 周兰, 刘璇. 宏观经济波动, 经营负债与企业价值 [J]. 东岳论丛, 2016, 37 (3): 133 – 142.

[135] 朱沆, 叶琴雪, 李新春. 社会情感财富理论及其在家族企业研究中的突破 [J]. 外国经济与管理, 2012, 34 (12): 56 – 62.

［136］朱建安，陈凌，窦军生，王昊．制度环境，家族涉入与企业行为——转型经济视角下的家族企业研究述评［J］．山东社会科学，2015，2：146－152．

［137］朱凯，林旭，洪奕昕，陈信元．官员独董的多重功能与公司价值［J］．金融研究，2016，12：128－142．

［138］祝继高，李天时，赵浩彤．银行结构性竞争与企业投资效率——基于中国工业企业数据的实证研究［J］．财经研究，2020，46（3）：4－18．

［139］祝振铎，李新春，叶文平．"扶上马，送一程"：家族企业代际传承中的战略变革与父爱主义［J］．管理世界，2018，34（11）：65－79．

［140］庄明明，李善民，史欣向．公共治理与国有企业价值——基于高管隐性激励视角的研究［J］．中央财经大学学报，2019，8：54－68．

二、英文部分

［1］Akerlof A. G. The Market for "Lemons"：Quality Uncertainty and the Market Mechanism［J］. Quarterly Journal of Economics，1970，84（3）：488－500．

［2］Alchian A. A.，Demsetz H. Production，Information Costs and Economic Organization［J］. IEEE Engineering Management Review，1972，62（2）：21－41．

［3］Almeida H.，Wolfenzon D. A Theory of Pyramidal Ownership and Family Business Groups［J］. The Journal of Finance，2006，61（6）：2637－2680．

［4］Amihud Y.，Mendelson H. Asset Pricing and the Bid－Ask Spread［J］. Journal of Financial Economics，1986，17（2）：223－249．

［5］Amit R.，Ding Y.，Villalonga B.，Zhang H. The Role of Institutional Development in the Prevalence and Performance of Entrepreneur and Family-Controlled Firms［J］. Journal of Corporate Finance，2015，31（4）：284－305．

［6］Anderson R. C.，Duru A.，Reeb D. M. Founders，Heirs and Corporate Opacity in the United States［J］. Journal of Financial Economics，2009，

92 (2): 205 – 222.

[7] Anderson R. C. , Reeb D. M. Founding – Family Ownership and Firm Performance: Evidence from the S&P 500 [J]. The Journal of Finance, 2003a, 58 (3): 1301 – 1327.

[8] Anderson R. C. , Reeb D. M. Founding – family Ownership, Corporate Diversification, and Firm Leverage [J]. Journal of Law and Economics, 2003b, 46 (2): 653 – 684.

[9] Ang J. , Cole R. , Lin J. Agency Costs and Ownership Structure [J]. The Journal of Finance, 2000, 55 (1): 81 – 106.

[10] Armstrong C. S. , Guay W. R. , Weber J. R. The Role of Information and Financial Reporting in Corporate Governance and Debt Contracting [J]. Journal of Accounting and Economics, 2010, 50 (2 – 3): 179 – 234.

[11] Bauweraerts J. , O. Colot. Exploring Nonlinear Effects of Eamily Involvement in the Board on Entrepreneurial Orientation [J]. Journal of Business Research, 2017, 70 (1): 185 – 192.

[12] Beatty A. , Liao S. , Yu J. J. The Spillover Effect of Fraudulent Financial Reporting on Peer Firms'Investments [J]. Journal of Accounting and Economics, 2013, 55 (2 – 3): 183 – 205.

[13] Berle A. A. , Means G. C. The Modern Corporation and Private Property [M]. New York Macmillan, 1932.

[14] Bernanke B. S. , Gertler M. Inside the Black Box: The Credit Channel of Monetary Policy Transmission [J]. The Journal of Economic Perspectives, 1995, 9 (4): 27 – 48.

[15] Bernstein S. , Giroud X. , Townsend R. R. The Impact of Venture Capital Monitoring [J]. The Journal of Finance, 2016, 71 (4): 1591 – 1622.

[16] Bertrand M. , Shoar A. The Role of Family in Family Firms [J]. Journal of Economic Perspectives, 2006, 20 (2): 73 – 96.

[17] Bianco M. , Bontempi M. E. , Golinelli R. and Parigi G. Family firms' investments, uncertainty and opacity [J]. Small Business Economics, 2013, 40 (4): 1035 – 1058.

［18］ Biddle G. C. , Hilary G. , Verdi R. S. How Does Financial Reporting Quality Relate to Investment Efficiency? ［J］. Journal of Accounting and Economics, 2009, 48 (2 - 3): 121 - 131.

［19］ Biddle G. , Hilary G. Accounting Quality and Firm - Level Capital Investment ［J］. The Accounting Review, 2006, 81 (5): 963 - 982.

［20］ Billett M. T. , Garfinkel J. A. , Jiang Y. The Influence of Governance on Investment: Evidence from a Hazard Model ［J］. Journal of Financial Economics, 2011, 102 (3): 643 - 670.

［21］ Block J. H. R&D Investments in Family and Founder Firms: An Agency Perspective ［J］. Journal of Business Venturing, 2012, 27 (2): 248 - 265.

［22］ Burkart M. , Panunzi F. , Shleifer A. Family Firms ［J］. The Journal of Finance, 2003, 58 (5): 2167 - 2201.

［23］ Chen C. , Young D. , Zhuang Z. Externalities of Mandatory IFRS Adoption: Evidence from Cross - Border Spillover Effects of Financial Information on Investment Efficiency ［J］. The Accounting Review, 2013, 88 (3): 881 - 914.

［24］ Chen F. , Hope O. K. , Li Q. , Wang X. Financial Reporting Quality and Investment Efficiency of Private Firms in Emerging Markets ［J］. The Accounting Review, 2011a, 86 (4): 1255 - 1288.

［25］ Chen S. , Chen X. , Cheng Q. Do Family Firms Provide More or Less Voluntary Disclosure ［J］. Journal of Accounting Research, 2008, 46 (3): 499 - 536.

［26］ Chen S. , Sun Z. , Tang S. and Wu D. Government Intervention and Investment Efficiency: Evidence from China ［J］. Journal of Corporate Finance, 2011b, 17 (2): 259 - 271.

［27］ Cheng M. , Dhaliwal D. , Zhang Y. Does Investment Efficiency Improve After the Disclosure of Material Weaknesses in Internal Control Over Financial Reporting? ［J］. Journal of Accounting and Economics, 2013, 56 (1): 1 - 18.

［28］Cheung S. N. S. The Structure of a Contract and the Theory of a Non-Exclusive Resource ［J］. Journal of Law & Economics, 1970, 13 (1): 49 – 70.

［29］Cheung Y. L. , Rau P. R. , Stouraitis A. Tunneling, Propping and Expropriation: Evidence From Connected Party Transactions in Hong Kong ［J］. Journal of Financial Economics, 2006, 82 (2): 343 – 336.

［30］Chrisman J. J. , Chua J. H. , Litz R. A. Comparing the Agency Costs of Family and Non – Family Firms: Conceptual Issues and Exploratory Evidence ［J］. Entrepreneurship Theory and Practice, 2004, 28 (4): 335 – 354.

［31］Chrisman J. J. , Chua J. H. , Pearson A. W. , Barnett T. Family Involvement, Family Influence and Family – Centered Non – Economic Goals in Small Firms ［J］. Entrepreneurship Theory and Practice, 2012, 36 (2): 267 – 293.

［32］Chrisman J. J. , Patel P. C. Variations in R&D Investments of Family and Nonfamily Firms: Behavioral Agency and Myopic Loss Aversion Perspectives ［J］. Academy of Management Journal, 2012, 55 (4): 976 – 997.

［33］Chu W. Family Ownership and Firm Performance: Influence of Family Management, Family Control and Firm Size ［J］. Asia Pacific Journal of Management, 2011, 28 (4): 833 – 851.

［34］Chua J. H. , Chrisman J. J. , Sharma P. Defining the Family Business by Behavior ［J］. Entrepreneurship Theory and Practice, 1999, 23 (4): 19 – 39.

［35］Claessens S. , Djankov S. , Fan J. P. H. and Lang L. H. P. Disentangling the Incentive and Entrenchment Effects of Large Shareholdings ［J］. The Journal of Finance, 2002, 57 (6): 2741 – 2771.

［36］Claessens S. , Djankov S. , Lang L. H. P. The Separation of Ownership and Control in East Asian Corporations ［J］. Journal of Financial Economics, 2000, 58 (1 – 2): 81 – 112.

［37］Davis J. H. , Allen M. R. , Hayes H. D. Is Blood Thicker Than Water? A Study of Stewardship Perceptions in Family Business ［J］. Entrepreneurship Theory and Practice, 2010, 34 (6): 1093 – 1116.

[38] Davis J. H., Schoorman F. D., Donaldson L. Toward a Stewardship Theory of Management [J]. Academy of Management Review, 1997, 22 (1): 20 – 47.

[39] De Angelo D. A. The Irrelevance of the MM Dividend Irrelevance Theorem [J]. Journal of Financial Economics, 2006, 79 (2): 293 – 315.

[40] Denis J. D., Osobov I. Why Do Firms Pay Dividends? International Evidence on the Determinants of Dividend Policy [J]. Journal of Financial Economics, 2008, 89 (1): 62 – 82.

[41] Dickinson V. Cash Flow Patterns as a Proxy for Firm Life Cycle [J]. The Accounting Review, 2011, 86 (6): 1969 – 1994.

[42] Donaldson L., Davis J. H. Stewardship Theory or Agency Theory: CEO Governance and Shareholder Returns [J]. Australian Journal of Management, 1991, 16 (1): 49 – 64.

[43] Dyer W. G., Handler W. Entrepreneurship and Family Business: Exploring the Connections [J]. Entrepreneurship Theory and Practice, 1994, 19 (1): 71 – 84.

[44] Eisenhardt K. M. Agency Theory: An Assessment and Review [J]. Academy of Management Review, 1989, 14 (1): 57 – 74.

[45] Ellul A., Guntay L., Lel U. Blockholders, Debt Agency Costs and Legal Protection [J]. Working Paper, 2009.

[46] Ellul A., Pagano M., Panunzi F. Inheritance Law and Investment in Family Firms [J]. The American Economic Review, 2010, 100 (5): 2414 – 2450.

[47] Faccio M., Lang H. P. The Ultimate Ownership of Western European Corporations [J]. Journal of Financial Economics, 2002, 65 (3): 365 – 395.

[48] Faccio M., Lang L. H. P., Young L. Expropriation and Dividends [J]. The American Economic Review, 2001, 91 (1): 54 – 78.

[49] Falcetti E., Raiser M., Sanfey P. Defying the Odds: Initial Condi-

tions, Reforms, and Growth in the First Decade of Transition [J]. Journal of Comparative Economics, 2001, 30 (2): 229 –250.

[50] Fama E. F., Jensen M. C. Separation of Ownership and Control [J]. Journal of Law and Economics, 1983, 26 (2): 301 –325.

[51] Fisman R. Estimating the Value of Political Connections [J]. The American Economic Review, 2001, 91 (4): 1095 –1102.

[52] Fosu S., Danso A., Ahmad W. Information Asymmetry, Leverage and Firm Value: Do Crisis and Growth Matter? [J]. International Review of Financial Analysis, 2016, 46 (7): 140 –150.

[53] Francis J., Schipper K., Vincent L. Earnings and Dividend Informativeness When Cash Flow Rights are Separated from Voting Rights [J]. Journal of Accounting and Economics, 2005, 39 (2): 329 –360.

[54] Garcia-Sanchez I. M., Garcia-Meca E. Do Talented Managers Invest More Efficiently? The Moderating Role of Corporate Governance Mechanisms [J]. Corporate Governance: An International Review, 2018, 26 (4): 238 –254.

[55] Giroud X., Mueller H. M. Corporate Governance, Product Market Competition and Equity Prices [J]. The Journal of Finance, 2011, 66 (2): 563 –600.

[56] Gomez-Mejia L. R., Cruz C., Berrone P. and De Castro J. The Bind that Ties: Socioemotional Wealth Preservation in Family Firms [J]. The Academy of Management Annals, 2011, 5 (1): 653 –707.

[57] Gómez-Mejía L. R., Haynes K. T., Núez-Nickel M. and Kathyrn J. L. Socioemotional Wealth and Business Risks in Family – controlled Firms: Evidence from Spanish Olive Oil Mills [J]. Administrative Science Quarterly, 2007, 52 (1): 106 –137.

[58] Gompers P. A., Ishii J., Metrick A. Corporate Governance and Equity Prices [J]. Quarterly Journal of Economics, 2003, 118 (1): 107 –155.

[59] Grossman S. J., Hart O. D. An Analysis of the Principal-Agent Problem [J]. Econometrica, 1983, 51 (1): 7 –45.

［60］Grossman S. J., Stiglitz J. E. Information and Competitive Price Systems ［J］. The American Economic Review, 1976, 66 (2): 246 – 253.

［61］Gulen H., Ion M. Policy Uncertainty and Corporate Investment ［J］. Review of Financial Studies, 2016, 29 (3): 523 – 564.

［62］Habib A., Hasan M. M. Firm Life Cycle, Corporate Risk – Taking and Investor Sentiment ［J］. Accounting and Finance, 2015, 57 (2): 465 – 497.

［63］Hart O., Moore J. Property Rights and the Nature of the Firm ［J］. Journal of Political Economy, 1990, 98 (6): 1119 – 1158.

［64］Haynes K. T., Hillman A. The Effect of Board Capital and CEO Power on Strategic Change ［J］. Strategic Management Journal, 2010, 31 (11): 1145 – 1163.

［65］Heugens P. P. M. A. R., van Essen M., van Ooster-hout J. Meta-analyzing Ownership Concentration and Firm Performance in Asia: Towards a More Fine-Grained Understanding ［J］. Asia Pacific Journal of Management, 2009, 26 (3): 481 – 512.

［66］Holmstrom B. Agency Costs and Innovation ［J］. Journal of Economic Behavior and Organization, 1989, 12 (3): 305 – 327.

［67］Hornstein A. S., Zhao M. Corporate Capital Budgeting Decisions and Information Sharing ［J］. Journal of Economics & Management Strategy, 2011, 20 (4): 1135 – 1170.

［68］Ivashina V. Asymmetric Information Effects on Loan Spreads ［J］. Journal of Financial Economics, 2009, 92 (2): 300 – 319.

［69］Jensen M. C. Agency Costs of Free Cash Flow, Corporate Finance ［J］. The American Economic Review, 1986, 76 (2): 323 – 329.

［70］Jensen M. C. The Modern Industrial Revolution, Exit and the Failure of Internal Control Systems ［J］. The Journal of Finance, 1993, 148 (3): 831 – 880.

［71］Jensen M. C., Meckling W. H. Theory of the Firm: Managerial Behavior, Agency Costs and Ownership Structure ［J］. Journal of Financial Economics, 1976, 3 (4): 305 – 360.

[72] Jian M., Lee K. W. Does CEO Reputation Matter for Capital Investments [J]. Journal of Corporate Finance, 2011, 17 (4): 929 – 946.

[73] Jiang G., Lee C. M. C., Yue H. Tunneling through interoperate loans: The China experience [J]. Journal of Financial Economics, 2010, 98 (1): 1 – 20.

[74] Jin L., Myers S. R^2 Around the world: New Theory and New Tests [J]. Journal of Financial Economics, 2006, 79 (2): 257 – 292.

[75] John K., Senbet L. Limitedliability, Corporate Leverage and Public Policy [M]. New York University and University of Wisconsin – Madison, Mimeo, 1988.

[76] Johnson S., Mitton T. Cronyism and Capital Control Evidence from Malaysia [J]. Journal of Financial Economics, 2003, 67 (2): 351 – 382.

[77] Johnson S., Porta R. L., Silanes F. L. D. and Shleifer A. Tunneling [J]. The American Economic Review, 2000, 90 (2): 22 – 27.

[78] Julio B., Yook Y. Political Uncertainty and Corporate Investment Cycles [J]. The Journal of Finance, 2012, 67 (1): 45 – 83.

[79] Kang Y., Jiang F. FDI location choice of Chinese multinationals in East and Southeast Asia [J]. Journal of World Business, 2012, 47 (1): 45 – 53.

[80] Karoon S., Kittipong B., Kim-Leng G. Multi – Objective Genetic Algorithms for Solving Portfolio Optimization Problems in the Electricity Market [J]. International Journal of Electrical Power & Energy Systems, 2014, 58 (6): 150 – 159.

[81] Kaul A., Mehrotra V., Morck R. Demand Curves for Stocks Do Slope down: New Evidence from an Index Weights Adjustment [J]. The Journal of Finance, 2000, 55 (2): 893 – 912.

[82] La Porta R., Lopez-De-Silanes F., Shleifer A. Corporate Ownership Around the World [J]. The Journal of Finance, 1999, 54 (2): 471 – 517.

[83] La Porta R., Lopez-de-Silanes F., Shleifer A., Vishny R. W. Law

and finance [J]. Journal of Political Economy, 1998, 106 (6): 1113 – 1155.

[84] Le Breton-Miller I. L., Miller D., Lester R. H. Stewardship or Agency? A Social Embeddedness Reconciliation of Conduct and Performance in Public Family Businesses [J]. Organization Science, 2011, 22 (3): 704 – 721.

[85] Lei A. C. H., Song F. M. Connected Transactions and Firm Value: Evidence from China – affiliated Companies [J]. Pacific-Basin Finance Journal, 2011, 19 (5): 470 – 490.

[86] Lin C., Ma Y., Malatesta P. and Xuan Y. Corporate Ownership Structure and Bank Loan Syndicate Structure [J]. Journal of Financial Economics, 2012, 104 (1): 1 – 22.

[87] Lin C., Ma Y., Xuan Y. Ownership Structure and Financial Constraints: Evidence from a Structural Estimation [J]. Journal of Financial Economics, 2011, 102 (2): 416 – 431.

[88] Lins. Equity Ownership and Firm Value in Emerging Markets [J]. Journal of Financial and Quantitative Analysis, 2003, 38 (1): 159 – 184.

[89] Liu Q., Zheng Y., Zhu Y. The Evolution and Consequence of Chinese Pyramids [J]. Peking University Working Paper, 2011.

[90] Long J. B. D., Summers L. H. Equipment Investment and Economic Growth [J]. J. Bradford De Long's Working Papers, 1991, 106 (2): 445 – 502.

[91] Malmendler U., Tate G. CEO Overconfidence and Corporate Investment [J]. The Journal of Finance, 2005, 60 (6): 2661 – 2700.

[92] Masulis R. W., Pham P. K., Zein J. Family Business Groups around the World: Financing Advantages, Control Motivations, and Organizational Choices [J]. Review of Financial Studies, 2011, 24 (11): 3556 – 3600.

[93] Maury B., Pajuste A. Multiple Large Shareholders and Firm Value [J]. Journal of Banking and Finance, 2005, 29 (7): 1813 – 1834.

[94] Michael S. Job Market Signaling [J]. The Quarterly Journal of Economics, 1973, 87 (3): 355 – 374.

［95］ Miller D. , Breton-Miller, I. L. , Scholnick B. Stewardship vs. Stagnation: An Empirical Comparison of Small Family and Non – Family Businesses ［J］. Journal of Management Studies, 2008, 45 (1): 51 – 78.

［96］ Mills K. , Morling S. , Tease W. The Influence of Financial Factors on Corporate Investment ［J］. Australian Economic Review, 1995, 28 (2): 50 – 64.

［97］ Morck R. , Wolfenzon D. , Yeung B. Corporate Governance, Economic Entrenchment and Growth ［J］. Journal of Economic Literature, 2005, 43 (3): 655 – 720.

［98］ Nakano M. , Nguyen P. Board Size and Corporate Risk Taking: Further Evidence from Japan ［J］. Corporate Governance: An International Review, 2012, 20 (4): 369 – 387.

［99］ Panousi V. , Papanikolaou D. Investment, Idiosyncratic Risk and Ownership ［J］. The Journal of Finance, 2012, 67 (3): 1113 – 1148.

［100］ Patel P. C. , Chrisman J, J. Risk Abatement as a Strategy for R&D Investments in Family Firms ［J］. Strategic Management Journal, 2014, 35 (4): 617 – 627.

［101］ Richardson S. Over-investment of Free Cash Flow ［J］. Review of Accounting Studies, 2006, 11 (2 – 3): 159 – 189.

［102］ Rong Z. , Wang W. , Gong Q. Housing Price Appreciation, Investment Opportunity and Firm Innovation: Evidence from China ［J］. Journal of Housing Economics, 2016, 33 (9): 34 – 58.

［103］ Ross A. S. The Economic Theory of Agency: The Principal's Problem ［J］. The American Economic Reviews, 1973, 63 (2): 134 – 139.

［104］ Sharma P. , Chrisman J. J. , Chua J. H. Strategic Management of the Family Business: Past Research and Future Challenges ［J］. Family Business Review, 1997, 10 (1): 1 – 35.

［105］ Sharma P. , Manikutty S. Strategic Divestments in Family Firms: Role of Family Structure and Community Culture ［J］. Entrepreneurship Theory and Practice, 2005, 29 (3): 293 – 311.

［106］Shleifer A. , Vishny R. W. A survey of Corporate Governance ［J］. The Journal of Finance, 1997, 52 (2): 737 – 783.

［107］Shleifer A. , Vishny R. W. Large Shareholders and Corporate Control ［J］. Journal of Political Economy, 1986, 94 (3): 461 – 488.

［108］Stein J. Agency, Information and Corporate Investment ［J］. Handbook of the Economics of Finance, 2003, 1: 111 – 165.

［109］Stráska M. , Waller G. Do Antitakeover Provisions Harm Shareholders? ［J］. Journal of Corporate Finance, 2010, 16 (4): 487 – 497.

［110］Stulz R. Managerial Discretion and Optimal Financing Policies ［J］. Journal of Financial Economics, 1990, 26 (1): 3 – 27.

［111］Sufi A. Information Asymmetry and Financing Arrangements: Evidence from Syndicated Loans ［J］. The Journal of Finance, 2007, 62 (2): 629 – 668.

［112］Tobin J. A General Equilibrium Approach To Monetary Theory ［J］. Journal of Money, Credit and Banking (Ohio State University Press), 1969, 1 (1): 15 – 29.

［113］Trivers R. L. The Evolution of Reciprocal Altruism ［J］. The Quarterly Review of Biology, 1971, 46 (1): 35 – 57.

［114］Villalonga B. , Amit R. Family Control of Firms and Industries ［J］. Financial Management, 2010, 39 (3): 863 – 904.

［115］Villalonga B. , Amit R. How Are U. S. Family Firms Controlled? ［J］. Review of Financial Studies, 2009, 22 (8): 3047 – 3091.

［116］Villalonga B. , Amit R. How do Family Ownership, Control and Management Affect Firm Value?［J］. Journal of Financial Economics, 2006, 80 (2): 385 – 417.

［117］Voordeckers W. , Van Gils A. , Jeroen V. D. H. Board Composition in Small and Medium – Sized Family Firms ［J］. Journal of Small Business Management, 2007, 45 (1): 137 – 156.

［118］Wei K. C. J. , Zhang Y. Ownership Structure, Cash Flow and Capital Investment: Evidence From East Asian Economies Before the Financial

Crisis [J]. Journal of Corporate Finance, 2008, 14 (2): 118 –132.

[119] Xu N. , Yuan Q. , Jiang X. , Chan K. C. Founder's Political Connections, Second Generation Involvement, and Family Firm Performance: Evidence from China [J]. Journal of Corporate Finance, 2015, 33 (3): 243 –259.

[120] Yu X. , Zheng Y. IPO Underpricing to Retain Family Control under Concentrated Ownership: Evidence from Hong Kong [J]. Journal of Business Finance & Accounting, 2012, 39 (5 –6): 700 –729.

[121] Zellweger T. M. , Astrachan J. H. On the Emotional Value of Owning a Firm [J]. Family Business Review, 2008, 21 (4): 347 –363.

后 记

行笔至此，意味着我的专著即将完成。回首本专著的撰写过程，汗水和辛劳都已成往事，有过辛苦的学习，有过成功的喜悦，也有过失败的沮丧，有太多要感谢的人和事。时光匆匆而过，还来不及告别，却已然擦肩而过。此时此刻，我思绪万千，感慨颇多，自己在撰写专著的过程中忧伤过、彷徨过，甚至怀疑过自己能否完成这项艰巨的工作。然而，我最终还是坚持了下来，这种经历将让自己终身受益，更让我明白了坚持的意义。撰写专著的过程，我学会了认识自我，调整自我，也让我能够以更好的状态面对未来的工作与生活，更让我懂得了要有责任、担当与感恩。在本专著收笔之际，感谢帮助过我的老师、家人、同事及朋友，是你们给予我无私关心、帮助和支持。

首先，衷心感谢本专著的合作老师刘星教授。刘老师作为我博士期间的导师，对专著的撰写提供了强有力的支持。在专著的撰写过程中，我与刘老师展开了深度地讨论，刘老师从选题、构思、修改再到定稿都亲自参与，不仅对专著的撰写进行了悉心指导，还提出了自己独特的观点，有力地提升了专著的原创性。

其次，感谢重庆大学经济与工商管理学院的刘斌教授、徐细雄教授、曾宏教授、曾建光教授、胡诗阳副教授，他们在本专著的撰写过程中提出了诸多的修改意见，对于提升专著的质量做出了重要贡献，再次表示衷心的感谢！与此同时，还要感谢我的同事及朋友：阎建明、王波、王攀娜、唐凯桃、邵欢、刘丰忠、任小毅、冉戎、郝颖、韩鑫韬、张列柯、李万利、凌星元、周秋香，在专著的撰写过程中你们深深地启发了我，拓宽了我的思路，同你们的每一次学术交流与争论都让我受益匪浅，你们是我人生中获得的宝贵财富，感谢你们一直以来的关心和照顾！在专著即将完成之际，祝愿你们未来的工作、生活、家庭一切如意！

最后，衷心感谢深爱我的家人！尤其是感谢我的父母，你们为了让我安心的写书，平时为我分担了太多，作为人子，我深感愧疚，在此我唯愿你们身体健康！晚年幸福！

"宝剑锋从磨砺出，梅花香自苦寒来""吾生也有涯，而知也无涯"，求知的道路没有尽头，专著的完成只是阶段性工作的结束。在今后的工作与生活中，我会以各位老师为榜样，不忘同事、朋友及家人的关心与帮助，努力将所学知识运用到实践中去，争取取得更好的成绩，以此来感谢所有关心、爱护和帮助过我的人！

苏 春

二〇二二年三月于重庆